IP 创新

趣谈专利
56个身边的奇妙专利故事

Wonderful Patent Stories

主　编　郭　雯
副主编　夏国红

知识产权出版社
全国百佳图书出版单位

图书在版编目（CIP）数据

趣谈专利：56个身边的奇妙专利故事/郭雯主编.—北京：知识产权出版社，2018.8（2022.1重印）（IP创新赢不停/郭雯主编）

ISBN 978-7-5130-5819-3

Ⅰ.①趣… Ⅱ.①郭… Ⅲ.①专利权法—中国—通俗读物 Ⅳ.①D923.42-49

中国版本图书馆CIP数据核字（2018）第205068号

责任编辑：石陇辉　　　　　　　　　　责任校对：谷　洋
封面设计：睿思视界　　　　　　　　　责任印制：刘译文

IP 创新赢不停

趣谈专利——56个身边的奇妙专利故事

主　编　郭　雯
副主编　夏国红

出版发行：知识产权出版社有限责任公司		网　　址：http://www.ipph.cn	
社　　址：北京市海淀区气象路50号院		邮　　编：100081	
责编电话：010-82000860 转 8175		责编邮箱：shilonghui@cnipr.com	
发行电话：010-82000860 转 8101/8102		发行传真：010-82000893/82005070/82000270	
印　　刷：北京九州迅驰传媒文化有限公司		经　　销：各大网上书店、新华书店及相关专业书店	
开　　本：720mm×1000mm　1/16		印　　张：15.75	
版　　次：2018年8月第1版		印　　次：2022年1月第3次印刷	
字　　数：280千字		定　　价：69.00元	
ISBN 978-7-5130-5819-3			

出版权专有　侵权必究
如有印装质量问题，本社负责调换。

本书编委会

主　编：郭　雯
副主编：夏国红
编　委：刘以成　孙瑞丰　尹　杰
　　　　王子元　姬　翔　林婧弘
　　　　刘　鹤　胡　延　吴　峥

序

　　国家主席习近平在博鳌亚洲论坛2018年年会开幕式主旨演讲中指出："当今世界,变革创新的潮流滚滚向前""变革创新是推动人类社会向前发展的根本动力"。国家知识产权局专利局专利审查协作北京中心(下称"北京中心")的微信公众号"IP创新赢"始终坚持从知识产权角度着眼,紧跟技术热点与社会时事,寓教于乐,幽默生动、图文并茂地传播知识产权知识,既达到了增强了公众知识产权意识、科普知识产权知识、传播创新发展理念的目的,同时也宣传了优秀的创新主题。因此,"IP创新赢"一年来的优秀文章能再次合集出版,是一件非常好的事情。

　　本书的作者均来自北京中心,他们具有多年的知识产权工作经验和深厚的专业理论功底,同时还能用平实易懂的语言讲述发生在我们身边的专利故事。这些故事很多都与我们的衣食住行相关,读过之后更能真实地感受到科技进步正在点点滴滴地改善我们的生活。正如书名所述,"有趣、奇妙的专利"就在我们身边。当然,本书的作者们在谈创新时进一步探讨了知识产权保护的问题,在为读者带来有趣故事的同时,也带来了对创新成果保护和运用的启示与思考。

　　最后,希望"IP创新赢"公众号编辑部以及本书编委会的同志们,坚持挖掘和推出好文章,继续发挥新媒体优势,将"IP创新赢"越办越好。同时我也期待着下一本书的出版!

郭雯

国家知识产权局专利局
专利审查协作北京中心主任

前　言

本书是"IP创新赢"公众号继2017年合辑出版了《IP创新怎样赢》一书后，将过去一年的优秀文章集结修订后的再次出版。过去一年中，我们继续秉承"分享IP技术，解读最IN科技"的理念，坚持用行业智慧表达自身观点。以每周两次的原创文章发表频次，却长期在第三方机构发布的知识产权新媒体WCI指数排名中占据前十的位置。

"IP创新赢"是国家知识产权局专利局专利审查协作北京中心（下称"北京中心"）面向公众，科普、宣传知识产权的窗口，文章中的内容是北京中心2500余名专家智慧的结晶。利用新媒体的传播优势，我们精心打造的每一篇文章都努力做到将故事性、科普性和专业性有机融合，让更多人了解科技产品的历史沿革和最前沿动态，了解科技创新过程中的知识产权保护对创新者或企业发展带来的积极影响。

本书精选了过去一年中社会反馈较好的56篇文章，经过精心打磨、充实内容后集结出版。文章主题包括"舌尖文化""智慧生活""宝爸宝妈""健康医疗""科技前沿"，与日常生活和新闻事件都息息相关；图文并茂的表达方式让本书更加通俗易懂，生动地诠释了"生活中，专利无处不在"。

如果通过阅读本书的故事，读者能够利用其中的知识，增加生活的乐趣，解决一些疑惑和问题，甚至激发起创新热情，建立起知识产权保护意识，那将是对本书作者们和编写组最大的激励。

本书是"IP创新赢"公众号精选出版的第二本合辑，非常高兴能够与知识产权出版社再次合作。同时，也感谢各位读者对第一本合辑的支持和厚爱；希望您们继续关注和支持"IP创新赢"公众号，多提宝贵意见。

本书的出版得到了北京中心领导和各个部门的大力支持。在此向所有关心支持我们的领导和同事、投稿作者、转载并关注我们的兄弟媒体表示衷心的感谢！

"IP创新赢"编辑部
2018年8月于北京

目 录

第一章 舌尖文化

01	不走寻常路的粽子	2
02	《欢乐颂》里秒杀"五美"的竟然是 Ta	5
03	《深夜食堂》话泡面	9
04	不舔酸奶瓶盖的智慧	14
05	烧烤达人都爱的箱体式穿串器	17
06	吃蛋糕时我们在想些什么	20
07	不用火,不插电的火锅	25
08	90%的人都会弄错的概念:椰果	30
09	红星二锅头的那些专利故事	34
10	蒸烤箱:不食烟火,只享美味	38

第二章 智慧生活

11	再不防晒就老了!	44
12	新时代的雨伞知多少	51
13	令人心仪的"黑科技"吹风机	56
14	灯烛辉煌,"燃"得与众不同	60

15	整牙=整容？！	65
16	推不倒的两轮车	69
17	《战狼Ⅱ》中冷锋最亲密的"战友"——三防手机专利初探	73
18	戴森吹风机的劲敌——风之精灵Sylph	78
19	引来无数尖叫的无轮辐自行车	81
20	炫酷的无人机外观设计	84
21	热爱运动的你，选对衣服了吗？	90
22	智能控温杯智能调节你的水温	93
23	迄今最安全的橄榄球头盔	97
24	颠覆二百年自行车史的折叠轮胎竟来自中国学生？	101
25	如何选一个不负视觉大片的影厅？	105

第三章 宝爸宝妈

26	宝宝乘车的守护神：安全座椅	110
27	配方奶粉面面观	115
28	泡泡的前世今生	119
29	好的益智玩具应该是什么样的？	123
30	"长草拔草"之儿童智能手表	127
31	聊一聊娃娃的专利：球型关节人偶	131
32	睡一觉就告别近视？对，就这么简单！	138
33	爆裂飞车火爆原因探寻	142
34	超萌"兔子杯"，让宝宝爱上喝水	147
35	一款被称为"职场母乳妈妈福音"的吸奶器	151
36	为故宫开模再做"俏娃娃"提个醒	155

第四章　健康医疗

37　从乳腺癌早期筛查聊 ctDNA 基因检测技术　160

38　离子液体助西他列汀原料药解决环保难题　165

39　神奇的脉搏波　168

40　自主创新，做老百姓用得起的抗癌药　172

41　室内空气污染的克星——Molekule　176

42　一文了解"新风系统"发展史　180

43　一文了解吊顶式新风系统　183

44　一文了解壁挂式新风系统　187

45　专利技术助力健康睡眠　191

第五章　科技前沿

46　能让高速公路车祸死亡率下降 90% 的护栏　196

47　成功预警九寨沟地震，这个专利技术火了！　200

48　将战斗机上的 HUD 技术移植到爱车上要几步？　204

49　一款能钓鱼的水下机器人　207

50　为啥"双十一"的快递送达那么快？　211

51　只为一片清洁的多晶硅　215

52　荣获"专利金奖"和"国家标准"的移动支付技术　220

53　未来已现：无钢索横向电梯系统 MULTI　224

54　这款社交机器人会成为你家新成员吗？　228

55　直流融冰——解决冻雨烦恼　235

56　洞察号——NASA 的火星内部探测计划　238

趣谈专利

——56个身边的奇妙专利故事

第一章　舌尖文化

01 不走寻常路的粽子

> **小赢说：**
> "粽子香，香厨房。艾叶香，香满堂。桃枝插在大门上，出门一望麦儿黄，这儿端阳，那儿端阳，处处都端阳。"——从端午节的一首童谣开始，我们来聊聊粽子的黑科技。

端午节吃粽子的习俗由来已久。粽子以粽叶包裹糯米和馅料蒸制而成，按馅料可分为红枣粽、豆沙粽、蛋黄粽、鲜肉粽等。

如果你以为粽子的味道千百年未变，那就错了！在创新的道路上，一个小小的粽子，无论从颜值、内涵还是口感，都凝结着满满的智慧结晶。且让小赢带你看看与粽子相关的那些奇思妙想。

粽子营养和口味的改进

对粽子营养和口味的改进，主要体现在对主料、辅料等原料的替换和改善。糯米不再是粽子的主料，除了红枣、豆沙和鲜肉作为辅料外，还有很多意想不到的原料能够与粽子完美结合，丰富了粽子的营养，甚至赋予其一定保健价值，成为名副其实的"健康食品"。

1. 对于主料原料的改进

有些专利技术中，采用糙米或发芽糙米为主要原料，配以豆沙、枣、肉、蛋黄、蔬菜、坚果制作成粽子，不仅大大提高了粽子的营养价值和保健功效，而且节约了成本，提高了稻谷的利用率和稻米的附加值（ZL201010182473.X）。当然，还有以小米为主要原料，配以绿豆、猪肉、红腰豆、虾米、咸蛋黄及调味料加工制作而成的小米粽，具有祛湿健脾、清热解暑等保健功效，还富含蛋白质、β-胡萝卜素、卵磷脂、多种维生素、矿物质等多种营养成分（ZL03140322.0）。

2. 对于辅料原料的改进

除了对主料——米类原料的替代，粽子中也尝试丰富辅料种类。有些糯米粽子中添加杂粮，满足了当今人们对健康饮食的需求。比如无糖茶香紫薯粽，是由含有红茶粉的糯米料和紫薯馅制成，紫薯作为杂粮原料，除了能提供丰富的营养外，还可以利用其自身的天然甜味，实现无须添加糖而口感香甜、风味独特的效果（ZL201410169906.6）。甚至有人以冰淇淋作为馅料制作粽子，将冰淇淋与粽子融合在一起，使人们在食用冰淇淋降温的同时可以享受到美味的冰冻面食，起到意想不到的视觉效果和口味（ZL200620029801.1）。当然，为了满足不同人群的口味喜好和保健需要，在粽子中添加更为丰富的食材，使粽子不但营养均衡还能强身健体，比如由糯米、小米、扇贝丁、金枪鱼、豆腐、粉丝、蒜蓉、海鲜酱、清酒为原料制成的海鲜粽，既有米香味，还有一股浓厚的海鲜味，适合大部分人群食用（ZL201210577753.X）。粽子中加入益智仁和桂圆肉，改变了以往粽子高糖、高脂肪、高胆固醇等缺点，赋予了粽子温脾止泻、补气养血的功效（ZL200610024654.3）。还有的专利技术向粽子中添加青麦仁，赋予了粽子帮助人体消化、促进胃肠蠕动及消化液分泌、软化血管内的胆固醇、降低血糖等保健功效（ZL201310741850.2）。

3. 其他改进

上文提到的粽子均以改进主料或辅料制作而成。有些专利技术则不拘泥于原料搭配思路，比如某些发明人关注到冰淇淋粽存在易融、不易包装、不易运输、容易漏酱等问题，为了解决上述问题而制作出一种包括馅料和壳体的奶油粽子，其中壳体是由植脂奶油、鱼胶粉、牛奶制成；馅料是由红糖纳豆、饼干、花生、雪糕酱制成。壳体包裹好馅料后在-20～0℃的温度下冷冻使其凝固，然后包裹粽子叶，用捆扎绳包扎即得。粽子馅料包裹在不易融化的壳体内，不会发生漏酱现象（ZL201310238858.7）。奶油粽完全舍弃了米类原料和常规食品辅料搭配的思路，解决了现有技术的问题，是一种全新的粽子食品。

粽子生产工艺的改进

生产工艺对粽子的口味和营养起到了至关重要的作用。如何才能生产出粽味香、口感棒、营养不流失的粽子呢？人们对于生产加工技术的创新从未止步。

传统粽子在熟制过程中通常采用凉水入锅、常压蒸煮的方式，早期的工艺改进主要在于改进蒸煮步骤，采用沸水入锅、高压蒸煮的工艺，保留粽味的同时加入的调料味不流失，香味浓，粽子坚实筋道（ZL02135838.9）。

当然，也有人将超高静压处理技术应用到粽子加工中，采用超高静压处理糯米的工艺方法，破坏糯米中的淀粉结构，促进其充分吸收水分和粽叶的有益成分，制成的粽子粽香味明显，色泽金黄且分布均匀，软硬适中，口感甚佳，极大地减轻了回生现象（ZL201110146320.4）。

粽子形状的改进

传统粽子多为三角或四角结构。每次吃粽子时，绳子常常缠成一个死结，或者享受美味的同时手上难免会粘上糯米原料。其实，只要稍微改变一下粽子的形状，问题便迎刃而解。比如可以站立的五角粽子，优点是不用绳子缠裹，节约又环保（ZL03240660.6，见图1）。

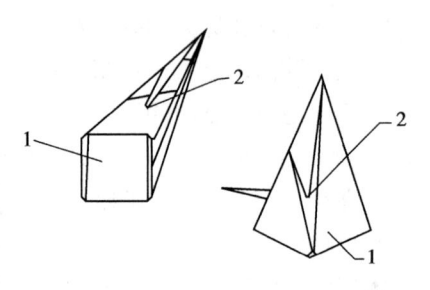

图1 ZL03240660.6 说明书附图

再比如方便手持食用粽子，即至少有一个手柄穿过粽叶插入粽馅中（ZL200720023736.6，见图2）。该粽子的特点是食用方便，完全避免了手上粘糯米等原料的问题。

介绍了这么多粽子，小赢深深地感觉到：科技改变生活，科技无处不在！发明人在传统饮食文化的基础上，结合现代饮食理念和需求，不断突破、不断创新，创造出了全新的粽子食品。一个个粽子的背后，隐藏着一项又一项专利技术，凝结着人们智慧的结晶。当然，属于粽子的科技不会止步于此，期待未来有更多的粽子产品问世，不断满足人们的实际需要。

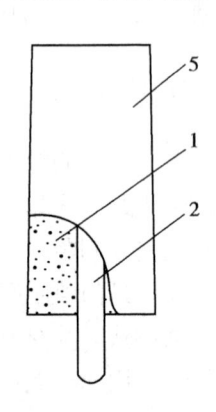

图2 ZL200720023736.6 说明书附图

本文作者：
国家知识产权局专利局
专利审查协作北京中心医药部
孔倩

02 《欢乐颂》里秒杀"五美"的竟然是Ta

> **小赢说：**
> 看电视剧《欢乐颂》本是为了欣赏"五美"飙演技，但作为一个"IPer"，自从看到Ta在剧中出现，只想问一句：谁还会在乎"五美"？

向往电视剧《欢乐颂》中的生活吗？小赢对剧中高品质生活的总结就是：场景可以不同，人物可以不同，贯穿剧情的各感情线也可以不同，彰显"高大上"的利器却出奇地相同，那就是——酒。约会喝酒，谈生意喝酒，聚餐喝酒，姐妹情喝酒……所以说，想要高端大气上档次，没有一瓶美酒是不能解决的！

《欢乐颂》里的酒文化[①]

《欢乐颂1》安迪和奇点的第一次约会，饺子配红酒，畅谈人生，配出新高度！搭配的红酒便是产于法国的靓次伯（Chateau Lynch Bages），它是香港亿万富翁的日常餐桌酒。

曲连杰邀请樊胜美吃"便饭"，张口一瓶1998年的木桐，着实吓到了小赢。作为与拉菲齐名的波尔多五大名庄之一的木桐酒庄红葡萄酒（Chateau Mouton Rothschild），最大的特色是自1945年起，每年在酒标的上部用一幅艺术家的绘画作品作为标签，且全都出自世界大师之手，极具收藏价值。

就连曲筱绡在家开Party，看似不起眼的啤酒也大有来头。海特（HITE）啤酒在韩国啤酒市场占有58%的份额，并特别为消费者精心设计了可以测出最佳味道的温度计——隐藏于背后商标上的绿灯，当冰镇到最佳饮用口感的温度时绿灯亮。

然而，以上这些大有来头的高品质美酒，若不深究一下，对于不食上流社会

[①] 凤凰网酒业，微醺的《欢乐颂》：导演为"酒"花了太多心思，http://jiu.ifeng.com/a/20160513/41607681_0.shtml。

烟火、只看酒瓶的小赢来说，完全可以做到过目就忘。直到《欢乐颂2》中Ta的出现，让小赢完全忽略了"五美"的存在，视线根本无法从Ta身上离开！（见图1）

没错！就是这款高颜值的酒。酒瓶的独特造型和色彩暗合了都市女性的多种心理诉求，展现出姿态万千的女性形象。随着剧集的播出，这款酒成了"网红"。对于这么具有美感的设计，具备专业精神的小赢自然不会放过。原来这款酒叫悠蜜（UMeet）蓝莓利口酒，专门面向女性消费群体，酒精含量8%或12%，每瓶275ml，六瓶装的价格达400元以上，相比同类产品价格高了不少呢！

然而，令小赢惊讶的是，这款网红酒竟来自国内白酒品牌——贵州茅台。茅台这是要搞事情吗？茅台不应该长这样的吗？（见图2）

图1 秒杀"五美"的Ta　　　　图2 印象中的茅台酒

解读外观设计之美

悠蜜的酒瓶设计一点也不茅台。像口红、花露水，还是花瓶？别着急，小赢这就带您拆解这撩人的酒瓶，首先我们来看看设计师的手稿（见图3）。

由于针对的是女性客户，所以这款酒瓶从上到下都透着女人味。锥形瓶身的曲线像一位身着连衣长裙的高挑美女，多彩的瓶身吸引眼球，瓶身表面的玻璃磨砂材质，采用避光设计，可以有效保护果酒中的花青素成分，亚光的金属质感不失高贵典雅。瓶身侧面镶嵌的一枝独秀的花枝设计，更是为这款酒平添了几分女人味。

如果说女人只能选择带一种化妆品出门的话，小赢认为大概95%的女性都会选择口红。一支口红足以体现一个女人的性感。而这款酒瓶最妙的设计就在于瓶盖与口红的融合，瓶盖别致的口红形状直击女人心，旋拧的开瓶方式如旋转口红一般简单便捷，让女性可以优雅地打开瓶盖品尝美酒。

那么，这样一款设计是否有专利权保护呢？

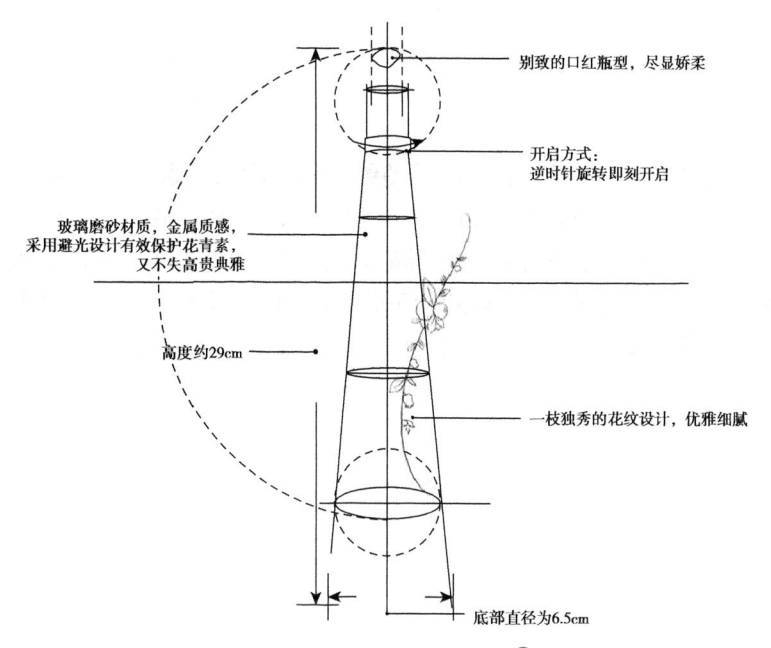

图3 悠蜜酒瓶设计师手稿[①]

经过检索，还真有！然而原专利权人并非茅台酒厂，而是一家网络科技公司——北京微政通网络科技有限公司。该产品对应的外观设计专利（ZL201530334656.2，见图4）于2015年12月30日授权公告，专利权于2017年6月14日被转让给了贵州茅台（集团）生态农业产业发展有限公司。

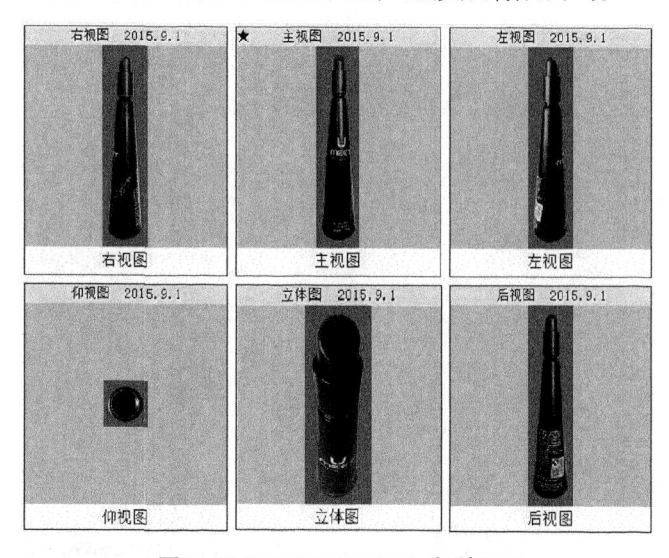

图4 ZL201530334656.2 专利视图

---

① 图1~图3来源于茅台商城。

结语

营销界的"7秒钟定律"表明商品留给消费者的第一眼印象可能引发消费者对商品的兴趣。作为一款中国人自己的外观设计，一出镜便让人眼前一亮。小赢不禁感慨：好的外观设计对于产品意味着什么？外观设计犹如一张名片，是产品最直接的展示。创新才会赢，这款酒瓶便是最好的例子！怎么样？《欢乐颂2》也追完了，看完小赢这篇文章，是不是也有去喝一瓶的冲动呢？

本文作者：
国家知识产权局专利局
专利审查协作北京中心外观部
黄明静

03 《深夜食堂》话泡面

> **小赢说**：
> "黄小厨"掌勺的《深夜食堂》在2017年6月12日已经开始播出了，用食物暖胃、用故事暖心的定位本来不错，却因屡屡出现的方便面带火了本文的主角——"泡面君"。

《深夜食堂》开篇讲的便是"泡面三姐妹"的故事：三位性格各异的都市女性因喜爱吃泡面结识，就连三人闹了矛盾都是老板的一碗老坛酸菜牛肉面让彼此和好如初。

其实，"泡面君"不仅客串《深夜食堂》，在各大热播剧中也随处可见它的身影。例如，《人民的名义》中，侯亮平赴"鸿门宴"，对桌上的美食毫无兴趣，恨不得回家吃一碗康师傅红烧牛肉面。许多职场人士是有着深刻感受的，在太多人情琐事背后，有时山珍海味不如一碗泡面。《欢乐颂2》中，泡面的植入与人物刻画相辅相成：樊姐生活受挫独自在家泡着泡面，体现了她打拼的不易；小蚯蚓肚子疼，应勤给她泡了一碗白胡椒面，体现了他直男的性格特征；关关与谢童穷游，吃着泡面坐着绿皮车……种种充满生活气息的情节，让消费者表示也曾有过相同的经历。[1]

深入记忆的味道

有统计显示，2015年，中国人均吃掉34包泡面，如此平易近人的食材，是否总能勾起你五味杂陈的回忆：儿时放学路上，干脆面里的英雄卡是"80后"们快乐、美好的童年；缓慢的绿皮车中，一桶红烧牛肉面是对离家的慰藉和归家的期盼；大学宿舍里，兄弟们分食一碗面汤，是相知数载同窗最好的誓言；漫漫加班夜，一碗热腾腾的泡面，是瞬间满血复活的妙药灵丹。

也许离开泡面的日子你已经习惯，但你一定不会忘记那调和于面端和汤头的味道，和它带给你的酸、甜、苦、辣、咸。

---

[1] 公众号：口袋电影（ID：kaoyanhand），原文标题：泡面说，别把豆瓣评分的事赖我身上，我们泡面界不服！

谁发明了泡面？

要说泡面的祖师爷，那可是大名鼎鼎的韩信！据史料记载，汉高祖三年，韩信奉命渡黄河平叛。韩信悄然集结十万大军，因恐炊烟四起，暴露军情，特命手下将荞麦粉与麦粉混合，煮成八成熟的大面饼，切成宽条，称之为"踅面"（见图1）。到了饭点，只需架几口军锅、烧开水一煮便可食用，这便是最早的泡面！此法成功迷惑了敌人，韩信军大胜，生擒魏王豹。此后，踅面成了当地著名小吃，并延续至今。

图1 合阳踅面①

到了清朝，诗书家伊秉绶在家中大宴宾客，厨师误将煮熟的蛋面放入沸油中，捞起后只好用上汤泡过端上席。谁知这种过油蛋面竟赢得宾主齐声叫好，成为一道非常爽口的上菜。书法家宋湘尝过觉得非常美味，起名"伊府面"，简称"伊面"。这也就是小时候的方便面为啥叫"三鲜伊面"了。

进入工业时代，全球第一袋速食方便面是日清食品公司的创始人安藤（日籍华裔）于1958年发明的"日清伊面"。当时的日本粮食短缺。一日，安藤路过一个拉面摊，看到穷苦人排着二十多米长队等待一碗拉面的场景，暗叹"如果有一种拉面只需要用水一泡，立马就能吃，那该多好啊"。机会垂青了忧国忧民的安藤，在妻子"油炸天妇罗"的启示下，他突发了把面条放到油锅里煎炸榨干水分的灵感，攻克了制备方便面的技术瓶颈，推出了世界上第一包鸡汁方便面（见图2）。1971年，日清开发了世界上第一个杯型方便面产品"Cup Noodles"，又称"合味道"。

图2 世界上第一个袋装方便面②

泡面专利的那些事儿

1. 日清

作为近代泡面的鼻祖，日清非常重视产品的创新、研发和知识产权保护。中

---

① 图片来源：http://www.sohu.com/a/82643956_380940。
② 图片来源：http://nissinfoods.com.cn/info/show/invent。

国首个泡面相关专利就是其申请的ZL8610098.5。

近年来，为迎合消费者的需求，日清在多方面持续改进生产工艺。例如，通过调整泡面中微孔数及空隙率减少泡面的吸油量（CN106714574A）；通过控制加工温度和湿度来得到直泡面（"拉直仿鲜"泡面，WO2015/080247A1）。

2. 统一

说到统一，大家一定不会陌生。20世纪90年代初，小浣熊的形象一夜火遍大江南北。还记得当年小浣熊干脆面有几种口味吗？不同的口味对应不同的小浣熊形象（烤鸡翅、种番茄、玩烘焙、练武功）。而且统一公司为每一种包装都是申请了外观专利（ZL00301152.6、ZL98304731.6、ZL98304975.0、ZL98302899.0）。

目前，统一力推的拳头产品当属本文开始提到的老坛酸菜牛肉面。但统一公司用专利（ZL201430176756.2）告诉你，老坛子除了可以泡酸菜还可以泡椒，有吃过的吗？

在查阅统一公司的专利时，小赢发现了一个秘密：老坛酸菜牛肉面的味道可能即将改变！因为，统一公司申请了新型风味老坛酸菜泡面的专利（CN105595272A）。新风味除了具有传统老坛酸菜的发酵味，还有盐渍酸菜的酱香味。

3. 五谷道场

2005年，五谷道场携一句广告词"非油炸、更健康"杀入泡面江湖。殊不知在上市前五谷道场让人耳目一新的包装，已经提前申请了外观专利（ZL200530122218.6，见图3）。

图3 ZL200530122218.6主视图

小赢记得，那一年品牌代言人陈宝国一身《大宅门》里白七爷的装扮，将仆人端上来的一碗油炸方便面一掌掴开，怒斥："我不吃油炸方便面！"这一掌也将五谷道场2006年的销售额掴至15亿元。

一朝成名的五谷道场先是于2009年"嫁入"中粮集团，中粮旗下的营养健康研究院对其进行了改进（ZL201310721895.3）：通过对熟化面条温度、湿度以及干燥过程的改进，改善面条滑溜性、黏弹性。但"嫁入"中粮的五谷道场由于各种原因未恢复上市之初的活力。最近，五谷道场"改嫁"上市公司克明面业，希望这个"非油炸"代表能迎来又一个春天。

4. 白象

对于充分竞争的泡面市场，要想拼得一席之地，就需要面对食客愈加挑剔的味蕾和审美进行产品细分。这一点，从白象公司的一件专利中可见一斑（ZL201210233360.7）：通过在干果表面糊化淀粉，使干果与面体紧密连接，最后油炸、脱水定型，这就形成了干果夹心方便面！

同时，白象趁热打铁推出了夹心三姐妹，并在产品上市前为包装申请了外观设计专利（见图4）：花生夹心脆火焰鸡翅味（ZL201230622720.3）、花生夹心脆功夫烤肉味（ZL201230622910.5）、花生夹心脆麻辣香锅味（ZL201230622911.X）。

图4　ZL201230622720.3、ZL201230622910.5、ZL201230622911.X主视图

5.DIY的奇葩料理

如果上面这些企业的产品勾起了你的食欲，请克制一下。高手在民间，来看看这些让小赢眼界大开的黑暗方便面料理吧。

汉堡吃得多了，中西合璧的泡面巨无霸肯定没有见过吧！制成寿司卷也是风情万种！又困又饿怎么办？来一杯咖啡泡面如何（见图5）！

最后，小赢回到《深夜食堂》，借用黄小厨的一句台词："方便面，生活中最

图5　咖啡泡面[①]

---

① 图片来源：http://dzh.mop.com/a/171017110958254812313.html。

· 12 ·

快速方便的一种食物。感觉上和真正的料理还有一点距离。但只需多下些功夫，它也会有意想不到的美味"。

　　台词如此深刻，小赢仍然很饿。不说了，小赢我泡面去也！

本文作者：
国家知识产权局专利局
专利审查协作北京中心医药部
任霞　徐静

04 不舔酸奶瓶盖的智慧

> **小赢说**：
> 　　酸奶瓶盖上面总是沾着一层酸奶，扔掉太可惜，用舌头舔又不雅观。如何才能让酸奶不沾盖儿呢？小瓶盖，大智慧，今天就来谈谈酸奶瓶盖/盒盖上的高科技。

　　酸奶是大家喜闻乐见的一种产品。喝酸奶有很多好处，例如促进消化和吸收、提高食欲等。常喝酸奶的朋友会发现，在酸奶瓶盖上会容易粘附一层酸奶，这是为什么呢？

　　这就要从酸奶的生产工艺说起。酸奶按生产工艺的不同分为凝固型酸奶和搅拌型酸奶两类，两者的差别主要在于发酵和灌装这两项工序的先后顺序。凝固型酸奶，是在容器中发酵的酸奶并直接用容器出售，就是所谓的先灌装后发酵，例如报刊亭售卖的玻璃瓶装老酸奶。市场上很流行的塑料碗装老酸奶，是在凝固型酸奶生产工艺的基础上，添加了明胶、果胶等增稠剂，整体呈凝胶块状，严格来讲属于传统意义上凝固型酸奶的一个升级版本。搅拌型酸奶，其生产工艺是先发酵、再破乳、后罐装。破乳就是通过搅拌破坏酸奶凝胶体的物理过程，因而搅拌型酸奶为半流体状。

　　然而，只有搅拌型酸奶的瓶盖上才容易粘附酸奶。原因是，酸奶盒子是塑料材质，盖子却是一层金属膜，金属膜导热比塑料膜快，搅拌型酸奶流动性较强，容易因晃动而沾到薄膜盖上，导热快的薄膜盖因水分蒸发就容易出现酸奶粘附的现象。[1]相比之下，流行的塑料碗装老酸奶因流动性较差，就不容易在薄膜盖上出现酸奶粘附现象。

　　有网友教给大家一个优雅地喝酸奶的方法，一共分为三步。第一步：酸奶直接放入冰箱的冷冻室里冷冻30～50min；第二步：把酸奶从冷冻室里取出；第三步：放入冰箱的冷藏室里保存，随喝随取。

　　小赢自己也做了验证试验（见图1），左图是先冷冻40min、再冷藏30min的效果，右图是冷藏70min的效果。看到上面，小赢发现想既优雅地喝酸奶、又不

---

[1] http://www.360doc.com/content/16/0331/03/476103_546820976.shtml

浪费居然要这么麻烦。

为了兼顾形象又不浪费酸奶，人类也是拼了，有人就想出了如下发明（见图2）：使用这种酸奶盒，将酸奶喝完后转动底部的旋钮10，棒5和6就会随之转动，这样盖和侧壁上剩下的酸奶都会被刮下，聚集在锥形底部9中。这样又能刮出一杯酸奶，还不用舔盖儿。不过，这个包装确实复杂了不少。

图1　酸奶冷冻、冷藏处理的效果对比图 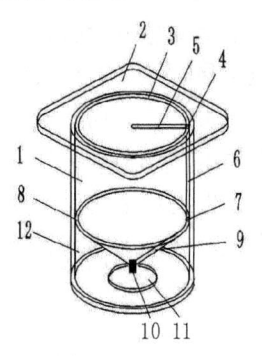　　图2　ZL201620458333.3说明书附图

人类总能从大自然中得到启示。"出淤泥而不染，濯清涟而不妖"，面对北宋周敦颐的美好诗句，科学家们总在想荷叶是怎样做到的？通过对荷叶表面微观结构（见图3）的研究，科学家们发现：由于荷叶粗糙的微观形貌以及疏水的表皮蜡，使水滴形成一个球形，进而可以自如地在荷叶表面滚动，有效防止被淤泥污染。

图3　荷叶表面及其在扫描电子显微镜下的形貌[①]

基于这一启示制备的超疏水材料有着广泛的应用。例如，用于微量注射器针尖，可消除药品在针尖上粘附及由此带来的针尖污染；用于远洋轮船，可达到防污、防腐的效果；以及应用于室外天线、石油管道的输送等。那么，超疏水材料能否应用在酸奶瓶盖上呢？

小赢通过检索发现在专利申请中已经有所涉及。例如，ZL201510831513.1是关于一种酸奶不沾盖专用胶乳，在胶乳中添加有机硅单体和蜂蜡，胶乳成膜后就

---

① https：//www.guokr.com/article/440030/?page=4。

具有了粗糙和蜡质的特性；再如，ZL201610484371.0中提出了一种利用二氧化硅制得的磁性纳米粒，用蜂蜡辅助涂覆在铝箔纸上形成不粘膜。

上述技术均是对普通酸奶瓶盖最靠近酸奶的一层表面进行了处理，将纳米技术、疏水材料创造性地应用到酸奶瓶盖上。日本企业已经成功地将这种超疏水技术应用到酸奶实际包装中了，[①]但涉及此技术的专利申请还尚未公开，在国内酸奶市场上小赢也还没有发现这种包装。

虽然我国已经有相关的专利技术获得授权，但是从专利技术到最终实现产业化还有很长的一段路要走，资金、企业技术能力、配套措施等都会给专利技术转化带来障碍。专利的价值不仅体现在专利的所有权上，而且体现在专利的实施、转化等运作所带来的商业价值。希望专利权所有人能够克服障碍，将专利技术转化，实现产业自主创新和产业升级。

本文作者：
国家知识产权局专利局
专利审查协作北京中心医药部
范杰

---

① http://www.guancha.cn/life/2015_09_19_334857.shtml。

05 烧烤达人都爱的箱体式穿串器

> **小赢说：**
> 烧烤虽美味，穿串嫌手累。莫急，莫急，箱体式穿串器，小赢带你来体验。

烧烤是人类历史最悠久的烹饪方法，已经有170万年的历史了。原始人把猎物用火烧熟后食用，可以算是最早的烧烤了。可见，现代人如此酷爱烧烤，是有其历史原因的。

随着历史的发展，人类的食物种类得到了极大的丰富。虽然人类对烧烤的爱好丝毫未减，但烧烤时用来穿肉的工具没有很大进步。在古代，人们加工原材料用手将肉穿在树枝上。而今天，我们依然在用这种古老的方式，只不过将树枝换成了竹签、铁签而已。

我们常用的手工穿串方法有诸多弊端，如：①手切的肉块肥瘦不均、大小不一，烧烤时影响肉串的均匀受热；②手工穿串速度慢、效率低，使用的竹签或铁签前端尖锐，手在穿串时也容易受伤；③肉块经过多道工序处理、反复揉搓破坏肌细胞，影响肉串的口感。

不过人类对于吃的追求从未停止过。市面上出现的肉串加工辅助工具可谓琳琅满目：家用的手持穿串器，虽然解决了人工穿串容易受伤的问题，但每次只能穿1～2串，效率很低；有一种机械类穿串机，很好地解决了安全和效率的问题，但由于其体积过大，一般只适合专业加工，并不能满足家庭需求。

对于烧烤爱好者而言，一款加工效率高、安全，并且方便携带的肉串加工工具，是他们一直以来期待的福音。经过对该类产品相关专利的检索，小赢发现了一类名为"箱体式穿串器"的专利产品。该类产品既兼顾了加工效率，又解决了体积过大、携带不便的问题。

以其中一件产品为例。该产品同时申请了发明专利与外观专利，发明专利号为ZL201510393823.X，外观设计专利号为ZL201630458758.X（见图1）。该产品的形状为长方体，是由底座、上盖和四壁围成。

如果将穿在肉串上的每块肉作为肉串的最小切割单元，那么，将一整块肉加工成肉串，传统加工步骤是：①将整块肉切成厚度相等的肉片；②将肉片切割成

图1 ZL201630458758.X
外观设计专利视图

肉条；③将肉条切割成最小的肉串单元——肉块；④将肉块一块一块穿在签子上。

而箱体式穿串器最大的特点，是通过优化肉串的加工流程，使得加工的过程更加标准，更加轻松。它将基本的穿串流程从上述的"①-②-③-④"调整为"①-④-②-③"。即，在将一整块肉加工成肉片后，将肉片叠放在箱体中，盖好盖子；然后将竹签或铁签按照箱体盖上均匀设置的签孔插入；之后通过切割，将肉片切割呈肉块。撤掉箱体，便可得到肉块大小均匀的肉串。

该产品通过优化加工步骤加工成的肉串，有以下优点：

1）可自由选择肉串肥瘦搭配。由于肉片是提前叠放在箱体中，操作者可以通过调整肥肉片和瘦肉片的叠放顺序，决定最终肉串的肥瘦搭配。

2）操作安全、简单。由于签孔和刀槽都是预先设置好的（见图2和图3）。无论是将签子插入肉中，还是切割肉片，只要确保签入孔，刀入槽，即可完成操作。不用担心刀切到手，签子扎到手。

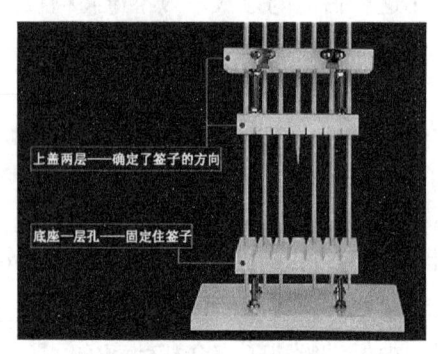

图2 三孔定位设计[①]

图3 插刀辅助槽设计[②]

3）肉串标准，美观。如果将上述肉串的加工流程概括为三切（①②③）一穿（④），那么该产品将其中的两切一穿（②③④）完全标准化，做到了准确贯穿，精准切割。

另外，产品还有很多人性化的细节设计。如箱体底部设计有5mm的接刀槽，以确保底部肉块能被完全切割，不连刀（见图4）。顶部上盖设计有压肉板，能够压紧待加工的肉片，保证肉串大小分布均匀（见图5）。箱底底座设计有吸盘，确保产品操作时的稳定性，保障安全（见图6）。

① 图2、图4、图6源自厨瑞旗舰店。
② 图3和图5源自CCTV10《我爱发明》2017年5月6日播出视频。

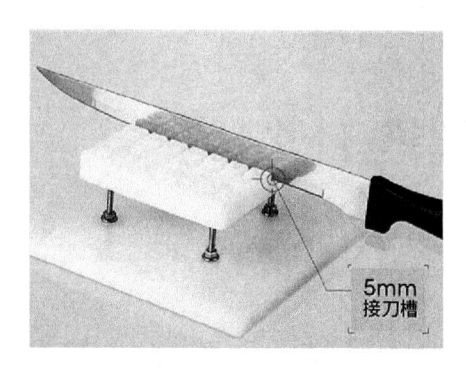

图4 底部接刀槽设计

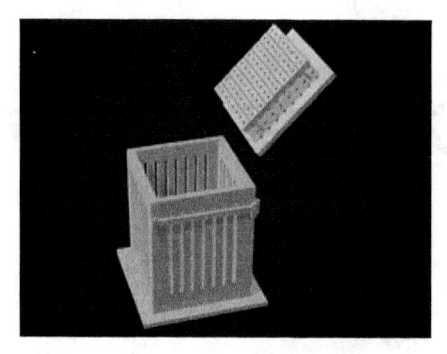

图5 上盖压肉板设计

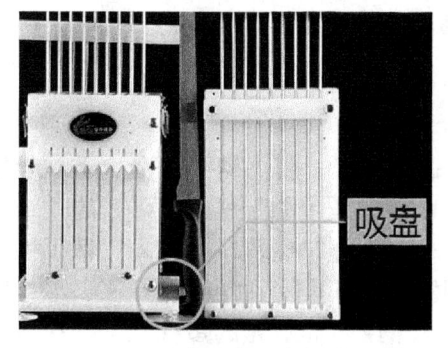

图6 底部强力吸盘设计

作为肉串加工的辅助工具，箱体式穿串器既解决了加工肉串的安全性问题，也使得加工效率和肉串的美观性得到了极大的提升。对于自助烧烤的爱好者而言，一次操作可以加工得到几十支肉串，既节省了时间，又满足了食材数量的基本要求。还等什么，赶快约上好友，一起来烧烤吧。

本文作者：
国家知识产权局专利局
专利审查协作北京中心外观部
沈德钰

06　吃蛋糕时我们在想些什么

> 小赢说：
> 自从食堂里有了西餐师傅，我们就经常能品尝到各式各样的蛋糕，喝一杯下午茶，配一块美味的蛋糕，幸福感油然而生。然而你是否了解每个人吃蛋糕时都在想些什么呢？

谈到蛋糕，就不得不提诞生于15世纪那块世界上最大的蛋糕。做蛋糕的这个人通过精确的计算让建筑师和木工做了柱子和搁板，让厨师做出17000块蛋糕，最终搭建起一个巨大而甜蜜的蛋糕礼堂。在这期间，他发明了自动和面机、挤核桃机、滑轮运输机，还有涂抹奶油的飞行器。你一定想知道这位极富想象力的奇才是谁吧！他就是集颜值与才能一身，超群绝伦的画坛巨匠、寓言家、雕塑家、发明家、哲学家、音乐家、解剖学家、生物学家、地理学家、建筑工程师和军事工程师——列奥纳多·达·芬奇！

图1　达·芬奇的设计手稿[1]

蛋糕种类繁多，按用途分有生日蛋糕、结婚蛋糕、儿童蛋糕和老年蛋糕等；按用料及制作工艺分有清蛋糕类、油蛋糕类、夹制型蛋糕和裱花蛋糕类；按熟制形式分主要有烘蛋糕和蒸蛋糕两种。[2]制作和食用蛋糕会遇到哪些问题，人们又是如何进行技术改进的呢？小赢通过调查收集了以下问题，并作出了详尽解答。

健康人士问：什么样的蛋糕，吃多少都不会胖？

如果要问健康人士对于蛋糕的感受，那一定是又爱又恨：迷恋它绚丽多彩

---

[1] 安英恩.世界上最大的蛋糕[M].北京：中信出版社，2015.
[2] 贡汉坤.焙烤食品工艺学[M].北京：中国轻工业出版社，2006.

的颜值和细腻甜蜜的口味，却痛恨它高糖、高脂、高热这三项催肥必杀技。有没有好吃又不会胖的蛋糕呢？目前蛋糕制作领域通常采用糖醇类甜味剂部分或完全替代蔗糖，采用脂肪替代物部分代替动、植物脂肪，实现降低蛋糕中糖、脂肪及热量的效果。在亚洲，蛋糕制作者们竟将蛋糕改良成了一种减肥食品！如一种含益生菌的奶油蛋糕，在传统配料中加入了益生菌和低聚果糖，二者配合能够最大程度地促进肠道吸收营养，及时消化含油脂和糖的成分，有效降低脂肪的吸收（ZL200810042534.5）。蛋糕师们还将东方神奇的茶原料和中草药运用于蛋糕中（ZL200910153672.5），做出由绿茶、苦瓜、山楂、决明子、月见草油、蛋糕粉、鸡蛋和蜂蜜制成的减肥蛋糕。韩国糕点师也研制出添加绿茶提取物（KR1123208B）以及添加藤黄果提取物（KR100955043B）的减肥蛋糕。所以，尽情享用蛋糕师们为你打造的专属蛋糕吧！

金融人士问：哪种蛋糕最贵？

图2这款就是目前全世界最贵的蛋糕——阿拉伯联合酋长国的"土豪"花4850万英镑（约5亿元人民币）订做的生日蛋糕，堪称"蛋糕界的爱马仕"。整体造型是一个时装发布会T台，长达1.8m，在蛋糕上坐着很多捏出的人物，这些人穿着华丽的衣裳在看秀。整个蛋糕用了4 000颗钻石，包括一颗5.2克拉的粉钻和一颗6.4克拉的黄钻。

可毕竟钻石不能吃。接下来小赢为你介绍一种可以吃的昂贵蛋糕——黄金蛋糕，这种蛋糕贵就贵在了原料上，蛋糕制作完成后撒上可食用金粉或金箔。如果你一直关注小赢，就一定知道小赢的另一篇文章"添加24K黄金的酒，你敢喝吗"，这种黄金蛋糕和黄金酒均是利用金的药用价值和外观效果制作食品。例如，日本糕点师申请的金粉甜味剂的专利（JPS58209938A），其将金粉与糖混合成甜味剂，进而制备一种具有光彩表面的高品质蛋糕。国内也有人将食用金箔均匀沾满各类糕点表面从而获得金光灿灿的美食（ZL200510029147.4）。

图2 最贵的生日蛋糕[1]

家政人士问：如何把蛋糕切整齐，每一块都大小一致？

首先，小赢要推荐一类"懒人蛋糕"，如一种免切组合生日蛋糕，每层的

---

[1] https://t.qianzhan.com/dazahui/detail/150909-3f50461e.html。

大圆形蛋糕是由若干个小块组合而成，每层可根据顾客的不同要求组合成外径有大有小的圆形蛋糕，像树的年轮一样：大的三圈，中的二圈，小的一圈，组合好的蛋糕外表面再进行涂抹奶油等加工，食用时只要用食叉挑起来就可以吃（ZL200920024375.6）。目前还流行一种由多个小方格组成方形免切割蛋糕（ZL201420731383.5，见图3），每个小方格都可以做出不同味道，满足不同口味喜好哦。

有句话说的好，"授人以鱼，不如授人以渔"，所以小赢要推荐"神器"啦！蛋糕均匀分割刀，大致可以归为两种类型：①整体式（US2016015044A1），一刀下去即搞定；还有可根据大小需求调节分割刀片间距的（BE904201A2，见图4）。②局部式，根据局部切分的特点，可实现均匀或按需分割（ZL201510834303.8），或同时实现切割及取出功能（TWM525134U）。

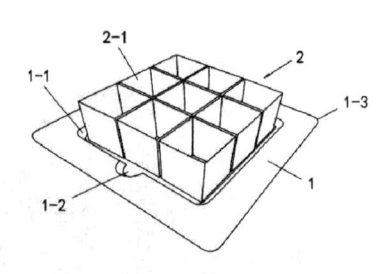

图3　ZL201420731383.5说明书附图 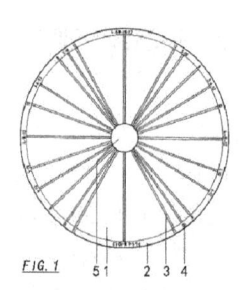　　　　图4　BE904201A2说明书附图

旅行人士问：哪种蛋糕方便携带，不易变形变质？

蛋糕变形，巧克力融化，这是旅途中最不愿面对的事情。如何保护美食的颜值的确是一项重要议题。而说到方便携带不易变形，那必须首选起源于19世纪的"纸杯蛋糕"（Cupcake），一杯牛油、两杯糖、三杯面粉、四个鸡蛋加上一杯牛奶和一匙苏打粉，就是纸杯蛋糕的经典配方。对纸杯蛋糕的改进主要集中在包装上，从传统的杯状（JP3155921U），到滚筒状（JP3178385U），再到美丽的花瓶状（US2016251144A1），蛋糕师们从来都是不遗余力地诠释着"色、香、味、形、器"的精髓，以满足人们对美味的无限遐想。

蛋糕贮藏过程出现的干硬、松散、弹性和口味变差等问题主要是由于淀粉回生导致的，食品学家称为"淀粉分子从无序状态重新缔合成有序状态的过程"，向蛋糕中添加抗老化剂是提升品质的常用办法。例如科研人员采用由米曲霉属微生物发酵产生的一种内切型α-淀粉酶对小麦淀粉进行有限水解，抑制淀粉回生老化，延长了蛋糕的保质期（ZL201410143845.6）。

蛋糕在生产中也会出现变形问题，比如起源于德国的年轮蛋糕，其制作工艺烦琐，需要将面糊浆涂抹在一根烤棒的外缘上，烘烤后取出再涂一层继续烘烤，如此反复多次，这种方法会导致蛋糕局部增大变形。日本糕点师申请了一种年轮蛋糕的制造方法和制造设备（WO2008044272A1），其制成的年轮蛋糕相对端部的蛋糕层数比另一部分的层数少，从而抑制制造过程中引发的年轮蛋糕变形。有了这项技术，西点师可以轻松制作出完美的年轮蛋糕啦。在日本，年轮蛋糕非常受欢迎，一款价格不菲的年轮蛋糕也是馈赠佳品。

考古人士问：谁最先申请了蛋糕专利？

根据食品历史学家的记录，第一个做蛋糕的是埃及人，而蛋糕在中国的流行大概是辛亥革命之后。小赢在SIPOABS数据库中检索到，英国人彼得·林奇（Peter Lynch）于1893年10月3日申请了第一个蛋糕设备专利（GB189318511A）——一种改进的面包、蛋糕等类似产品的切割机，包括一个可旋转的切割刀和一个自动进料装置。第一个申请蛋糕配方专利的人也是英国人，沃尔特·盖伦（Walter Gearren）于1893年10月23日申请了一种改进的蛋糕食品（GB189319928A）。

第一位申请蛋糕相关专利的女士还是英国人。爱丽丝·乔治安娜·史蒂文森（Alice Georgiana Stevens）于1894年10月13日申请了一种蛋糕夹子（GB189419486A，见图5），还在上面设计了漂亮的花纹。为什么最早申请蛋糕专利的全是英国人？小赢分析19世纪的英国正处于工业革命的鼎盛时期——维多利亚时代，人们对待饮食非常讲究，在那个时代有了历史上最早的烹调学校，美食书籍和厨房用具也十分流行。

中国的专利法是1985年4月1日起施行的。国内第一个蛋糕相关专利的申请日居然就是1985年4月1日，申请人田持恭申请了一种拉伸式糕点盒（ZL85201003，见图6），采用软硬塑料组成的包装容器，其特点是可拉伸和扣合。专利法施行第一天就来申请专利，小赢真心佩服。

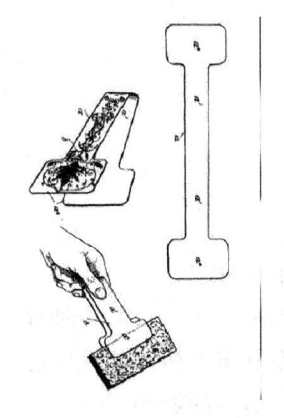

图5 GB189419486A说明书附图 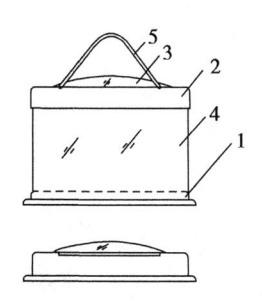　　　　图6 ZL85201003说明书附图

尾声

　　蛋糕永远是美味和幸福的代言,也是所有欢聚时刻的见证,每每想到我们生命中的真诚,又有什么是超越食物的呢?炎夏的午后,品一款凉凉的蛋糕,从纵切面入勺,细腻香甜,为忙碌的岁月增添一份宁静美好。

本文作者:
国家知识产权局专利局
专利审查协作北京中心医药部
林倩　胡婉珊

07　不用火，不插电的火锅

> **小赢说：**
> 一说起火锅，小赢的口水已经流到嘴边了，最近经常畅想："随时随地都能吃着火锅唱着歌，那该多好？"当发现了今天这款"神器"后，小赢觉得梦想基本实现了！

火锅可以说是无人不知、无人不晓，连外国人都说火锅是世界上最好吃的东西。然而，火锅虽好，却不方便。在家吃：准备起来烦琐，需要准备锅、加热炉灶、各种食材；去火锅店：大老远跑过去，还要排位；一个人点个大锅底还浪费。有没有一种能像方便面的火锅，随时随地，想吃就吃？

有需求，就有市场。没有什么能够阻挡我们对美食的热爱，一种新的火锅食品应运而生：自热火锅来了，不用火，不插电，只要准备一杯水即可。

自热火锅成为"网红"

依托川渝地区火锅美食基因，近一段时间来，自热火锅迅速崛起于快消品方便食品市场。根据某电商平台的统计，仅天气炎热的6月自热火锅品类在平台上的总销量已经突破千万元（见图1）。

自热火锅刚有火爆的苗头，各路企业已经开始纷纷布局了，包括著名的海底捞，还有已经有一定知名度的伍田、小龙坎、大龙燚、德庄……

小赢已经嗅到了弥漫在空气中的火锅味，哦不对，是火药味。因为，各路

图1　《四川日报》2017年8月3日相关报道[①]

① epaper.scdaily.cn/shtml/scrb/20170803/169838.shtml。

商家展开厮杀的可能是一个未来千亿元级的市场。

自热火锅里都有哪些东西？目前市面上的产品一般都包括餐盒、餐具、发热包、火锅底料、菜品、食用指南等。

自热火锅怎么食用呢？简单说，三步即可：第一步，把料包、菜包倒入上层盒子，加水；第二步，把发热包放入下层盒子，加水；第三步，盖上盖子；15min后，热腾腾的火锅就可以出锅啦！怎么样？是不是超级简单，超级方便？

自热火锅的原理是什么呢？它的原理跟"自热米饭"如出一辙，即发热包遇水产生热量给上层的食材加热。发热包的主要成分是焦炭粉、活性炭、盐、生石灰等，加水快速升温，用于加热食物，温度能保持长达1~2h。

自热火锅的技术含量

看似简单的自热火锅，里面蕴含的技术却并不简单。因为相对于自热米饭，需要面临更多的问题：①加热更长久、更安全；②菜品种类多样；③包装配合要求更高。正是有了这些问题，也就诞生了相应的专利技术。还是老规矩，小赢来解读。

1. 加热安全

相信很多人和小赢一样，最担心的是热源，也就是发热包的安全性。实际上，经过检索发现，这其实是最不需要担心的。因为发热包技术已经相当成熟了。

和很多技术早期都来自于军队一样，发热包最早可以追溯到美军在20世纪70年代开始的单兵野战口粮热食化的研究。根据资料显示，1991年，在美军的沙漠风暴中，有4500万个无火焰口粮加热器运到海湾地区，使前线士兵在恶劣的环境下仍能吃到可口的热食，极大提高了部队战斗力。

从1993年起，美军著名的单兵快餐口粮MRE开始配备无火焰口粮自加热器，反应类型为镁铁型，实现了真正意义上的野战快餐口粮热食化。

根据小赢的检索，1985年就出现了镁水反应型自热材料的专利（US4522190A），8年后更是明确将其应用于单兵食品袋上（US5220909A）。

资料显示，我国人民解放军队无火焰加热器的研制始于20世纪80年代中期，最初采用的大部分是生石灰水合型材料；我军目前大规模装备部队的09单兵自热食品所使用的加热器为镁-铁（Mg-Fe）合金加热器，是一种加热性能优良的加热器。

我国民用加热包的相关专利出现相对较晚。2004年出现了主要包括镁铁合金、特种热熔粉、酸碱调节剂、活性炭等主要材料的自热片（ZL99111403.5），ZL200910234569.3则关注了如何将发热化学反应中可能产生的氢气、二氧化碳、硫化氢等废气除掉。2017年授权的专利ZL201410386993.0提供了一种空气激活型食品自加热组合物及其制备方法与应用，组合物的有效成分包括锌粉、活性炭、电解液和催化剂，其原理是电化学反应放热，不需要水作为激活剂，使用方便，撕开包装袋即开始放热。

2. 菜品多样

涮火锅，讲究的是有荤有素，新鲜可口！因此，食材的保鲜是绕不开的问题。

对于火锅底料，发明专利ZL201310107405.0提供了一种"清油即食型火锅菜生产方法"，发明专利ZL201310107408.4提供了一种"牛油自热式即食型火锅菜生产方法"，两者均将郫县豆瓣、豆豉、剥皮大蒜、老姜花椒、复合香辛料、干辣椒以及火锅食材分别进行预处理后通过特殊的加工处理工艺，缩短了烹煮加工时间，解决了现有技术中火锅菜品加工不卫生、易产生有害物质等问题。

对于蔬菜，发明专利申请CN107223918A公开了一种自热式火锅蔬菜及其制备方法，包括预处理、漂烫灭酶、保鲜液浸泡、包装灭菌等步骤，可有效保持蔬菜中的含水量，避免营养物质的流失以及蔬菜的褐变与软化，在长时间的保藏后口感仍然脆嫩。

当然还有荤菜，发明专利申请CN107156673A公开了一种自热式火锅荤菜及其制备方法，包括解冻、切分、腌制、包装、灭菌等步骤，解决荤菜在保藏过程中常出现的腐败、析水析油等问题。

3. 容器配合

要实现火锅沸腾的临场感，包装容器的配合一定要设计好。实用新型专利ZL201520812893.X提供了一种微火锅，其外盒的外壁上设置有起隔热作用的波浪纹，即使在加热的情况下拿取外盒也不会感觉很烫，避免了使用过程中被烫伤。内盒的外壁上设置有多个竖直的内凹式导气槽，能够使加热包产生的热蒸汽顺利进入内盒中。盒盖上设置有与所述内盒的内腔相通的导气孔，导气孔能够使热蒸汽合理排出形成对流，加快加热速度（见图2）。

发明专利ZL201280067731.7提供了一种用于预先烹饪好的食物的自加热容器，其中下容器装有氧化钙、水袋和撞针，撞针能够打破水袋使水和氧化钙混合，以引发放热反应。

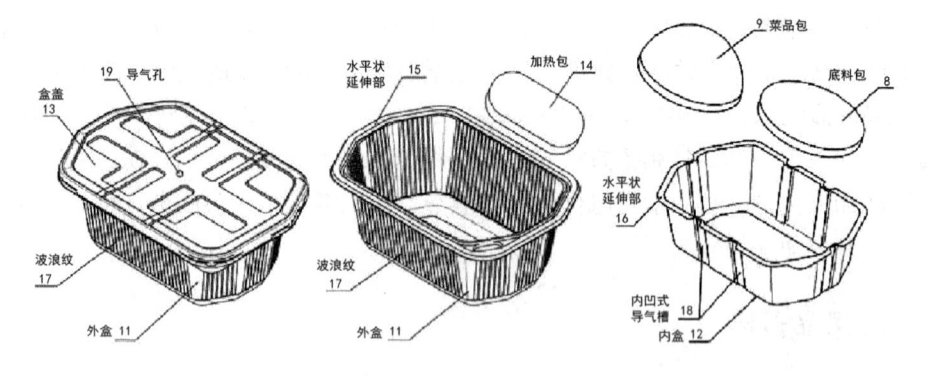

图2　ZL201520812893.X说明书附图

当然，设计的美感也很重要。已经有人申请了相关的外观设计专利，如ZL201630638648.1提供了一种包装盒（自煮火锅，见图3）。

最后，总结一下小赢的检索心得：自热火锅的相关专利虽然绝对数量不多，但是近年开始呈现出快速增长的态势。除了自热火锅，自热麻辣烫、自热冒菜、自热面条也纷纷涌现，但要求专利保护的专利技术并不多。有战略眼光的商家要提前专利布局哦！毕竟这是传说中的千亿元级市场嘛。

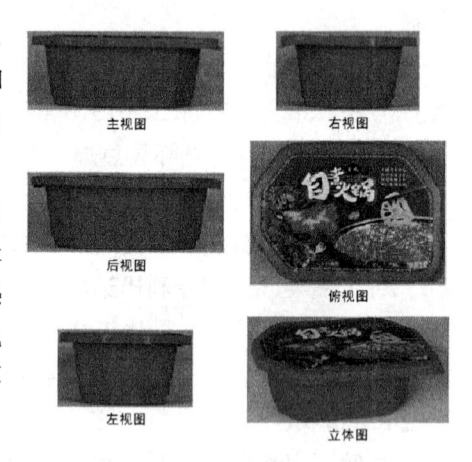

图3　ZL201630638648.1说明书附图

重要提示

1）目前，据小赢了解，自热火锅在飞机上是不能携带的。因为根据国际航空运输协会《危险品运输规则》以及中国《民航旅客禁止随身携带和托运物品目录》的规定，发热包属于易燃固体，自热装置禁止托运和随身携带。旅客可选择通过快递将美味送至目的地。

2）火车上可以随身携带，但小赢不建议在交通工具或人多拥挤的地方操作自热火锅，如火车、高铁、车站等，毕竟有高温的东西在，安全第一。

3）在使用"自热食品"的时候，一定要严格按照说明书的要求来使用发热包。加热时，包装底部温度极高，不能放在玻璃（茶几、桌面等）上，以防玻璃碎裂或者在桌面留下印记；并注意在加热过程中将透气孔打开，这样才能在安全、可控的条件下加热食品，以免造成意外伤害。

为大家能吃上一口热火锅，小赢还是蛮拼的，祝大家吃好哦！

参考文献

姜炜.军用食品自加热技术的民用前景[J].食品工业科技，2006（2）：196-197，200.

本文作者：
国家知识产权局专利局
专利审查协作北京中心材料部建筑工程一室
王敏

08　90%的人都会弄错的概念：椰果

> **小赢说：**
>
> 　　喝过椰果奶茶、椰果沙冰、椰果西米露吗？如果你认为其中的椰果就是椰子的果实，那就大错特错了。快来跟随小赢一起了解椰果的世界吧！

图1　海南椰国食品有限公司董事长钟春燕[①]

　　在介绍椰果之前，我们首先来介绍一下国内椰果创始人——钟春燕。1962年出生的钟春燕，目前是海南椰国食品有限公司（下称"椰国食品"）董事长，海南省总商会副会长（见图1）。

　　根据小赢的检索，钟春燕及椰国食品的多项椰果专利，先后多次获得中国专利奖。2012年，她凭借"两步发酵法生产可食用纤维素"（ZL200810100225.9）一举拿下当年中国专利金奖。2014年，椰国食品公司的专利"木葡糖酸醋杆菌属菌株及其选育和生产细菌纤维素的方法"（ZL200910003956.6）再次荣获中国专利金奖，而这项专利的发明人就是钟春燕。此外，她分别于1996年、2009~2011年、2013年、2017年凭借"将椰子水发酵制作的食用纤维及其生产方法"（ZL96100534.3）、"细菌纤维素凝胶面膜"（ZL200610075040.8）、"压缩椰果及其生产方法"（ZL200810100224.4）、"一种糖化椰果及其糖化方法"（ZL200810100223.X）、"可食用抗冻纤维果及其制备方法"（ZL200810100222.5）、"冰爽椰果及含冰爽椰果的食品和饮料"（ZL201010593633.X）6项专利，先后6次获得中国专利优秀奖（见图2）。

　　再看钟春燕所领导的企业椰国食品，自1996年成立以来，聚焦海南椰树资源，专注并潜心于椰果的生产、研究和开发，已拥有生产高纤维椰果的优良的系列菌种库、自主知识产权核心技术和配套技术，逐步建立了质量保证体系和规

---

①　图1已获钟春燕本人授权。

范化生产管理体系，生产工艺也已达到成熟化的水平，产品质量非常稳定。目前公司的产品已广泛应用于罐头行业、果冻行业、饮料行业、乳制品行业、冷饮冰淇淋行业、烘焙行业、餐饮业等（见图3）。

究竟是什么原因，让钟春燕和她的公司生产的椰果一次又一次地获得专利奖的青睐呢？要把这个问题探讨明白，大家首先要弄清一个概念：什么是椰果？至今很多人不认识椰果，将它说成是椰子的果肉、果冻，甚至被误认为是塑料制品。在此，小赢必须为椰果正名：它是椰子汁通过微生物的作用，经发酵工艺生产的乳白色或透明的可食用纤维素凝胶，又名"椰纤果"或"纳塔"。椰果有椰肉无法比拟的优

图2　椰果食品获得的中国专利金奖、优秀奖[①]

势，口感爽滑细腻，富含优质膳食纤维，热量低，能够促进肠道蠕动，具有消除便秘、减肥等多种保健功效。由于其又软又弹的口感，椰果成为众多甜点/饮品中不可或缺的伴侣。

图3　椰国食品生产的椰果相关产品[②]

---

① 图2已获钟春燕本人及椰果食品授权。
② 图3～图6来源于椰果集团公司官网 http://www.yeguo.com。

菲律宾等东南亚国家的椰果最早利用空气中自然菌群进行自然发酵，由于天生天养没有纯化驯养的核心菌种，在发酵过程中经常出现杂菌感染，无法实现产业化。我国最早的椰果专利就是来自于钟春燕在1996年提出的专利申请"将椰子水发酵制作的食用纤维及其生产方法"。该专利首次利用椰子水接种酵母菌、胶膜醋酸杆菌和乳酸菌发酵制成食用纤维，结束了在椰子产品加工过程中椰子水被废弃的历史，并解决了由此带来的环境污染问题，第一次真正意义上实现了椰果的产业化生产。据钟春燕介绍，上述专利研发过程中经历了重重磨难，无数次的失败才换来了最终的成功。该项专利技术奠定了钟春燕在国内椰果生产领域的领军地位。不夸张地说，是钟春燕缔造了椰果产业，并带领和推动了这个产业的发展。

当然，钟春燕和她的椰果食品同样看到了椰果存在的很多缺陷，如口味单一、不易咀嚼、难以贮存、抗冻性能差等，因此他们在创新上从未止步，一次又一次地突破技术难关，不断推进椰果生产技术的发展。比如上文提到的2017年中国专利优秀奖"冰爽椰果及含冰爽椰果的食品和饮料"就是针对口味单一的问题。该专利技术方案的核心就是将压缩椰果浸泡在含有凉味剂的冰爽复水液中进行复水。小赢通俗地解释一下，就是脱水的椰果吸了带有薄荷味的水（就是技术方案中的凉味剂）膨胀，口感就更清凉了。

也许你会惊讶地说：这么简单的专利都能拿到优秀奖？看似简单的技术方案背后，是发明人对椰果纤维的深刻理解，利用椰果纤维的网状结构将凉味剂锁定，只有当咀嚼时会释放出来，一举解决了凉味剂易挥发和椰果口味单一两大技术问题。这才是人们常说的：大道至简！

在检索的过程中，小赢还发现了其他解决了椰果缺陷的专利，举几个例子。

1. 糖化椰果

将切割的椰果经碱、酸和脱色处理后，浸泡于糖液中得到糖化椰果。通过糖制工艺取代椰果中大部分的水分，使纤维的致密结构变得疏松，口感变脆，易于咀嚼（ZL200810100223.X，见图4）。

2. 压缩椰果

采用两步递进式压缩方式对新鲜椰果进行压缩处理，解决了现有椰果水分含量过高、不耐贮运的技术问题（ZL200810100224.4，见图5）。

图4 蜜制椰果

图5 压缩椰果

3. 抗冻椰果

通过特殊的工艺让椰果充分吸收糖分和复合胶，使椰果中的水分即使在低温时也不会成为冰晶状（ZL200810100222.5，见图6），从此椰果既美丽又抗冻！

4. 不是椰果的椰果

图6 抗冻椰果

如果用其他果汁替代椰汁进行发酵，会有类似效果吗？用芒果、杨桃甚至香蕉取代椰子汁的方案，钟春燕也已经开始尝试（ZL201210478939.X、ZL201210481105.4、ZL201210481086.5）。

当然，椰果不仅用于食品加工领域，钟春燕及椰国食品也将椰果的技术应用到医疗、化工等领域，并已经取得了突破性进展。希望钟春燕和她的椰国食品再接再厉，继续研发出椰果的新型产品，并将其更广泛地应用于各个领域。

本文作者：
国家知识产权局专利局
专利审查协作北京中心医药部
孔倩

09　红星二锅头的那些专利故事

> **小赢说**：
> 年夜饭配好酒，想必家家有。但寻常日子，喝点百姓酒就好了。"小二"就是一款常见的百姓酒，殊不知这款北京百姓酒的背后也有很多和专利相关的故事。

"红星蓝瓶二锅头，超越经典有点柔"。"红星蓝瓶"是北京红星股份有限公司（下称"红星公司"）推出的无外包装的低度二锅头系列，瓶身为蓝宝石色，瓶标采用烫印设计。下面的故事，就从红星蓝瓶开始。

申请人之谜

早在2009年，"红星蓝瓶"就申请了外观设计专利，并在2010年获得了专利权（ZL200930182261.X，见图1），该专利的申请人是一位叫"金守平"的自然人，并非红星公司。

右视图　　　主视图　　　左视图

图1　ZL200930182261.X外观设计图

根据上述专利的专利公报，金守平的联系地址为北京市朝阳区建国路90号红星大厦，也就是红星公司的总部所在地。小赢推测，金守平应该是红星公司的内部人士。上述专利也在获得专利权3个月后，由金守平转让给了红星公司。

屡获大奖

2014年，红星蓝瓶在比利时布鲁塞尔国际烈性酒大奖赛中斩获金奖。2017年，红星蓝瓶的外观设计专利也获得第十九届中国外观设计优秀奖。

蓝瓶之争

产品设计得美了，就会有被模仿的烦恼。在获得外观专利权后，红星公司对北京七星酒业有限责任公司（下称"七星公司"）提起了侵权诉讼，理由是七星公司的"御格牌北京二锅头酒"与"红星蓝瓶二锅头"的包装、装潢高度相似，"误导了购买者，易发生混淆"，"御格牌北京二锅头酒"侵犯了红星公司的专利权。

然而，七星公司认为不存在侵权行为，因为自己也拥有外观专利（ZL201230086619.0），只是申请日比红星公司的专利晚了3年。因此，两家公司又发起了专利权的交锋，红星公司向专利复审委提出七星公司的专利无效的请求。最终，专利复审委以七星公司的专利与红星公司的现有外观设计（ZL200930182261.X）不具有明显区别为由，宣告七星公司的专利无效。[①]

最后，侵权纠纷尘埃落定。一审判决，七星公司立即停止在其生产、销售的6款白酒产品上使用侵权的包装、装潢，并赔偿红星公司经济损失15万元。[②]

至此，蓝瓶之争告一段落。红星公司凭借优秀的知识产权保护意识，用手中的专利武器打赢了这场"蓝瓶之争"。

专注深耕细作，红星的其他产品设计

1."大二""小二"

"大二""小二"也是大家熟知的红星二锅头系列产品。随着时代进步，"大二""小二"的外观设计也在悄然改变。2011年，"大二"的"溜肩瓶"变身为更加挺拔时尚的"端肩瓶"，玻璃瓶身加印了"北京红星"立体字，更加年轻活力（ZL201130507232.3）。2016年，红星"大二""小二"再次孕育了新形象：在设计扁平化的趋势下，瓶盖顶部仅保留红星LOGO，盖身由黄色改为香槟金，同时由短盖变为中盖，提升时尚感（ZL201630294548.1，见图2）。

图2　ZL201630294548.1 外观设计图

---

① 专利复审委，无效宣告请求审查决定：第 22854 号。
② 北京市大兴区人民法院，民事判决书（2014）大民（知）初字第 14825 号。

2. 蓝瓶 12

2017年，红星"蓝瓶12"拿下布鲁塞尔国际烈性酒大奖赛白酒唯一金奖。"蓝瓶12"的酒瓶设计（ZL201330534816.9，见图3左）采用了玻璃透明瓶身，瓶身中段无色透明，瓶底和瓶颈部则采用了渐变蓝色，瓶盖银色起到了点睛的作用。酒包装盒（ZL201330534729.3，见图3右）也延续了一贯高贵蓝色的设计，采用激光镭射纸盒。

图3 蓝瓶12外观

3. 清香典范系列

该系列产品瓶身（见图4左）以北京皇城红墙金瓦为灵感，外包装（见图4右）采用纸质包装，以古代官服图案为参考，添加祥云、浪花图案，赋予其大吉大利、步步高升之意。整套设计具有典型的中国特色，艺术感十足。

4. 红双喜酒

这款酒大家一眼便知，是为了迎合婚宴市场推出的。酒瓶外形为"囍"字（ZL201430035306.1，见图5左），通体大红色，寓意双喜临门；外包装（ZL201430035383.7，见图5右）也采用红色纸质包装，正面中部采用透明结构，正好把"囍"字的瓶身展示出来。

图4 清香典范6外观　　　　　图5 红双喜酒外观

经检索，红星公司的专利申请目前公开的已有200余件，其中大部分为外观设计，几乎涵盖公司目前所有在售产品的酒瓶和包装盒。由此可见，红星公司对

产品外观设计及其专利保护的重视程度。通过红星二锅头的这些专利故事，我们不难看出，优秀的外观设计不仅能提升产品的"颜值"，在第一时间抓住消费者的眼球，同时相关外观设计专利作为企业的有力武器，也能为企业在市场竞争中保驾护航。

本文作者：
国家知识产权局专利局
专利审查协作北京中心医药部
郝佳　蔡玉品

10　蒸烤箱：不食烟火，只享美味

> 小赢说：
> 也许你认为：我家既有蒸锅又有烤箱，为什么还需要一台蒸烤箱呢？看完此篇，恐怕你就没有任何拒绝的理由了！

近几年，厨电发展迅猛，尤其高端厨电更出现爆炸式增长，成为家电行业新的发展引擎。新一代厨电产品能带来更优异的烹饪效果、更良好的使用体验、更快捷的效率提升、更智能的操控方式。电蒸烤箱正是这样的一款新秀。

什么是蒸烤箱？

蒸烤箱（又叫蒸烤一体机），顾名思义就是一款集蒸烤功能于一体的厨房用具；电蒸烤箱是以电力为能源的蒸烤箱。经过十几年的不断发展，如今的蒸烤箱技术已经非常成熟。尤其在近两年，电蒸烤箱的市场普及率迅速提升，渐渐成为消费者选购厨电的新宠。[①]

为什么要用蒸烤箱？

1）多个任务一机搞定。当你因为厨房被品类俱全的蒸锅、烤箱、微波炉、酸奶机塞得满满当当、无处下手时，一台蒸烤箱恰好可以解决上述问题。蒸烤箱不但能蒸、能烤，还具备微波炉的功能，更能在恒温状态下发面或发酵酸奶，实现多个任务一机搞定。

2）省心省钱节省空间。当你还在家电市场蒸锅、烤箱、微波炉、酸奶机的众多品牌中难以抉择时，这时只需要一台蒸烤箱，既省却选择的烦恼，又节约购物的时间。剔除种类繁多的厨电，厨房不再狭小，甚至有空间摆放绿植和装饰品，做饭再累，也能有个好心情。

3）远离辐射安全第一。众所周知，日常使用的微波炉属于强辐射的电器，

---

① http://jiaju.sina.com.cn/news/20161110/6202300557202621428.shtml。

每次开启都会产生一定辐射。而蒸烤箱的原理、技术不同,不产生微波和电磁辐射,对人体没有任何不良影响,即使孕妈都可以放心大胆地使用。[1]

蒸烤箱与传统烤箱的结构差别

既然蒸烤箱具有传统烤箱不具备的优点,那么,二者在结构上究竟有哪些区别?又蒸又烤是如何实现的呢?

首先来看一下传统烤箱的结构。以广东美的厨房电器制造有限公司申请的电烤箱(ZL201710378147.8)为例(见图2)。

图1 蒸烤箱[2]

可见,传统烤箱主要由上、下发热管,电机和风扇等构成,工作时在箱内形成热气流循环。即传统烤箱仅设置发热管和空气循环设备。与传统烤箱不同,蒸烤箱集成了蒸和烤两种功能,下面以两件专利申请为例介绍蒸烤箱的结构特点。

嵊州市威宝电器有限公司申请的实用新型专利(ZL2016020701365.1)中,增加了在传统烤箱中不曾出现的部件,如水盘与水壶组件12、进水管17、进水阀17-1、出水管18、出水阀18-1、低水位感应开关、高水位感应开关和磁浮子等(见图3)。

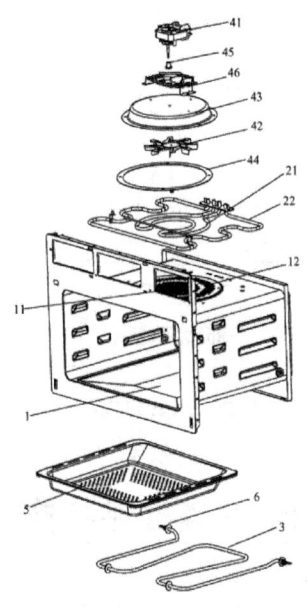

图2 ZL201710378147.8 说明书附图

类似的,在广东格兰仕集团有限公司的国际申请(WO2007/065315A1)中增设了蒸汽发生装置,该装置包括蒸发池3、储水箱、带压力的进水管、注水开关、蒸发池电加热元件4等(见图4)。

可见,蒸烤箱是在发热管的基础上设置了可以注水的水盘/蒸发池以及相应的补水组件。目前市面上的德普NK58嵌入式蒸烤箱使用的就是上述结构(见图5),其包括隐藏于操作面板下的进水箱和出水箱、蒸烤箱顶部的加热管和设置在蒸烤箱背板的风扇。

---

① http://jiaju.sina.com.cn/news/20161110/6202300557202621428.shtml。

② 图片来源:http://jiaju.sina.com.cn/news/20161110/6202300557202621428.shtml。

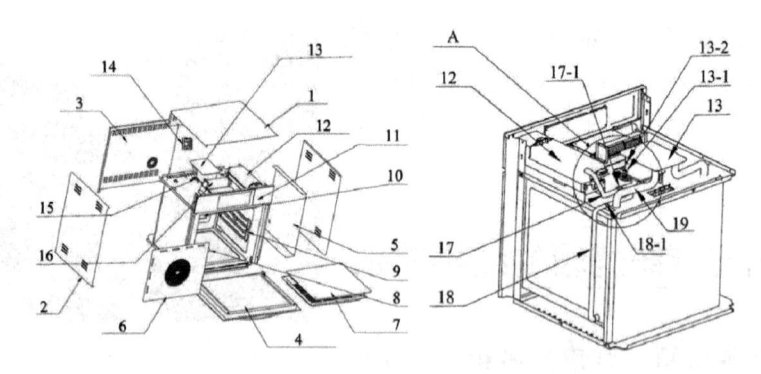

图3 ZL201602070 1365.1说明书附图

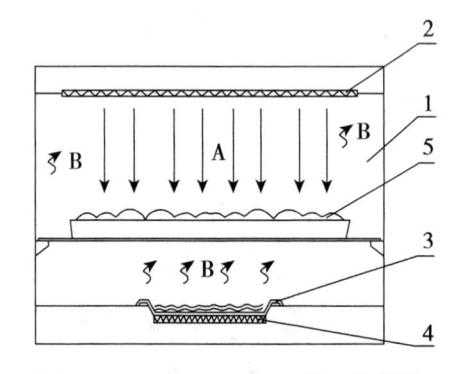

图4 WO2007/065315A1说明书附图

图5 德普NK58嵌入式蒸烤箱[1]

蒸烤箱的其他结构类型

绍兴鼎威电器有限公司申请的实用新型专利（ZL201320074461.4）涉及一种微蒸烤一体机，该微蒸烤一体机集合了微波炉、蒸汽炉和烤箱的三大功能。其中，微波与烤箱功能与传统类似；当使用蒸汽炉功能的时候，通过控制器3向蒸汽发生器12供电，蒸汽发生器12使盛水容器11内的水变成蒸汽，并将蒸汽输入腔体8内，通过蒸汽来蒸食品（见图6）。

上述蒸烤箱都是以电为能源，电蒸烤箱也是蒸烤箱市场的主流。但蒸烤箱领域，申请量较大的申请人安徽华菱西厨装备集团股份有限公司申请了一种燃气蒸烤箱（ZL201621425671.3），该燃气蒸烤箱具备蒸、蒸烤和烤的功能。需要蒸煮食物时，供水系统会在蒸烤箱正常工作时喷射急促的水流到蒸烤箱内腔热量均恒系统中的风轮，形成水雾，然后喷散到燃烧室表面，产生高温蒸汽，从而烹饪食物（见图7）。

---

[1] 图片来源：http://www.chinachugui.com/product/127741.html。

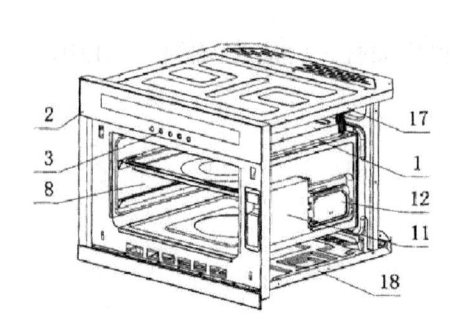

图6 ZL201320074461.4说明书附图

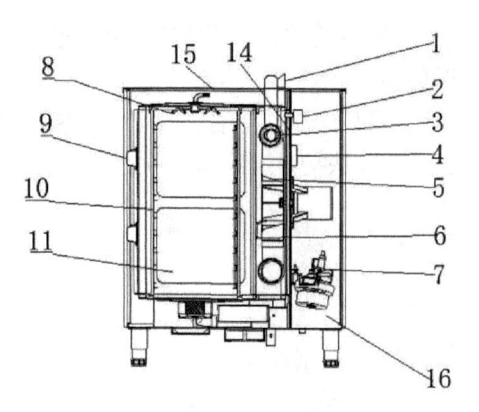

图7 ZL201621425671.3说明书附图

此外，还有基于WiFi控制的蒸烤一体机（ZL201610523767.1），通过在控制面板内设置控制模块和串口WiFi模块，实现远程控制。

许多烹饪达人认为蒸烤箱虽然能烹饪不同类型的食品，但在频繁使用下，烹饪过程中造成的水垢、异味不易清除，影响再次使用。关于这个问题，山东金佰特商用厨具有限公司申请了一种自带清洁系统的蒸烤箱（ZL200920018379.3）。该蒸烤箱内设置有清洁剂喷嘴和喷水枪，不仅能对内壁上的污垢进行清洁处理，还能不断变换内部风向，使清洁和养护更加均匀（见图8）。

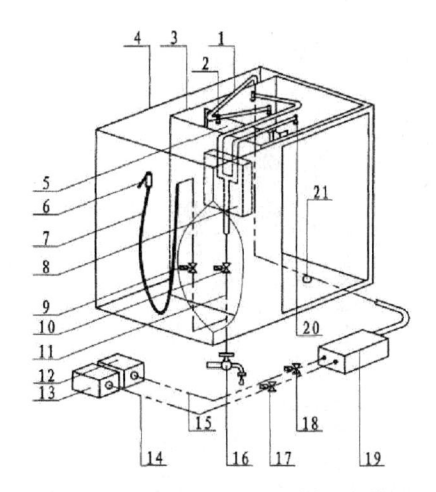

图8 ZL200920018379.3说明书附图

河北麦萨食品机械有限公司申请了一种蒸烤箱（ZL201320268335.2），通过控制高温高速流动的水蒸气在内部循环，完成自动清洗。

如何选购蒸烤箱？

既然有如此品类繁多的蒸烤箱，那么该如何选用呢？小赢认为在选购蒸烤箱时需要考虑以下三点：

1）是否嵌入。根据橱柜的空间大小可以选择嵌入式蒸烤箱或非嵌入式蒸烤箱，嵌入式蒸烤箱能更充分地利用橱柜空间，且容量更大，蒸烤效果更好。

2）加热均匀。蒸汽组件和加热组件的设置位置应当使腔体内温度、蒸汽分布更为均匀。

3）方便清洁。蒸烤箱的门板可拆卸能更方便地清洁内部，自清洁功能让除垢更便捷。

经过小赢的介绍，你心动了吗？是否也想拥有一台蒸烤一体机，让厨房瘦身，方便快捷地享用美味呢？

本文作者：
国家知识产权局专利局
专利审查协作北京中心材料部
吴群

趣谈专利

——56个身边的奇妙专利故事

第二章 智慧生活

11　再不防晒就老了！

> **小赢说：**
> 炎炎夏日，骄阳似火。防晒功课做足了吗？有没有"美肤＋防晒"二合一的产品？吃胶囊能防晒是忽悠？小赢今天的文章，解答这些问题！

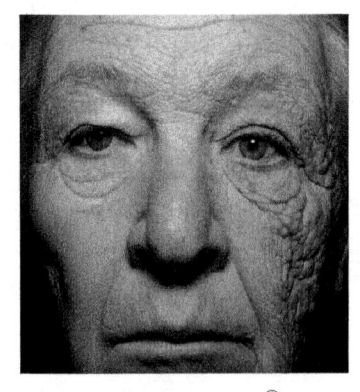

图1　单侧光老化[①]

东方传统审美观点中，美人总是"乌发如云，肤白胜雪"。基于日晒对于肤色的影响有目共睹，要美白先"防晒"已经是广大追求白皙肤色的爱美女性的共识。然而，在审美越来越多元化的今天，晒太阳可以轻松拥有健康肤色，还能补钙，那还需要防晒吗？答案是"当然"，日晒对皮肤的影响远不止肤色改变这么简单，来看看《新英格兰医学杂志》临床医学图片展示的"光老化"现象（见图1）。

照片中的这位老人因为工作，左脸常年受到阳光照射而明显比右脸苍老，非常直观地展现了紫外线对肌肤的伤害。阳光中的紫外线会加速肌肤的老化，并引起皮肤粗糙、暗黄、干燥、松弛、生成色斑、皱纹甚至引发皮肤癌。因而，防晒绝不单单是美白问题，更是皮肤健康和抗老化的问题。那么，在防护日晒损伤的对抗中，我们需要防护的"敌人"究竟是谁？下面，让我们来"知己知彼"。

防晒防的到底是什么？

紫外线根据波长分为近紫外线（UVA）、远紫外线（UVB）和超短紫外线（UVC）。UVC是波长200～280nm的紫外光线，在经过地球表面同温层时被臭氧层吸收，不能到达地球表面。UVB是波长280～320nm的紫外线，绝大部分被

[①] Jennifer R.S.Gordon，M.D.and Joaquin C.Brieva，M.D.，N Engl J Med 2012；366：e25，April 19，2012。

皮肤表皮所吸收，不能渗入皮肤内部。但由于其阶能较高，对皮肤可产生强烈的光损伤，被照射部位真皮血管扩张，皮肤可出现红肿、水泡等症状。长久照射皮肤会出现红斑、炎症、皮肤老化，严重者可引起皮肤癌。由此UVB又被称作紫外线的"晒伤段"。UVA是波长315～400nm的紫外线。对衣物和人体皮肤的穿透力远比UVB要强，可达到真皮深处，并可对表皮部位的黑色素起作用，从而引起皮肤黑色素沉着，使皮肤变黑，起到了防御紫外线、保护皮肤的作用。因而UVA也被称做"晒黑段"。UVA虽不会引起皮肤急性炎症，但对皮肤的作用缓慢，可长期积累，是导致皮肤老化和严重损害的原因之一。以上可见，紫外线中的UVA和UVB是导致皮肤老化的罪魁祸首，防晒旨在防UVA和UVB。至此，我们已经明确了防晒的目标，那么，我们又有哪些战术来实现"百战不殆"呢？

防晒的策略

1. "躲"

上午10:00到下午2:00是阳光中紫外线最强烈的时间段，在这个时间段尽量避免长时间室外活动。

2. "遮"

早在伊丽莎白时期，防晒就已经是欧洲贵族们的头等大事，风靡一时的防晒面具在当时可比爱马仕包包还受贵族青睐！这或许就是防晒用品的开山鼻祖了！

随着技术的革新，现在我们"遮"的选择也越来越多，由防紫外线面料制备的防晒衣、防晒帽、防晒伞、防晒口罩，以及合适的墨镜都是防晒很好的选择。例如，来自中国台湾的品牌HOII研发的yelomöd、reddmöd和blumöd系列产品借由专利纺织面料（WO2007006102A1），不仅可以实现有效抵挡99%+紫外线，提供防护系数（UPF）50以上的防护效果；同时，专利纺织面料有效舒缓了红外线的穿透，红外线的缓和加上紫外线的隔离，可以使温度降低，模拟太阳光下检测结果为17min降温7℃，因此，穿戴时有凉爽的感觉；并且，专利纺织面料可以将对人体有害的紫外线转化为特定波长的对肌肤有治疗功效的红光、蓝光、黄光，从而达到减缓青春痘困扰、恢复皮肤弹性紧致以及使肌肤晶莹透亮的效果，防晒的同时还能美肤！

3. "吃"

一些有着"天然防晒剂"之称的食物，包括富含维生素C的石榴、苹果、奇异果等水果，和富含维生素E的坚果类食物，以及富含茶多酚的绿茶等，都可以有效减少紫外线照射对肌肤细胞的损害，防止黑色素的生成。值得一提的是，源自于西班牙的Heliocare品牌开创性地研发了口服型防晒科技——Fernblock®（US5614197A），主要成分为欧亚水龙骨（Polypodium vulgare，一种蕨类植物）的提取物，口服全光谱抗氧化胶囊提供相当于2.65~2.94的SPF保护，适合作为紫外线敏感人群或者外出度假使用的一种辅助防晒手段，防止由紫外线引起的色素沉着。

4."抹"

1928年，Dorothy Gray公司研发的Dorothy Gray's Sunburn Cream，是第一款涂抹型化学防晒产品，这款产品的问世让人们可以真正大胆地享受阳光。

1991年，Clinique发布全球首款物理防晒霜City Block，这支小绿管历经更新换代，直到今天仍在热销。

前面提到的"物理防晒"产品和"化学防晒"产品，是在涂抹型防晒产品的中经常出现的两个名词，其代表了该类防晒产品成分上最主要的两大类别，同时也是消费者经常误解和混淆的两个概念，事实上，"物理防晒"和"化学防晒"在作用机理、成分、安全性、适用性等方面均存在较大差异（见表1）。

表1 "物理防晒"和"化学防晒"的区别

	物理防晒	化学防晒
作用机理	对紫外线呈散射与反射	吸收紫外线的能量
成分	超微粒的氧化锌、二氧化钛等	以化学吸收剂为主，例如桂皮酸盐、阿伏苯宗等数十种
优点	不需要吸收，安全性高，防晒能力比较强	一般透明清爽，使用感好
缺点	粒子比较大，在皮肤上显得泛白，很油腻	需要吸收，安全性差，易发生过敏现象

可见，由于"物理防晒"与"化学防晒"中防晒剂的成分及防护机制的不同，导致两者在安全性和使用感上各有千秋。而面对市面上品种繁多的涂抹型防晒制剂，如何选择一款适合自己的产品？我们推荐的选购策略如下。首先，根据不同肤质选择合适的产品类型，对于干性、中性肤质，适宜选择标有"保湿"字样的物化混合的产品；对于油性、混油肤质，适宜选择标有"清爽""无油"字样的纯化学或者物化混合产品；对于痘痘肌、敏感肌，适宜选择纯物理防晒或者标有"不耐受肌肤适用"的产品。此外，对于更加脆弱的眼周皮肤和唇部，还有更安全的选择，例如来自瑞士的ultrasun就推出了眼部专用防晒霜和防晒唇膏。其次，注意选择防护波段无遗漏的"广谱"防晒的产品，前面我们提到"晒黑"和"晒伤"的元凶是UVA和UVB。所以，一款合格的防晒产品要能够同时

防UVA和UVB。

以上"躲""遮""吃""抹"的防晒策略中，涂抹型防晒产品因其方便不受限的使用方式、切实有效的防护效果，奠定了其在防晒品消费市场中的绝对优势地位，因而也是化妆品厂商们的必争之地，这就迫使各厂商不断研发新技术以应对在日趋激烈的市场竞争。

涂抹型防晒产品发展至今，新技术的应用使得新近的涂抹型防晒产品在防晒力和使用感上都有不俗的表现。下面，小赢就来揭秘各大主流化妆品厂商手中赖以维持其各自市场竞争力的王牌技术。

欧莱雅

欧莱雅集团拥有两个专利化学防晒成分Mexoryl SX（FR2529887A1）和Mexoryl XL（EP0660701B1）。Mexoryl SX为水溶性UVA防护剂，其吸收峰位于345nm处，光稳定性有所欠缺，但由于其皮肤吸收率低，安全性高，因而是少有的被美国FDA批准的新型化学防晒剂之一。其兄弟成分Mexoryl XL为脂溶性广谱防晒剂，在303nm（UVB）和344nm（UVA）有两个吸收峰。Mexoryl SX和Mexoryl XL通常在欧莱雅集团旗下的防晒产品（见图2）中配合使用，提供完善的紫外线防护效果。

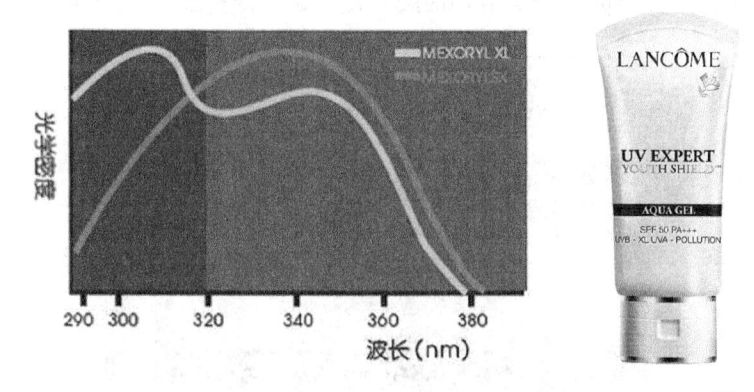

图2 欧莱雅集团Mexoryl SX和Mexoryl XL的UV吸收谱及相关产品[1][2]

资生堂

资生堂集团可称得上日系防晒的领军品牌。2012年，资生堂开发了Superveil-

---

[1] http：//eladies.sina.com.cn/beauty/p/2010/0224/2232972367_2.shtml。
[2] http：//www.lancome.com.cn/l3_axe_skincare_the_suncare。

UV 360™（JP5546056B2）技术，其能够使防晒剂完美覆盖皮肤的细小褶皱及凹凸，提供细致入微的紫外线防护效果。该技术在油包水型乳化防晒品的基础上，添加硅氧烷骨架粉末、聚甲基丙烯酸甲酯粉末和疏水化处理板状粉末，提高紫外线防御效果的同时，具有清爽不黏腻的使用感，以及优异的稳定性（见图3）。

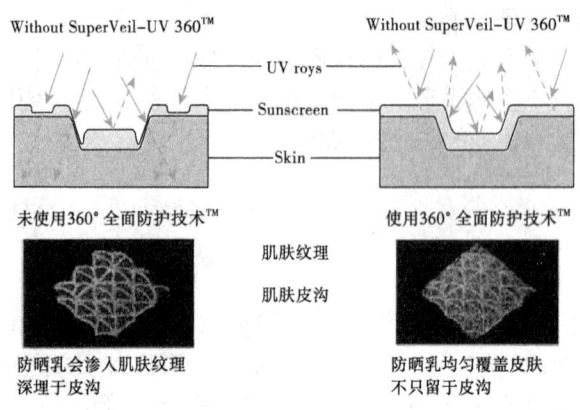

图3　资生堂集团Superveil-UV 360™技术原理示意图①②

2016年，资生堂将其最新研发成果"Wetforce"（WO2016068300A1）应用于防晒产品中，该技术采用一种带有正电荷的矿物质离子感应分子，能够与海水或汗水中的负电离子以"正-负-正-负"的方式结合，在防晒剂的表面形成牢固的离子纽带，并促进防晒剂更好地成膜，使防晒力提升20%（见图4）。

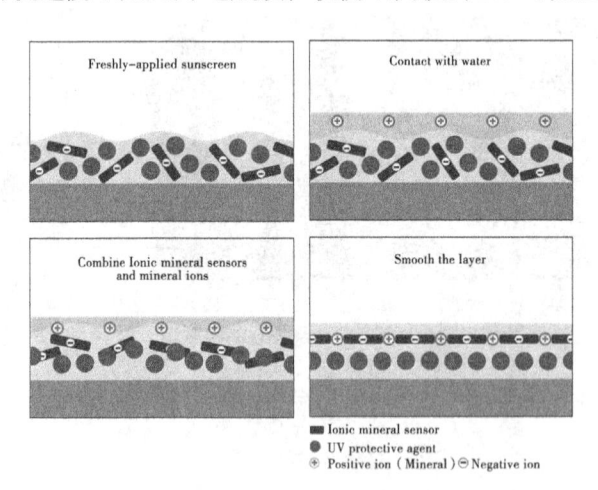

图4　资生堂集团Wetforce技术原理示意图③

---

① http：//www.street-love.net/2014/06/shiseido-suncare-now-superveil-uv-360-around-360-sun-protection/。

② http：//fashion.qq.com/a/20160427/042912.htm。

③ http：//www.shiseidogroup.com/technology/detail/31.html。

资生堂新一代的防晒产品中，Superveil-UV 360™与Wetforce两项技术相互配合，协同作用，赋予产品更加强悍的防晒效果，防水抗汗，特别适合海边度假或户外运动时使用。

花王

花王集团引以为傲的防晒技术，是基于其独有的薄片状氧化锌粉末（JP3073887B2），将氧化锌处理成平均厚度0.04~0.2μm的薄片状，分散性更好，能有效避免防晒粉体聚集，在拥有优异的紫外线防护效果的同时，其对于500nm波段可见光的透过率达到70%以上，改善了产品的透明性、减轻了泛白的现象（见图5）。

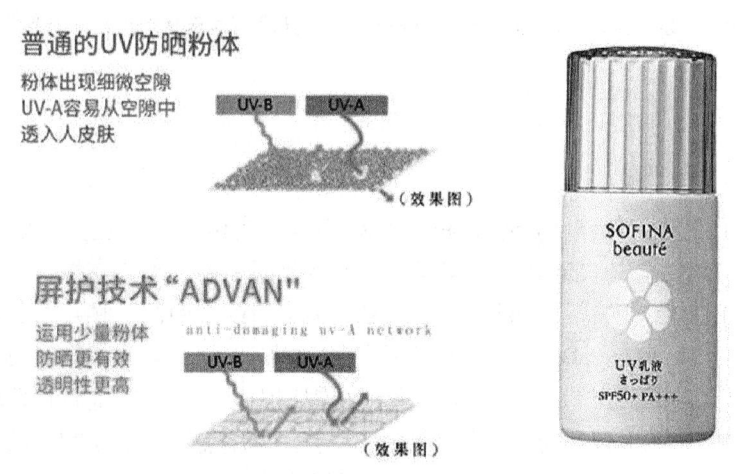

图5　花王集团屏护技术原理示意图及相关产品[①]

乐敦

日本乐敦药厂则另辟蹊径，研发了一种名为"Bright Change Powder"的微胶囊成分（JP2012167088A），其含有能吸收UVA并发射蓝光的有机荧光剂，从而将阳光中的紫外线转化为对肌肤有益的蓝光。研究数据显示，蓝光能够深入真皮层，促进弹力蛋白和胶原蛋白的形成，从而促进肌肤细胞新生，并且450~550nm波段的蓝绿色光能够在视觉上增加肌肤的透明感，使得该产品在防晒的同时，兼具护肤和修饰的功效（见图6）。

---

① 　https://item.jd.hk/25985496706.html。

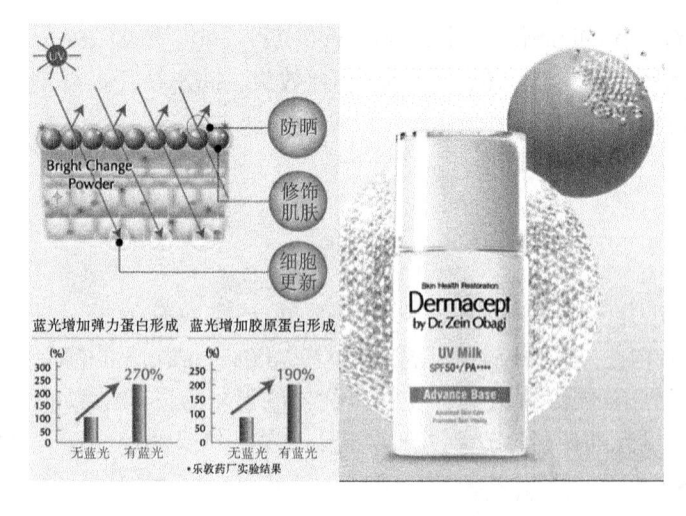

图6　乐敦集团"Bright Change Powder"技术原理示意图及相关产品[①]

结语

相比于清洁、保湿类产品，防晒产品的技术含量较高，在全面防护的同时还要兼顾成分安全、肤感舒适，需要强大的产品研发能力作为支撑，这不仅需要大量的经费投入，还需要长期的技术积累。虽然目前在前沿防晒技术和市场占有率方面，国内厂商与外国厂商之间还存在一定差距，但随着人们防晒意识的不断普及，国内的防晒品市场也在迅速扩大。希望国内化妆品厂商能够把握机遇，从改良防晒剂、优化配方、提升工艺等方面入手，拿出能够与洋品牌一较高下的自主知识产权防晒技术，突围技术壁垒，抢摊防晒市场，打造我国本土的精品防晒品牌。

红颜永驻春常在，是每个女性的梦想，但"时光"却无情地在肌肤上雕刻痕迹。"时"的流逝无法逆转，"光"的损伤却可以防护，在抗击紫外线的战役中，科技的发展不断赋予我们更有力的防晒武器，愿广大爱美女性在这美丽力量的守护下，任岁月荏苒，仍美丽如初。

本文作者：
国家知识产权局专利局
专利审查协作北京中心医药部
苏保卫　李楠

---

① http://www.dermacept.com.hk/abuv/。

12　新时代的雨伞知多少

> **小赢说：**
> 　　伞，作为生活必需品，经历了一代代的技术革新，新时代的伞五花八门，各有神通。读完此文，希望您能选到一把适合自己的伞。

　　从古至今，雨天备伞是生活常识，家家都有伞，伞也从古代的油纸伞经过了一系列的革新来到现代，换上了防雨布，安装了自动开伞键。但，伞界的技术绝不仅仅是这些，新时代的伞五花八门，各有神通，既有颜值，又有内涵。今天就让小赢来带你认识几款个性又实用的雨季神器吧！

偏心伞

　　CCTV《发明梦工场》曾重点推介一款折叠偏心伞。它是一款专利产品。发明人孙利民早在1986年就申请了该款偏心伞的实用新型专利并获得授权（ZL862089646，见图1）。其伞架由几组折数及长度不同的伞面撑骨沿伞柱圆周辐向分布组成。

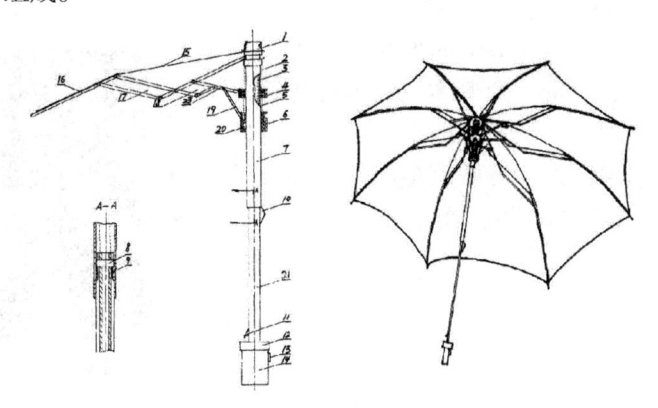

图1　ZL862089646说明书附图

　　由于撑普通的伞时，经常会出现靠外的一侧肩膀被淋到，而伞的另一边还很空，这个发明，将伞柱偏心设置，配合不同长度的伞骨能够真正实现"人伞同心"。经过不断改进的偏心伞不断完善着专利布局，其中重要的专利申请"抗风偏心伞"不但获得中国专利授权（ZL201120295153.5），而且还获得了美国（US8511327B2）、欧洲（EP2559354B1）、俄罗斯（RU2505258C1）的发明专利，日本（JP3176831U）、韩国（KR200470900Y1）等的实用新型专利授权。该发明设有骨条、支撑骨条、辅助支撑骨条、辅助骨条、强化支杆、辅助强化支杆以及配重块等结构，提升偏心伞的结构强度，并具有极佳的结构稳定性。据报道该产品具有良好的抗风性能，达到了7级，高于国家标准的5级。

普通的伞最让人无法忍受的缺陷就是被狂风吹翻、吹坏，偏心伞的抗风能力大大提高，能够真正实现遮风挡雨。2014年，孙利民再次对产品进行了改进，申请并获得了专利授权（ZL201420445724.2）。改进后的伞骨条架中集成了收伞簧，使偏心伞增加了自动开合功能，不但能一键开伞，更能一键收伞，使用起来更加方便。在应用方面，发明人也进行了广泛的专利布局。例如，将偏心伞配合双肩背板使用（ZL201220602796.4），在双肩伞背板上设有有伞柄约束装置和伞杆约束装置，由伞背板稳定约束伞具，再也不会错过美丽的雨景了！

随着时代的发展，偏心伞陆续出现了新的"品种"。例如采用高强度碳纤维伞骨的realbrella伞，重量仅为290g，超轻是最大的亮点。虽然超轻，但是碳纤维伞骨将工字型截面和圆角矩形截面相结合，充分保证了强度。再如增宽偏心伞（ZL201220756896.2），两付"X"形交叉撑架进行横向"XX"形铰连，撑架的中部铰连滑套及伞杆顶端或伞盘，撑架的两端铰连支撑左右两付伞盘，伞盘上铰连六支以上分布在横方向及其他方向的伞骨，使伞骨支撑的伞面增宽，从而实现增宽伞的目的，轻松容纳两人（见图2）。

图2　ZL201220756896.2说明书附图

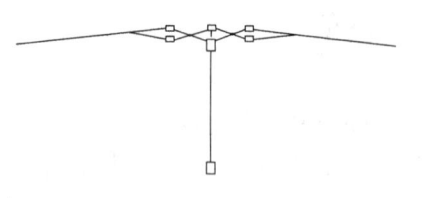

偏心伞和双顶伞还有很多的形式。比如：双人撑杆款，分摊撑伞的力量，两侧增宽的伞面也可以更加稳定；电动车遮阳伞，它一侧的伞骨更长，可以遮住后座的乘客；创意情侣伞将两侧伞面呈夹角设计，挡雨效果更好（见图3），这款雨伞还上了《火星情报局》，并因此广为人知。

反向伞

图3　创意情侣伞[①]

路上遮风挡雨的问题解决了，可是难免会有雨伞弄湿座位，上下车或进出建

---

① http：//www.patent-cn.com/2007/12/01/7122.shtml。

筑物的时候淋到雨的情况。为了解决这些问题,反向伞应运而生了!它的卖点就在于可以方便地收伞、开伞,不占用空间,不四处滴水,因为可以很好地解决上下车被雨淋到的问题,这款雨伞还得到了汽车专用伞的美名。好奇的小赢又禁不住检索了一下,原来也有专利(ZL201620410934.7,见图4)。该专利通过弹性组件拉动套体在伞杆上滑动实现伞的开启。

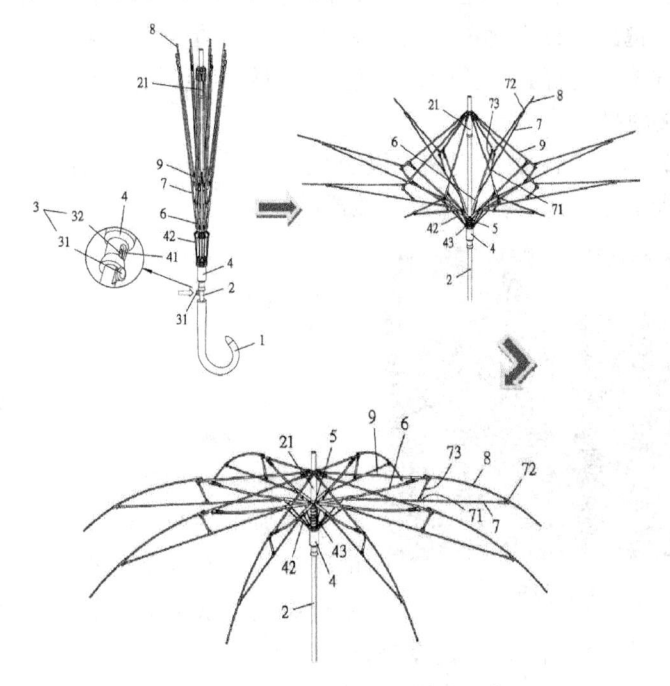

图4 ZL201620410934.7说明书附图

早期的反向伞是单层布的,伞骨外露,会显得有失美观。后来,伞布变成了双层的,遮阳效果自不必说,但是却会变得很闷。基于解决闷的问题,福建雨丝梦洋伞实业有限公司在其专利(ZL201620588418.3)中进行了改进,内层伞布增加了透气网布。

这款雨伞仍然是手动收伞的。随后,BePro自动反收伞又让反向伞前进了一步,它不但可以自动打开,也可以自动收起,只要轻轻按动按键就可以。另外,它还采用六角形电着铁做伞杆,使伞更坚固;采用双层玻璃纤维材质做伞骨,增加伞的抗风性能。

反收伞还有一个优点,因伞骨尖端向外收拢,等长的伞骨可以使伞轻松站立,办公室再也不用为晾伞准备大片的空间了。结合C型伞柄后,还出现了免持反向伞。

反向伞上每一点看似不起眼的进步,都凝聚了发明家的大智慧。有了这样的终极设计,非但不易被淋湿,在雨天里打伞玩手游也变成了可能!

雨伞衣

有时我们出门前总是纠结，穿雨衣还是带雨伞？现在不用选择恐惧了，因为看到了这个雨伞衣。它也是有相关专利的（ZL201610282901.3）。雨伞衣将雨伞和雨衣相结合，通过肩带背在身上实现稳固，周缘的一圈弹性不锈钢钢丝圈可卷曲折叠，方便携带。它比雨衣透气且体积较小，不但解放了双手，躲在雨伞衣下面看手机，屏幕不会湿。孩子们穿着上学，书包不会湿。钓鱼爱好者斜风细雨不须归，还方便收杆。

不过呢，这款产品也不是完全没有缺点的，上公交车的话可能会有点麻烦了。要说高大上的，还得看看下面这款产品！

图5　空气伞使用效果图[①]

空气伞

只要有一根短棒在手，雨滴就不会落在身上，这根短棒就是空气伞，使用效果真的好神奇（见图5）。它不但用喷出的空气解决遮雨问题，而且不会有伞面被吹翻的困扰，没有伞尖自然不会戳到别人，也不会有雨水从伞尖流下弄湿包包，上下车的时候也不会被雨淋到，简直是完美。

这把神奇的空气伞，最早的概念还要追溯到1999年日本发明的无支架空气伞，它由双层聚乙烯膜制成，可充气、可折叠。但是由于充气使用，它的强度小、续航短，并没有引起人们的重视。

2010年，韩国的两位设计师在Yanko Design网站上发表了一款没有伞盖的概念伞。它不但外形简洁美观，而且伞柄可伸缩，收起以后小小的，非常节省空间，便于携带。它的原理很简单（见图6）：空气从进气口进入而后从喷气口喷出，空气伞为使用者提供一道气幕，这道气幕能够起到伞盖

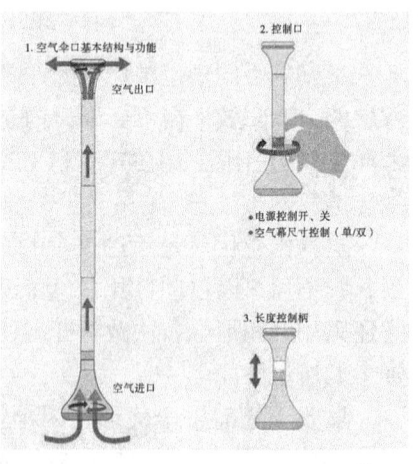

图6　没有伞盖的概念伞原理图[②]

[①] http://www.yankodesign.com/2014/10/13/the-invisible-umbrella/。

[②] http://www.yankodesign.com/2010/01/12/try-air-to-stay-dry/。

的作用，用来阻挡雨水，并且可以通过控制实现气幕伞盖的大小变化。但目前还有很多细节停留在概念阶段，如能量的来源、气流流动方式以及伸缩杆长度变化的实现方式等。虽然此款设计十分炫酷，但是目前并没有投入量产。

2012年，来自我国南京的设计者借鉴了此概念，重新设计并经过测试，成功实现了保护一个甚至更多人不被雨淋的目标。2014年，设计团队完成了新的样品，并在Kickstarter平台发起众筹。该产品有三个版型，适合不同人群使用，长度分别为30cm、50cm和50~80cm的可伸缩版。电池续航时间也各不相同，最长续航时间为30min。实际小赢还是最担心该类型产品的电池续航的问题，避雨神器没电了，举个棍棍在雨中穿梭也是蛮尴尬的……

在专利布局方面，空气伞的跑马圈地已经开始，例如，我国的实用新型专利ZL201420681375.4和ZL201621192980.0，以及发明专利ZL201511030741.5，分别对进风口、出风口、扇叶、风道组件等进行了改进设计。相信空气伞这一款跨时代的产品一定能够被继续完善，并在不久的将来广为应用。

本文作者：
国家知识产权局专利局
专利审查协作北京中心外观部
王娟
专利审查协作北京中心机械部
李丹

13　令人心仪的"黑科技"吹风机

> **小赢说：**
> 吹啊吹啊，我的骄傲放纵，小赢常常幻想自己的一头秀发随春风飘逸的样子，但现实往往是头发毛躁的连亲妈都嫌弃。为了秀发美丽，小赢研究各种洗发水、护发精油，效果往往没有失望大。小赢有一天顿悟：是不是吹风机的问题？有没有一款吹风机能彻底改变我们吹头发的方式。

还记得一年前小赢的原创文章《专利解读黑科技——风从哪里来》吗？当时小赢就曾经在文章中预言：与无叶风扇同样的原理，戴森下一步就会推出吹风机、吸尘器，甚至抽油烟机。不出所料，戴森先后推出了吹风机和吸尘器，继续一年前我们的话题，先来聊聊戴森吹风机（见图1）。

图1　发明家戴森先生与戴森吹风机

因为它的形状，很多网友都亲切地叫它"小槌子"。因为小赢懂它的原理，所以小赢断言这把小槌子绝不是一个靠颜值撑起的样子货。更何况，这是在风扇技术积累的基础上又花5年时间，5800万英镑投资，103位工程师参与的黑科技吹风机。

果然，在产品发布后，微博上的各种溢美之词纷至沓来："吹风机中的爱马仕""99%的女人不会拒绝的礼物""重新定义吹风机"。相信这款"小槌子"已经在很多女性的愿望清单中上位了吧。那就让小赢带你分析一下这款吹风机除了颜值特殊外，是否功能也强大。

普通吹风机的原理非常简单（见图2）：直接靠电动机驱动转子带动风叶旋转，当风叶旋转时，空气从吹风机尾部的小孔吸入，形成的离心气流再由风筒前嘴吹出。空气通过时，若装在风嘴中的发热支架上的发热丝已通电变热，则吹出的是热风；若不使发热丝通电发热，则吹出的是冷风。因为电动马达整个位于风筒中，大多数的传统吹风机用起来都有种头重脚轻的感觉。

下面，咱们再来通过专利CN104273918A揭秘"小槌子"的设计（见图3）：利用了新原理设计的马达和风扇70全部位于手柄，这样吹风机整体平衡了，不再头重脚轻。妹子们拿起来也更顺手，再也不会头发没吹干手先酸了。

很多人会怀疑这样风力够强劲吗？还记得小赢曾经分析过的空气倍增技术吗？由于利用了柯恩达表面效应，即流体或气体具有离开本来流动方向，改为随着凸出的物体表面流动的倾向。除了吸风口40吸入的空气产生环状风流外，还在另一入口320被吸入。另外，由于外壁360靠近出风口一端是向中线倾斜的，从440排出的流体使得整个吹风机外侧的流体490也被卷进去。这三股风流齐心协力，达到了传统风俗3倍以上的效果（见图4）。再搭配上戴森的高速马达，难怪很多妹子都说头发很快就可以被吹干呢。

当然，除了戴森吹风机的内部结构，最引人瞩目的是外观设计也申请了专利保护（ZL201430047146.2），独特的"槌子"形设计（见图5），颠覆了吹风机领域内常见的"7"字形。风筒和手柄为垂直相贯的两个圆柱体，造型圆润，底部设置有过滤器，整体造型简洁大方，科技感较强。此时，每每看到这样的产品，小赢还是想起那句熟悉的广告词：简约而不简单。

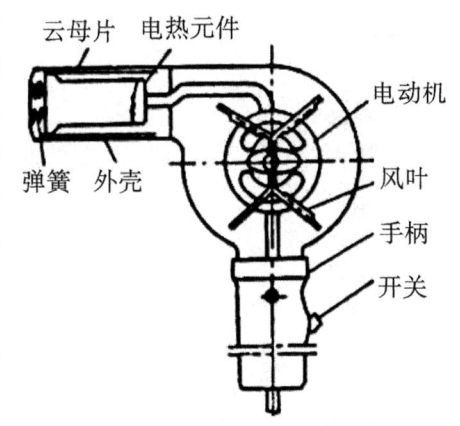

图2 普通吹风机原理图[①]

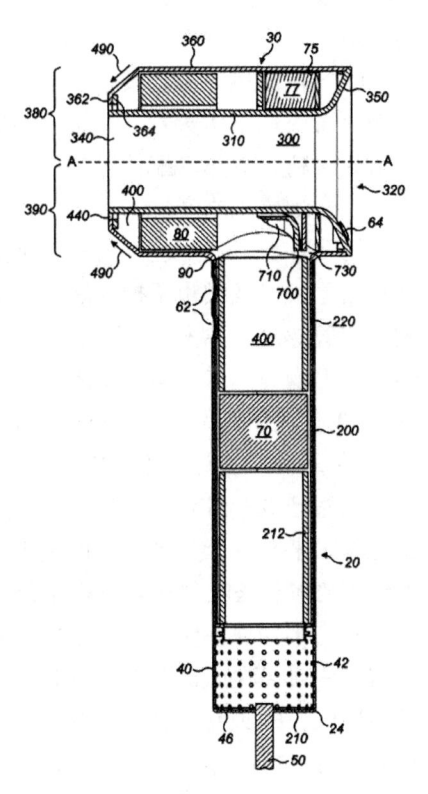

图3 CN104273918A说明书附图

---

① 普通吹风机原理图，http://digi.it.sohu.com/20110829/n317622785_3.shtml。

· 57 ·

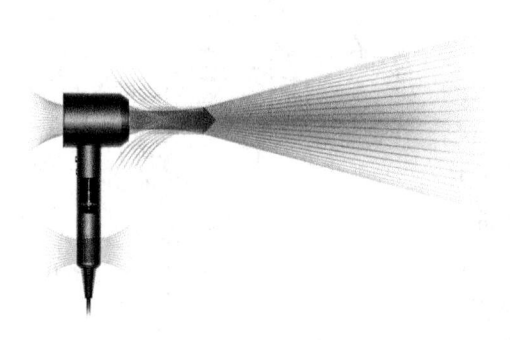

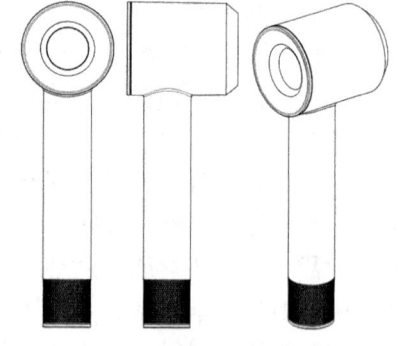

图4　戴森特有的气流倍增技术　　　图5　ZL201430047146.2说明书附图

空桶式的设计除了沿袭了戴森的产品特征，让消费者觉得神奇外，还具有平衡配重改变重力支点，手握使用更轻松的功效；最重要的是不会有头发被卷进去的危险。

吹风机出风口位置设置了一个玻璃珠热感测器，实时检测温度，恒温保证，即使吹得快也不伤头发。除了上面提到的吹风机结构和外观专利以外，戴森在吹风机的材料、隔热、配件等其他方面也申请了多个相关专利，每个细节的打磨才成就了一款成功的产品。

写到这里，小赢已经想马上把家里的吹风机扔了，并在闺蜜群里极力宣传，幻想自己长发及腰也不担心洗头。不过，一个闺蜜跳出来提醒小赢。根据她的亲测，尽管这款吹风机有风量大、无烫头皮的感觉、吹风效果好、使用后头发柔顺、不毛躁等优点，但是也还是有缺点的。

1）价格不美好，很多购物网站上3000多元的价格，让人有点望而却步。

2）一体式设计，不可以折叠，携带不方便。

闺蜜建议：综合性价比，可以考虑一下松下纳米水离子吹风机（见图6），据说吹出来头发十分光泽、再也不炸毛了呢。好奇心又被勾起来了，那顺便看一下松下的黑科技吹风机吧，整个外观设计都透露出一股女神范儿呢！

其实小赢现在使用的就是松下的负离子吹风机，相信很多妹子也用过，头发确实比用普通吹风机顺滑不少呢。负离子吹风机的原理十分简单，在十多年前就已经提出，即头发一般带正电，当接触到带负电的氧和空气中的微小水份结合的负离子时，可以保持头发的水分，因此在吹风机中增加了一个负离子发生装置，在产生大量风的同时也提供尽量多的负离子，这样头发就可以保湿、不毛躁。那纳米水离子和普通的负离子吹风机相比又有哪些改进呢？

对于松下公司的纳米水离子吹风机的结构，可以通过专利CN100488402C（见图7）一探究竟：原来秘诀在于设置了一个静电雾化器5，并向外界排放纳米尺寸的离子雾汽。该静电雾化器具有放电电极50和对置电极52，再通过冷却将压缩空气冷却形成水雾，通过电极形成纳米离子雾汽。

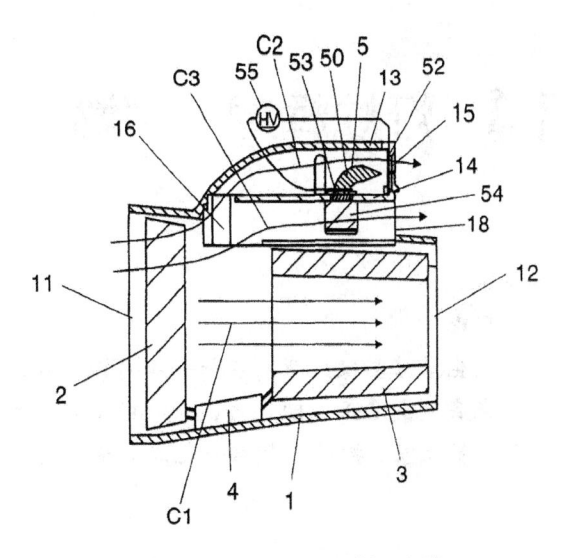

图6 松下纳米水离子吹风机　　图7 CN100488402C说明书附图

  这样的结构可以使雾汽排放方向稳定，保水量高，增加水分与头发中的纤维粘合，且为弱酸性，能够中和烫发和染发受损的碱性头发。根据其产品宣传：相较于负离子吹风机可以提供一千倍的水润。而松下最新款的纳米水离子吹风机号称不但可以给头发、头皮补水，还可以养护脸部皮肤，吹完头发之后顺便吹吹脸，就可以补水保湿，再也不用担心吹头发的时候脸也被吹得干干的。想想都要在脸上涂上全套保养品才敢吹头发的自己，这款吹风机也是很实用呢。

  读到这里，不知道你更喜欢全新设计理念的戴森，还是注重补水保湿的松下？总之，天秤座的小赢选择困难症要犯了。也希望不远的将来，能看到更多、更新的国产吹风机出现，为我们的生活带来更好的改变。

本文作者：
国家知识产权局专利局
专利审查协作北京中心
电学部　宿渊源
外观部　杨超

· 59 ·

14　灯烛辉煌，"燃"得与众不同

小赢说：

生活需要仪式感，任何一个可以狂欢的日子都不能被辜负。生日作为阳光底下最名正言顺应当被庆祝的节日，更是要关注每一个细节。今天小赢要带大家去挑选一款独一无二的生日蜡烛！

ZL89301198.3　　ZL89301143.6　　ZL89301165.7

图1　传统生日蜡烛

记忆中的生日蜡烛，一直还是这个古老的样子（见图1）。这是1989年申请外观设计专利的蜡烛，由于其经典百搭，现在仍是很多蛋糕房的标配，可是它的朴实、单一始终让人有所遗憾。现在，我们就走进蜡烛的百变世界探个究竟！

原来，数字和主题可以如此绚丽多变（见图2）。

ZL201530247093.3　ZL201630216430.7　ZL201530246966.9　ZL201430101125.4

图2　数字、主题蜡烛

初生宝贝最可爱，周岁时更需有气质相符的元素。看看如下可爱、俏皮的蜡烛（见图3），哪一款会融化你的心。

孩子们长大成年之时，送给他们唯美的祝福（见图4）吧！

女朋友满满的少女心，需要一捧鲜花（见图5）来配。而搞怪的男朋友，那就交给个性蜡烛们（见图6）来治。

ZL201430149483.2 　　ZL201530155461.1 　　ZL201330221582.2
/ZL201330222846.6

图3　周岁生日蜡烛

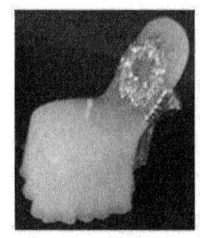

ZL201630470561.8 　　ZL201530153311.7 　　ZL201530155157.7 　　ZL201630470399.X

图4　成人礼蜡烛

ZL200930150628.X 　　ZL201630312272.5 　　FR996001-0008 　　KR30-0450841

图5　鲜花款蜡烛

ZL201330519827.X 　　ZL201030571616.7 　　ZL201630162292.9 　　ZL201030705189.7

图6　个性蜡烛

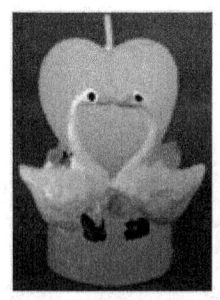

有一天，男女朋友变成了生活伴侣，还是需要生活的小情调、偶尔的小惊喜（见图7）提醒你的另一半，心中爱意依旧。

世界上最浪漫的事，就是和你一起慢慢变老。容颜易老，希望我们还是大家最爱的样子（见图8）。

或许年老安静的生活应该来得更热闹一些，噼啪爆裂、音乐、旋转一起嗨翻天吧（见图9）。

ZL201630470556.7　　ZL201630470375.4

图7　爱情主题蜡烛

ZL201630080801.3　ZL201130110837.9　ZL201130110838.3

图8　寿星蜡烛

ZL200830083432.9　ZL201330531914.7　ZL201330519034.8

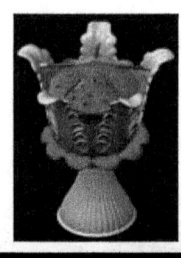

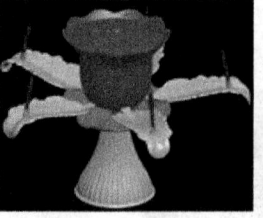

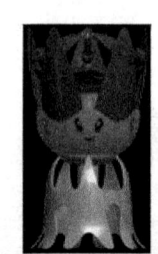

图9　声光蜡烛

如果说前面所有款都还不足以让你动心，那么接下来的三款肯定会让你尖叫！

首先看看这款小熊糖蜡烛（gummi bear candle），软萌的外表，当蜡汁滴尽，出现的竟是内心的恶魔！有没有被它的小邪恶打败？Skeleton Candles系列可以让你尽情打开脑洞（见图10）。

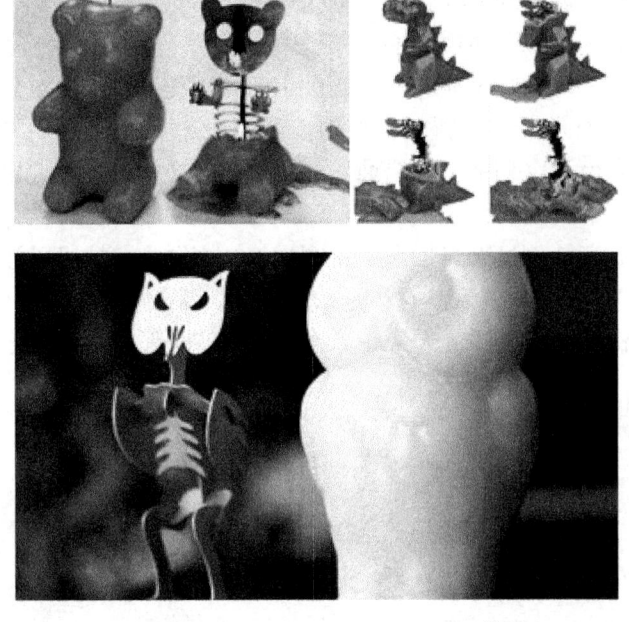

图10　Skeleton Candles系列蜡烛①

再来看一款由卡斯卡迪亚蜡烛有限公司出品的超酷的3D山峰蜡烛（见图11），它使用激光雷达技术测量了三座美国山峰（分别是圣海伦斯火山、胡德山、雷尼尔山）极其详细的地形数据，并设计数字模型，再采用3D打印、铸造，最终生成这个蜡烛系列，将当前世界尖端的制造和信息技术与最古老的发明之一蜡烛完美结合。

圣海伦斯火山
（Mount St.Helen's）

胡德山
（Mount Hood）

雷尼尔山
（Mount Rainier）

图11　3D山峰蜡烛②

---

① 图片源自 Skeletoncandles.com。
② 图片源自 KICKSTARTER。

最后将请出今天的超酷炫颜值担当——MIPOW PLAYBULB CANDLE，它是一款可以变色的智能蜡烛灯，通过PLAYBULB X手机应用可以随意调节蜡烛的颜色，解放我们对颜色的无限想象（见图12）。

除了单一调控，通过APP还能创建灯光组别，一次控制多盏灯的亮度和色彩，甚至可以多个电话同时控制多个蜡烛组，实现任意场景中对色彩、氛围的不同需求。此外，有赖于它内置的神奇传感器，只需要对着PLAYBULB上方吹一下或者拍手，它就可以和平常的蜡烛一样被吹灭。在生日或其他聚会上一群朋友能花样百出地尽情玩耍。

低调如它，还能倒过来当烛台（见图13），内置香薰片可以让它散发出怡人的香味，味道可持续100多天。它还是节能先锋，采用蓝牙4.0的低功耗技术，使用3节5号电池作为电源，按每天开4h算，可以续航60天。

图12　PLAYBULB CANDLE 色彩多变[①]　　图13　PLAYBULB CANDLE倒置成香薰灯[②]

不管是颜值、技术也好，高科技也罢，蜡烛的存在，始终源于爱，因为爱人，想要送上最真的祝福，因为爱己，想要许下最美的心愿，愿这小小的蜡烛能承托起大大的爱和希望！

本文作者：
国家知识产权局专利局
专利审查协作北京中心外观部
曾贞

---

①②　图片源自 https://www.mipow.com/products/playbulb-candle。

15　整牙 = 整容？！

> **小赢说：**
> 很多人以为整牙只是让牙齿变得整齐。然而整牙的功效却不仅于此，在某种意义上牙齿排列的改变堪比整容。

近些年来，拥有一口整齐洁白的牙齿成为人们对美的追求。整牙也就是牙齿矫正，通俗来说就是要牙齿在外力的作用下，进行移动、排齐的一个过程。而这个外力，就是通过牙套来实现的。

牙套的前世今生

自古以来，人类就开始尝试对牙齿的位置进行人为调整[①]。1728年，法国医生Pierre Fauchard提出了牙套的概念，所设计的牙套呈马蹄形状，他发现牙齿的位置可以通过牙套的形状而得以矫正[②]。20世纪，牙医Edward H.Angle发明的牙套（US1549739A）通过带环11将每一个牙齿包裹起来，并在其上固定了托槽13，托槽中的沟16是水平的，用于固定弓丝1（见图1），通过弓丝与托槽的作用控制牙齿移动。这是现代牙齿矫治器的雏形。

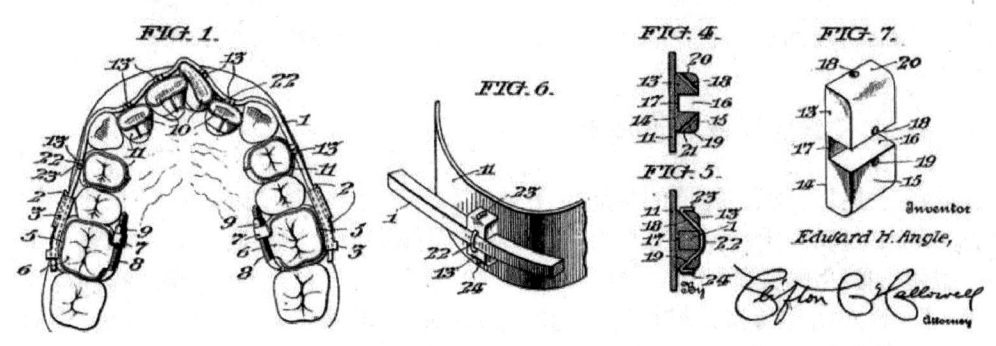

图1　US1549739A说明书附图

[①] 樊代明.医学发展考［M］.西安：第四军医大学出版社，2014.
[②] https://en.wikipedia.org/wiki/Pierre_Fauchard。

目前几种不同的牙齿矫正技术

1. 传统托槽矫正技术

传统托槽矫正主要是三个部分：托槽、弓丝、结扎丝。托槽可以通过粘合剂直接粘在牙齿表面，托槽的沟内放置弓丝，再通过更细的结扎丝将弓丝与托槽进行固定（见图2）。

2. 自锁托槽矫正技术

自锁托槽相当于在普通托槽上添加了一个夹子或盖板，替代结扎丝将钢丝固定在托槽上。这一改进，不但提升了牙齿的移动速度，也缩短了医生的临床操作时间，患者的舒适度也大大提升。3M公司研发的SmartClip自锁式牙套（US7377777B2），通过托槽两侧的夹子38和36固定钢丝（见图3）。

Ormco公司生产的Damon系列自锁托槽（US8033824B2），有一个可以滑动的盖子（14），用来固定弓丝（见图4）。

图2　传统方丝型托槽四翼结扎[①]　　　　图3　US7377777B2说明书附图

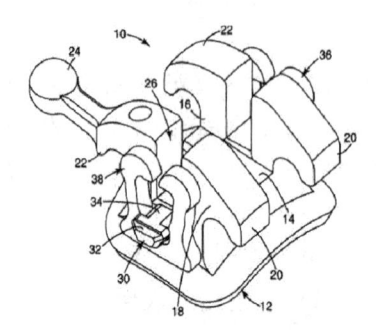

3. 陶瓷隐形托槽矫正技术

为了更加美观，托槽的材质也在不断改进。由于陶瓷托槽的特殊材质，可以生产出白色、牙色、半透明的托槽，相比金属托槽更加美观。3M Clarity™金属沟槽加强型陶瓷托槽（US7192274B2），提供了一种带有金属槽沟14的陶瓷托槽。金属槽沟使得托槽与弓丝的摩擦力低，且增强了陶瓷托槽的强度。3M Clarity™SL陶瓷自锁牙套（见图5）将其拥有的自锁式专利技术与陶瓷牙套结合在一起，更加凸显了两者的优势。

---

① 图片来自：潘盛波的硕士学位论文"Free-edge托槽与传统托槽摩擦力的比较研究"。

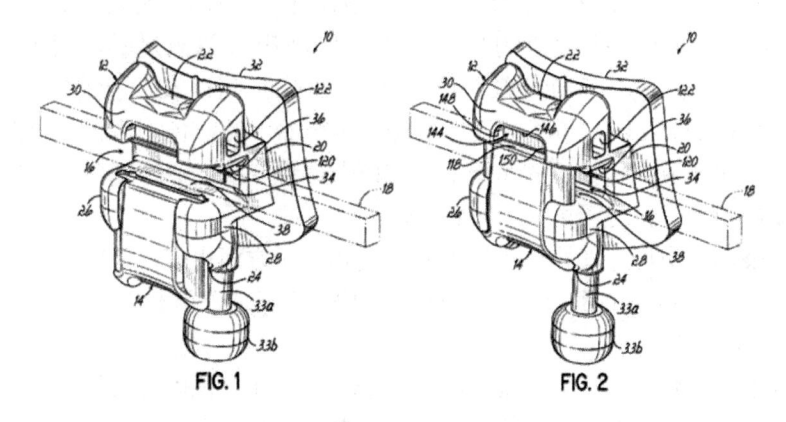

图4 US8033824B2说明书附图

4. 舌侧矫正技术

舌侧矫正技术是将矫治器全部安装在牙齿的内部，一般情况下从外观上看不出任何破绽。早在1981年，美国就有人申请了舌侧矫治器专利（US4337037A）。这种矫治器，对医生的技术要求比较高，另外费用也比传统矫正贵一些。

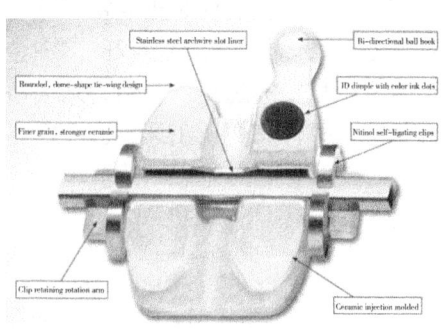

图5 3M Clarity™SL陶瓷自锁牙套[①]

5. 隐形无托槽矫正技术

Align Technology公司开发了透明的、无托槽的隐形矫治器（见图6）。利用计算机技术把患者的牙齿进行三维可视影像重建，通过相关软件对牙齿位置进行分析，并模拟临床上牙齿矫正移动的方式，从而在矫治开始前就能够让患者非常直观地看到矫治过程中牙齿的移动过程和矫治后的结果。然后，结合3D打印技术，将矫治过程中的每个矫治阶段的牙齿模型打印出来，利用透明的、高分子牙科材料制备隐形牙套。Align公司针对该隐形牙套，在美、欧、日、中、德、韩等多个专利局，提出了多达250个同族专利申请。

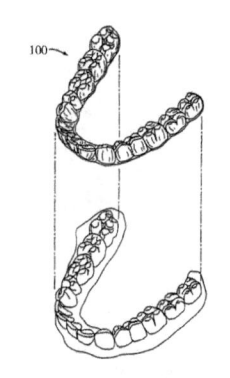

图6 ZL98806354.9 说明书附图

[①] 图片来自http://solutions.3m.com.cn/wps/portal/3M/zh_CN/CNUnitek/Home/Solutions/Appliance_Systems/Clarity_SL/ 宣传手册。

在矫治过程中，患者只需将隐形牙套戴在牙上，保持每天佩戴一定时间，每两周自行更换下一个阶段的牙套。为了保证患者佩戴足够的时间，Align公司还在牙套上设置了通过颜色改变提示佩戴时间以及更换牙套的指示剂（ZL200880021171.5）。位于牙套后端释放剂容器中的蓝色物质属于允许的食品添加颜料，在唾液中相关酶的作用下，蓝色会慢慢变淡。通过颜色的变化可以提示患者佩戴的时间，提示更换下一副牙套。

中国公司在隐形无托槽矫正技术的开发和应用方面也毫不落后。2006年，北京时代天使生物科技有限公司研发的隐形正畸矫正装置就获得了发明专利授权（ZL02117088.6）。

通过上面的介绍，我们不难看出，一个小小的牙套也蕴含着如此多的技术创新。由于看到了正畸产品具有非常广泛的、潜在的消费市场，行业内各大公司对其创新产品的专利保护都非常重视。目前市场上可选择的正畸产品众多，价格也存在差异，而拥有知识产权的国内企业的正畸产品，由于价格上的优势，成为消费者一个重要的选择。当然，牙齿矫正是一项非常专业的医疗技术，看了以上的介绍，如果你想要矫正牙齿，一定要去正规的口腔医院，找专业的医生咨询。

本文作者：
国家知识产权局专利局
专利审查协作北京中心医药部
郝佳

16　推不倒的两轮车

> **小赢说：**
> "两轮"摩托车的安全总是让人揪心。不小心和四轮汽车撞上，摩托车瞬间倒地，受伤的总是你。有没有技术能够解决这个痛点呢？

近年来，城市交通越加拥堵，电动自行车、摩托车在出行中备受青睐。在方便居民出行的同时，自身却存在不少安全隐患，速度快、无防护，稍不留神就会发生危险。2013～2017年全国共发生电动自行车肇事致人伤亡事故5.62万起，死亡8431人，受伤6.35万人，直接财产损失1.11亿元。

国家市场监督管理总局、国家标准委2018年5月17日对外发布新修订的《电动自行车安全技术规范》（GB 17761—2018），通过限制最高车速25km/h、整车质量55kg、需具备脚踏骑行能力等指标来降低事故发生率。那有没有从技术层面上提高安全系数的两轮车呢？

请看下面这款车，一改常规"肉包铁"设计，给两轮车装上防护外壳（见图1）。这款车可不是仅增加了防护外壳这么简单，它在不借助任何支撑的情况下也不会倒；就算是从侧面大力拉，也只是平移拖走而不会侧翻；哪怕是汽车使劲撞，也只是被冲撞开，依然屹立不倒！

图1　带有防护外壳的两轮车

这辆神奇的车究竟蕴含多高深的科技？经过审查员一番探究，该车应用了自平衡技术，由美国的LIT汽车公司（LIT Motors）研发，主要发明人是丹尼尔·基勇·金。他们对整车、车辆稳定系统、车辆控制系统、车辆发动机组件以及能量回收系统等不断改进优化，自2011年起先后提交一系列PCT国际专利申请（见图2），并已进入包括中国在内的多个国家阶段，可见其对知识产权保护的重视以及对中国市场的看重。

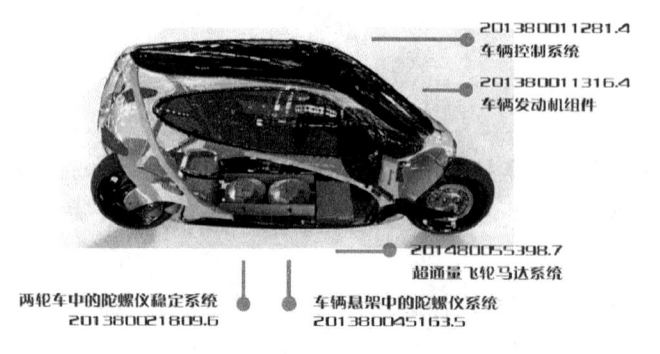

图2 陀螺稳定式车辆PCT国际专利申请示意

那么它又是如何实现不倒的功能呢？我们看到了关键词"陀螺"。对，就是我们小时候玩过的陀螺。

在一定的初始条件和一定的外在力矩作用下，陀螺会在不停自转的同时，环绕着另一个固定的转轴不停地旋转，这就是陀螺的旋进。该产品就是用双飞轮代替陀螺（见图3），利用飞轮旋进产生的反力矩，维持两轮车直立平衡。

当车辆竖直静止时，对于给定的车辆重力G和重心高度H产生力矩$T=GH$，用于飞轮圆盘的惯性力矩$I=mr^2/4$，其中m为飞轮圆盘的质量、r为半径。两个力矩相同，即可控制车辆的垂直稳定性，从而设计出飞轮的大小、尺寸。

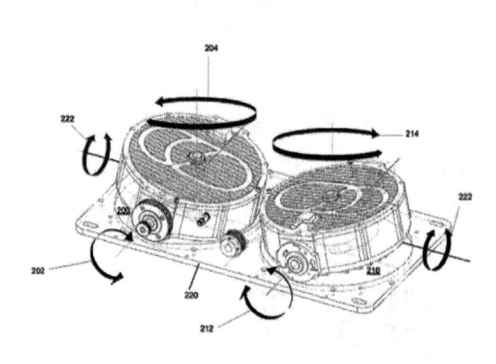

图3 ZL201380021809.6说明书附图

当车辆运行时，以车辆低速即将停止时为例，方程式$M=GH\sin A$为由于车辆倾斜而在行进方向上施加的力矩，其中H为车辆的重心高度，G为作用在车辆上的重量，A为以弧度测量的从一侧到另一侧的车辆倾斜度。

为了维持车辆稳定，通过飞轮旋进引入反力矩，其方程式$T=Iw_1w_2\sin B$，只要两个力矩M和T相等即可维持车辆稳定。其中，w_1为飞轮的旋转速率，对于稳定车辆的反作用力矩起着主要作用；w_2为飞轮倾斜的旋转速率；B为以弧度测量的飞轮距离离开垂直方向的倾斜度。

大致了解了该车的稳定系统，我们简单来看一下它的控制系统（见图4）。

车身装有多个传感器和数据处理器，通过对复杂数据的采集、过滤，传输至陀螺仪状态处理器和车辆状态处理器，进行数据计算处理后反馈给各伺服电机。

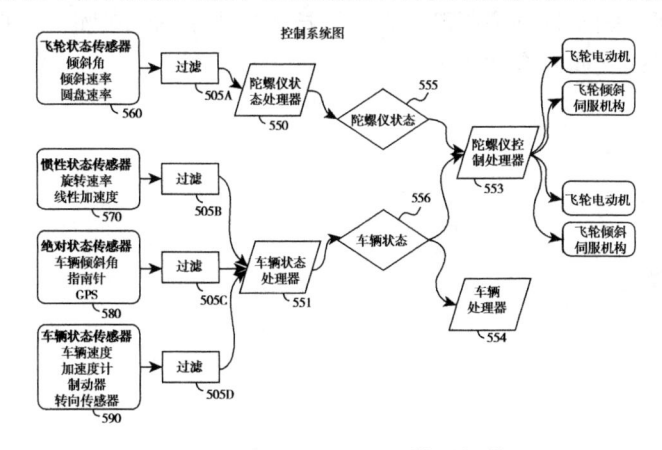

图4　ZL201180024268.3说明书附图

据悉，知名摩托厂企宝马和本田也对两轮车的自平衡技术有着浓厚兴趣。

在宝马创立一百周年之际，一款摩托车版概念车型NEXT100于2016年10月12日正式亮相（见图5）。该款车型涉及自平衡技术主要为右下角的自平衡轮胎，陀螺传感器使得车辆在静止状态保持稳定和直立，但宝马公司并没有展示具体的自平衡技术原理。

图5　宝马概念车型NEXT100技术要点

在2017年1月初的CES展上，本田结合其在自平衡独轮车和Asimo机器人上的技术积累，发布了摩托车骑行辅助（Moto Riding Assist）的新科技，可以帮助摩托车保持自平衡（见图6）。本田称该科技的应用相对来说简单，只需把集成该科技的车辆前半部分（车头、前叉、转向系统）移植到现有摩托车上即可，但也未公开具体技术原理。

图6　本田摩托车自平衡示意

·71·

虽然两大知名摩托厂企没有公开具体技术原理，但自平衡技术已经成为该行业技术变革的突破点，LIT汽车公司在该技术专利布局方面已经走在了前面。也许不久的将来，国家标准会强制将自平衡技术应用于两轮车呢，到那时再也不用担心外卖小哥的交通安全问题了。

本文作者：
国家知识产权局专利局
专利审查协作北京中心外观部
翟大鹏

17 《战狼Ⅱ》中冷锋最亲密的"战友"
——三防手机专利初探

> **小赢说：**
>   去年上映的国产电影《战狼Ⅱ》的票房高达56.8亿元人民币，这已经成为中国电影史上最高票房纪录。你是否也和小赢一样，热血沸腾地看完后，竟然忽视了推动剧情发展、帮助局势反转、为下一部留下伏笔的Ta？Ta就是影片里男主角最亲密的"战友"——三防手机。

还记得手机在哪里出现了吗？小赢带你回忆一下：冷锋在去工厂营救我国工人的路上用手机汇报情况；冷锋在恐怖分子袭击工厂工人时，被大钢板压住，使用手机进行现场直播；利用冷锋提供的手机定位功能，我国军舰实现精准打击，扭转战局；最后，在北极圈的冷锋通过手机联系原来的老领导，被告知龙小云没有死，为续集留下了线索。

这下大家回忆起来了吧，情节的转折都靠这部三防手机啊。那什么是三防手机呢？简单来说，就是防水、防尘、防震，适合户外运动、气候恶劣和特殊环境下应用的手机（见图1）。

图1 AGM X2官网图

具体到《战狼Ⅱ》中，冷锋使用的就是我国深圳艾捷莫公司（AGM）推出的国产三防手机。冷锋的扮演者吴京是AGM公司手机的品牌代言人。2017年8月16日，AGM公司推出了新一代手机X2，号称与《战狼Ⅱ》中冷锋手持的是同款。

除了常规配置外，该机型通过了MIL-STD-810G美国军标认证，该标准主要是为了测试军用环境中执行作战或者是支援任务的产品。因此，其称之为军用手机也不为过。功能方面，最让人点赞的是，该机型的高端配置版即使在没有信号的时候，也可以通过我国的北斗卫星系统收发短信。

性能决定成败，要和小赢一样更看重三防手机的"内心"。只有了解得更全面，才知道Ta适不适合你。接下来小赢逐一揭秘三防功能是如何做到的？

You jump, I jump（防水功能）

还记得影片开头那个达6min的长镜头吗？冷锋从深海跳水到水下擒敌一气呵成，小赢看得快要窒息。现在回忆起来还觉得痛快之极，回味无穷。等等！问题来了，男主角跳海之前没有掏手机的动作，是带着手机一起跳下去的吗？打斗中手机脱落就沉入大海了，即使防水又有何用？

带着这些问题，小赢在专利中搜索答案。原来，手机防水的关键难点在于扬声器/麦克风、充电口、耳机插口等暴露部分，因此解决手机的防水主要是在这些关键点上做文章。

对于扬声器防水，美国三防手机巨头硕尼姆公司（Sonim Inc.）的扬声器供应商意大利纱帝公司采用热熔层压法，将合成单线方孔织物层压到聚合物薄膜上形成结合体。根据该公司的专利文献记载（ZL201180019840.7），该结合体能够承受1bar（约水下10m）的水压。我国的歌尔声学股份有限公司的专利技术给出了另一种解决方案（CN104954954A）：将扬声器组件中的振膜与外壳和防水垫片一体注塑成型，省略了防水胶带的使用（大幅度降低扬声器返修率）的同时，可以满足终端IPX7级（短时浸水实验）的防水要求。

对于充电器或耳机插口，目前主要也是通过壳体、嵌件和触头注塑一体成型（辅助点胶），或者设置密封圈进行防水处理，代表性的专利技术是日本航空电子工业株式会社（JP6133258B2，见图2）。

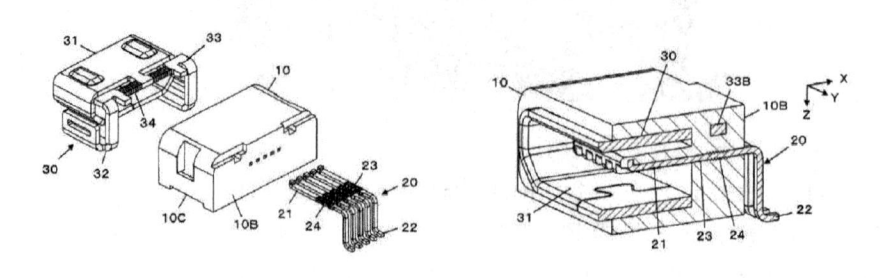

图2　JP6133258B2说明书附图

手机整体结构防水方面，以Sonim公司为代表（ZL201510219593.5），将金属表面处理形成纳米级凹凸结构，并在该表面上结合高分子塑胶材料，形成呈镶嵌结构的紧密结合，达到防水和抗冲击的优良特性。

按键防水方面，AGM公司的专利（ZL201620886381.2）中，按键采用硬胶材料，通过支撑结构和硅胶形成与壳体的过盈配合进行防水。

看了这么多防水方面的细节解决方案后，实际解决手机沉入海底的问题相对很简单，只需要将手机设计成能浮在水面就好了。

当然，把手机放入杯中，倒上酒，然后一饮而尽显得更霸气。

Stay with you（防震功能）

《战狼Ⅱ》中最惊心动魄的就是各种打斗和武器爆破场面。作为一名前特种兵，冷锋要面对来自全天候全方位的各种冲击。他时刻不离身的手机，当然也必须是硬汉一枚。

防震功能是通过结构设计和材料使用完美结合达到的。结构设计方面（如AMG公司的外观设计专利ZL201630394361.9）：尽量避免应力集中，手机的四角都是切角或圆弧过度来缓解冲击中应力的破坏。材料使用方面，大部分采用复合材料。以Sonim公司为例，其供货商之一沙伯基础创新塑料知识产权有限公司（SABIC）的长玻纤增强热塑性树脂（ZL201080027113.0）能够提供优越的静电镀敷能力和物理性能，适合对金属壳体的替代；另外一家供货商拜耳材料科技股份有限公司提供的改性TPU材料（ZL201380054108.2）拉伸强度大，磨损值低，且能适应多种恶劣工作环境，是制作手机包边、包角部分优质选择（见图3）。

有了这样的手机，砸核桃就再也不用锤子了。

图3 Sonim XP7

Thaw a frozen heart（环境适应性）

冷锋在影片中使用三防手机真是不分时间地域啊。在影片最后俄罗斯的恶劣低温环境中，三防手机的视频通信技术依然稳定可靠。

为应对恶劣的气候环境，三防手机应变化的呈现出通气和密封需求。摩托罗拉解决方案公司给出的技术方案（US9667297B1）中，提供了一种具有通气孔的柔性基板，透气膜横跨柔性基板的通气孔，再连接刚性板的开口，形成了具有闭环密封的、带有通气路径和自密封罩的组件（见图4）。

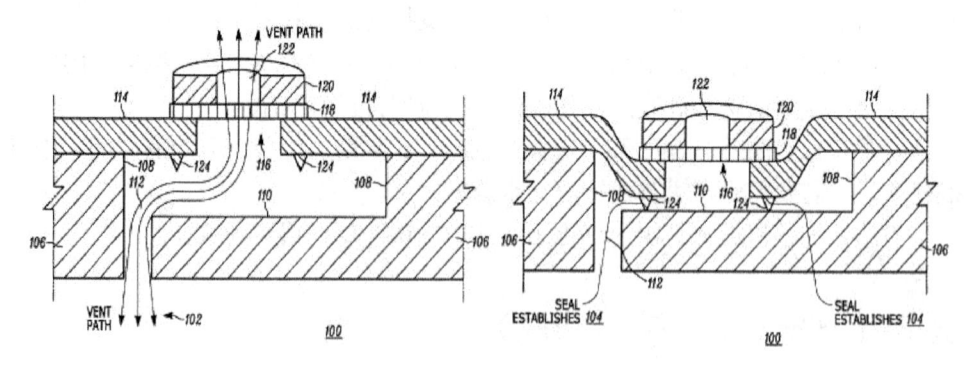

图4　US9667297B1说明书附图

I'll be back（王者进场）

在检索三防手机相关专利时，小赢惊奇地发现，全球首屈一指的手机厂商苹果公司已经开始布局该细分领域。难道下一代iPhone就会是一台三防手机？例如，苹果公司的专利申请（CN105594225A）中，通过在扬声器振膜内设置支撑结构来解决抗水压问题。作为一个经常放飞思想的公司，苹果甚至申请了扬声器的除水设计（US9226076B2）：通过设置切换网屏元件内外表面的亲水-疏水状态和利用加热元件来实现水分蒸发，将扬声器声腔中的水分去除。

当然，三防手机采用的技术远不止这些。未来厂商们必将会把三防手机打造成"上可九天揽月、下可五洋捉鳖"的神器。咱们这些消费者，就算无法像冷锋那样扛火箭筒、开坦克，但是至少可以来一部三防手机（代替板儿砖），像战狼一样去"战斗"！

为了不让大家说小赢写的是软文，最后再贴两款主流三防手机供大家一起欣赏。

云狐时代集团出品的云狐A12（见图5），拥有IP68的防护等级，屏幕由航天级钢化玻璃铸造，外形无锐角设计，TPU材料制作边框达到抗冲击缓冲效果。

Sonim公司推出的XP8（见图6），其先导机型XP7在2015年被评为全球最坚固的三防4G智能手机，应用在美国俄亥俄州的一系列公共安全应急演练活动中（警察、消防、紧急医疗服务），XP7已经达到IP68防护等级。XP8在XP7的基础上进行全新升级，于2018年4月发布，获得IP69认证和MIL-STD-810G美国军标认证。

图5　云狐A12　　　　　　　　　　　　图6　Sonim XP8

本文作者：
国家知识产权局专利局
专利审查协作北京中心材料部
唐甜甜

18　戴森吹风机的劲敌
——风之精灵 Sylph

> **小赢说：**
> 喜欢染烫？没问题！打理不好变金毛狮王！
> 随时随地换造型？没问题！吹风机太大包包装不下！
> 怎么破？来试试这款小身材大本领的 Sylph 吹风机吧！

俗话说：发型剪得对，颜值涨十倍！这不，对此深信不疑的小赢，周末刚去烫了个大卷发，只为做个美妈！然而，要想护理好头发，平时没个好风机是不行的。说到这，赢粉一定会说：小赢，你忘了？刚发布过一篇吹风机的文章《令人心仪的"黑科技"吹风机》，介绍了戴森和松下两款风机，难道现在要反水吗？

小赢从没有下水，自然也不会反水。别忘了，当时小赢就分析了戴森的两大缺点：①价格不美好，很多购物网站上3000多元的价格；②一体式设计，不可以折叠，携带不方便。小赢所做的，就是针对上述两个缺点，提供更多的选择。

一款名叫"风之精灵Sylph"的吹风机横空出世，网传千元内可搞定。千元商品和3000元的戴森有可比性吗？小赢不多说，各位先看颜值（见图1和图2）。

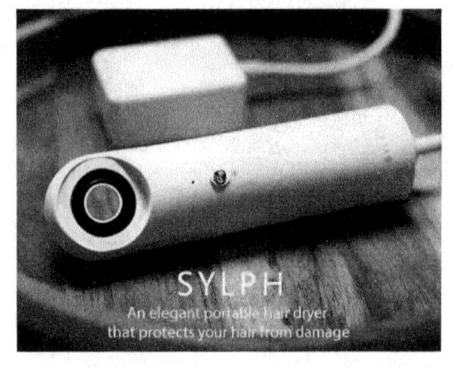

图1　Sylph产品外观[①]　　　　图2　ZL201730057343.6外观设计图片

---

① 图1、图3、图5来源：https://www.indiegogo.com/projects/sylph-first-portable-hair-dryer-with-heat-control-beauty。

没有对比，就不知道这个Sylph是多么小巧，所以小赢再放一张看对比图（见图3）。中间那个颜值担当就是Sylph，紧挨着它左边就是号称"吹风机界大哥大"的戴森吹风机！

Sylph这个词源自于希腊语，翻译成中文就是"风之精灵"。这个小精灵只有150g，大小与iPhone6相当。有了它，

图3 各类吹风机尺寸对比

无论你是黑长直，还是大波浪，都不怕吹头发累到胳膊酸啦！放进手提包也不占空间，随身携带，出行必备。

小赢从来不是一个肤浅的人，聊过了颜值，接下来要来谈谈Sylph的内涵了。

吹干头发离不开两要素：气流和热量。想要提升干发效率，不外乎两个途径：加大风量和在允许的范围内升高温度。

由于温度过高会损伤发质，所以过去很多厂家都在加大风量上做文章。但却形成了一个死结：大风量需要大功率电动机，大功率电动机体积大重量大导致吹风机太重举不动，然后减小电动机体积重量风量又下降……后来，戴森利用气流倍增技术解决了风量的问题。Sylph是怎么做到的？

"既然要颠覆，我们就玩个大的！"——这句话来自Sylph的设计团队。他们来自大疆（是的，你没看错，就是那个无人机大疆）、联想的研究团队，把无人机、机器人、智能家电的开发经验用在了一款小小的吹风机上。小赢不禁感叹：这款直击女生痛点的单品，竟然出自一群汉子之手！

先来看看Sylph的实用新型专利ZL201720509291.6。图4是Sylph的整体结构示意图：壳体10内设置有风道700，进风口210、出风口710以及风道700形成贯通的气体通道，加热模块500和风机模块300由上至下依次设置于所述气体通道上；出风口710呈圆环形状，并形成中间通外界的通道，且通道的形状呈圆锥台体状，从而该结构设计的出风口710可以带动出风口710周围空气流动，与出风口710的高速空气一同流动，提高吹出的风量。风机模块300由小型无刷电机302和扇叶301组成，并位于气体通道的

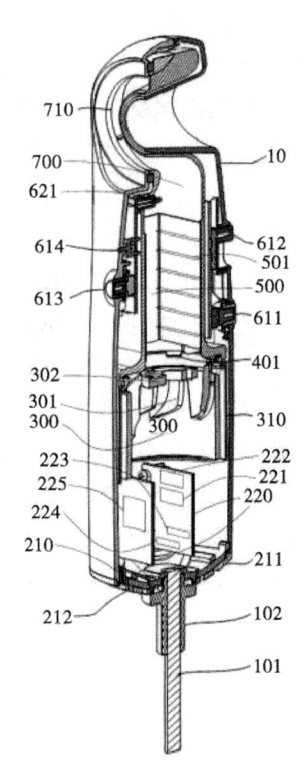

图4 ZL201720509291.6 说明书附图

中部。其中风机模块300由高能量密度的钕铁硼外转子无刷电机302及采用复合材料制作的扇叶301组成，其特点是拥有单层0.2mm的超薄硅钢片叠片组成的定子以及多片钕铁硼磁铁组成的电机转子，相比与铁氧体磁铁的碳刷电机，同功率情况下可以将体积缩小10倍以上，从而实现手持电吹风的体积更小、重量更轻。

专利技术内容太复杂？小赢用一句话概括——独特的风道设计+大功率的无刷电机成就了Sylph的"小身材、大本领"，电动机转速达到惊人的75000r/min，怪不得敢跟戴森叫板了！

头发不光要吹得快，更要吹得健康！吹得健康，就要保持合适的送风温度。对于这一点，Sylph也有所考虑！见图5，Sylph采用高频率玻璃珠温湿度传感器，每秒进行50次测温（戴森为20次），随时控制温度。而且根据算法，基于头发的干湿度来自动调节温度，模拟最自然的风干，让秀发远离干枯分叉。

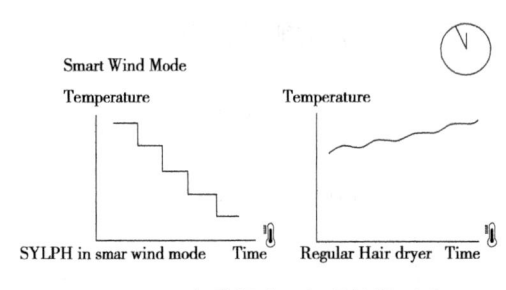

图5 Sylph与常规吹风机的控温对比

还有，能让头发顺滑的负离子也不能少！Sylph的负离子发生器与传统的风机采用单独模块不同，其集成在了电路板上，能够减小吹风机的体积，由于采用了特殊的金属材料，据其宣传其负离子发生量比传统吹风机高出50%。

介绍了Sylph的主要部件以后，小赢觉得值得点赞的还有一些用心的小细节。

（1）方便握持和收纳：Sylph基于海豚线条的持握曲线设计，使得吹风机与手心弧度贴得更好，持握更舒适，而且Sylph能通过磁力吸附器稳稳地吸附在墙上，再也不用每次用完还得不断绕线收纳了。

（2）无极变速：常见的吹风机风力一般只提供2~4个固定档位，而Sylph采用触摸式推杆设置，使用者可以连续调整，对风量实行无级变速，风力大小，随心所欲！

（3）磁力风嘴：Sylph的风嘴采用别出心裁的磁吸式设计，能够轻松替换直发专用的扁头风嘴和卷发专用的圆筒风嘴，直发or卷发，这么方便，就看你心意啦。

看到这里，肯定又会有人问：小赢，这么好用的吹风机在哪里买呢？

小赢在这里郑重的声明：我们不是广告，只是推荐好专利、好技术。只希望告诉您生活中处处有专利，有了好技术方案别忘了申请专利哦！

本文作者：
国家知识产权局专利局
专利审查协作北京中心材料部
王晶晶

19　引来无数尖叫的无轮辐自行车

> **小赢说**：
> 2016年，共享单车还是新生事物，小赢的一篇《今天你摩拜了吗？》吸引粉丝无数。如今，共享单车火遍大江南北，那么，骑什么才能引来尖叫无数？

超跑都已提不起小赢兴趣，但自从在街角偶遇了Ta，小赢便眼前一亮。Ta就是Cyclotron Bike（见图1），诞生于2016年6月，颠覆了自行车领域的革命性设计。从此，你的自行车可以是无辐条的中空车轮。

神奇的无轮辐、无链条自行车是如何实现的呢？美国的一件发明专利（US2012024613）揭示了无轮辐自行车的技术秘密（见图2）。我们来了解一下。

图1　Cyclotron Bike无轮辐自行车[1]

图2　US2012024613说明书附图1

整体结构

该车采用全封闭框架结构，将整个传动系统封闭在内。车把手处安装有制动和速度调节装置，而相关的控制装置则安装在把手杆和车座内。前后车轮还可以自由拆卸，方便运输和存放。

传动方式

这款自行车没有采用传统的链传动，而是采用了齿轮传动（见图3）（小赢注：第一代摩拜也是采用齿轮传动方式），调节把手上的调速器，可以调整齿轮

---

[1] 本篇文章中Cyclotron Bike图片均来自官网。

盘的啮合位置，进而调节传动比（与传统的变速车原理相同）。第一代摩拜单车被用户诟病的一点就是车子太沉了，增加了变速功能的这款Cyclotron Bike应该能够有效避免这样的缺陷。而齿轮传动的好处是不用担心半路掉链子，也不用担心裤腿被卷进链条这样的事情发生。

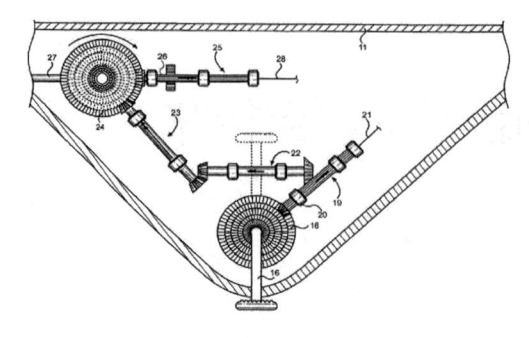

图3　US2012024613说明书附图2

无轮辐车轮

这款车最亮眼的设计当属无辐条车轮（见图4），车轮的固定轮毂架通过支架与车架相连，固定轮毂架上的转动轮毂与齿轮组的驱动轴相啮合，这样在传动齿轮组的带动下，转动轮毂旋转就会带动车辆前进。无辐条车轮最大的优点就是减轻车重，降低车辆重心，提高车辆的平衡性、稳定性，起到减震和增加刹车的杠杆作用，以及更精确的转向。

无辐条和无链条的设计在车辆外观上发生了本质的变化，而Cyclotron Bike的开发团队又进行了其他革命性的设计。再来看看这款智能自行车还有哪些颠覆性的设计。第一，这款自行车配备有自充电锂电池，骑行者可以边骑车边给电池充电，将动能转化为电能；第二，在车身的不同部位配有功能不同的LED灯，车座支架上安装有LED后灯，轮胎内侧安装有LED轮廓灯，车把手支架上安装有高倍双向LED头灯，夜晚行驶过程中，点亮LED灯既能使得自行车有炫酷的外表，又能提高行车的安全系数；第三，这款自行车为全集成电缆布线，车身外看不到一根线缆，使得车身简洁且部件更安全；第四，车头处还安装有智能手机底座，在骑行过程中再也不用一手拿手机一手扶车把了，解放了一只手，提高了骑行者的安全系数。

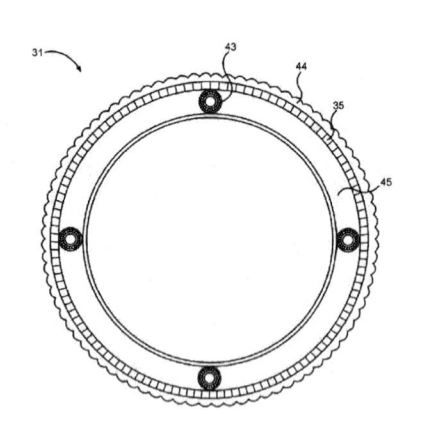

图4　US2012024613说明书附图3

智能化控制

Cyclotron Bike作为一款智能自行车，当然不止于外观上的改进。它可以通过手机APP控制（例如进行档位变换），并通过车身内置的10个蓝牙传感器与手机连接，以学习骑行者的习惯。除了能实时记录每次的骑行数据，还具有导航、紧急情况报告、防盗窃、GPS取景器、检测电池信息以及社交等功能。

购物篮

Cyclotron Bike让人最脑洞大开的设计，是在轮辐中间设置有卡槽，可以与专用菜篮子配合使用（见图5）。平时篮子不用时，可以折叠起来固定在卡槽里。

图5　菜篮子安装示意

拆卸和组装

如果想骑车又想带着孩子玩耍怎么办，不要担心，这款车的设计团队早就为你考虑到了。后面的车轮可以轻松地组装成一辆舒适的"黄包车"（见图6）。如果有两个孩子，还可以组装成两人座的。带着宝宝逛街骑行，妈妈再也不用担心宝宝没处安放了。

根据2018年3月27日Cyclotron Bike官网消息，该款自行车即将投入生产，目前每种型号均有5台自行车正在以低于零售价的特别预定价格出售。而预定价格也不是很亲民，据查询，十二变速的版本大约要1450美元，十八变速版本大约是2875美元。

图6　带单人座椅的自行车

目前国内市场上无法买到这款车，但小赢发现类似的设计早已出现在国内的专利技术中。如申请人成都奇门科技有限公司于2015年1月份申请的一项外观设计专利（ZL201430213125.3）。

结语

我国曾经是自行车王国。后来自行车被说成是夕阳产业。2016年，共享单车的风起云涌改变了大家对自行车企业未来发展的看法。但当看到这款无辐条的炫酷单车时，小赢想到的是革命、创新，以及未来自行车的发展趋势。

本文作者：
国家知识产权局专利局
专利审查协作北京中心外观部
崔英

20　炫酷的无人机外观设计

> **小赢说：**
> 　　科技感超强的无人飞行器不仅核心技术过关，作为人类的第三只眼睛，其漂亮、超炫、超酷的外观设计也是非常吸引人的。下面就带大家领略一下无人机的超炫风采！

　　今天我们要谈的主题是无人机，但小赢却要从它的鼻祖纸飞机说起。纸飞机，相信大家都折过，但这些升级版的（见图1）大家见过吗？

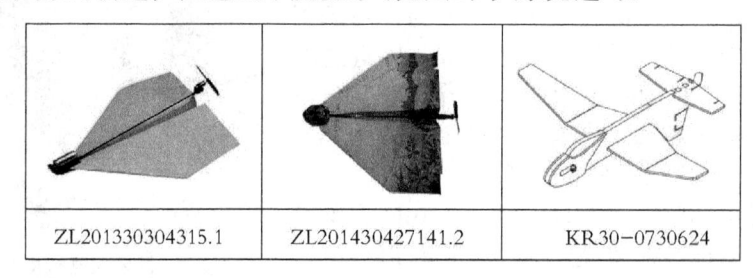

| ZL201330304315.1 | ZL201430427141.2 | KR30-0730624 |

图1　纸飞机/手抛飞机外观设计专利附图

　　即便是升级版，毕竟纸飞机/手抛飞机操作简单，虽然现在仍是很多儿童的标配，其朴实、单一始终让人有所遗憾。世界那么大，科技、智能技术那么发达，小赢想看看！原来，世界上还有那么多好玩又酷又炫的无人飞行器（见图2和图3）！

图2　大疆Phantom 2无人机　　　　图3　斯威普无人机

　　还记得小赢为您在2017年8月出版发行的《IP创新怎样赢》中分析过的大疆无人机吗？感兴趣的读者可以去该书中回顾一下汪峰向章子怡求婚用的那款无人机。

下面先欣赏来自世界各国的无人飞行器！首先看看咱中国的无人飞行器（见图4），其外形灵活多变，功能也很强大，在国际上很受欢迎。其中第一个是第十九届中国专利奖优秀奖获奖项目，由深圳市大疆创新科技有限公司研发（下称大疆）。

ZL201630028126.X	ZL201530116393.8	ZL201530116375.X
ZL201530481664.X	ZL201630394292.1	ZL201630105729.5
ZL201630616138.4	ZL201730008357.9	ZL201730057789.9

图4 中国无人飞行器专利附图

韩国专利局公布的无人飞行器（见图5）。

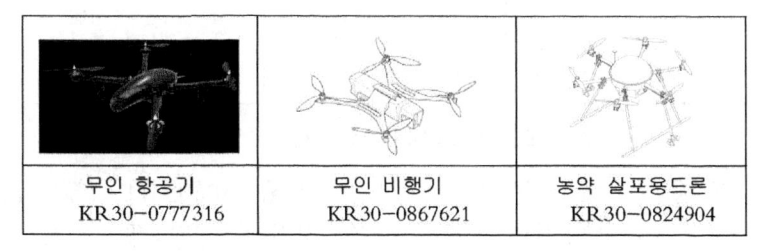

무인 항공기 KR30-0777316	무인 비행기 KR30-0867621	농약 살포용드론 KR30-0824904

图5 韩国无人飞行器专利附图

美国专利局公布的无人飞行器（见图6）。

Unmanned flying robot USD0768540	Unmanned aerial vehicle USD0770940	Unmanned aerial vehicle USD0745435

图6 美国无人飞行器专利附图

日本专利局公布的无人飞行器（见图7）。

回转翼飞行机	小型无人航空机	无人飞行机
JPD1498091	JPD1539558	JPD1552226

图7　日本无人飞行器专利附图

WIPO公布的无人飞行器（见图8）。

Pilotless aircrafts	Drone/Drone/Dron	Folding drones
WOD088991-0002	WOD085114-0001	WOD087476-0001

图8　WIPO无人飞行器专利附图

EUIPO（EM）公布的无人飞行器（见图9）。

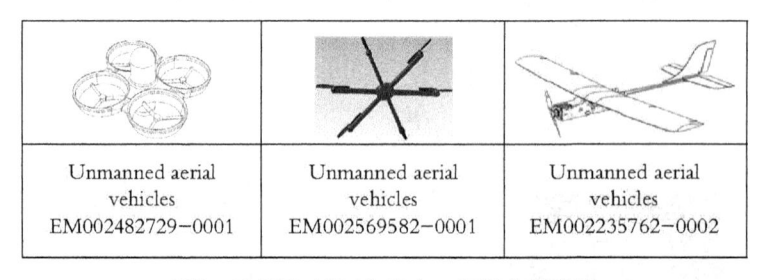

Unmanned aerial vehicles	Unmanned aerial vehicles	Unmanned aerial vehicles
EM002482729-0001	EM002569582-0001	EM002235762-0002

图9　EUIPO（EM）无人飞行器专利附图

那么，问题来了，这么炫酷的无人飞行器（见图10和图11）能干啥呢？据不完全统计，无人飞行器可用于执行飞行任务，如用于高空摄像、无人探测侦察、高空作业、测量测绘、公路勘测、城市规划、生态环保监控、GIS信息采集、科学考察、石油勘探、航空遥感、边防巡逻、森林防火、灾况评估、气象预报、考古研究、电力巡线、搜索及救援、影视广告等工业及商业用途，同时亦成为全球众多航模航拍爱好者的最佳选择。

哇！这么多功能和用途，小赢也真是服了，这么个小东西干的事情还真不少！上刀山下火海无所不能！

小赢现在就揭开冰山一角之无人机创新企业——中国深圳市大疆创新科技有限公司的神秘面纱！

图10 斯威普无人机 　　　　　图11 斯威普无人机

据说，大疆的这两款无人机（见图12和图13）卖到了全球100多个国家。2017年6月，大疆入选《麻省理工科技评论》2017 年度全球 50 大最聪明公司榜单。另外，大疆无人机还频频进入热播美剧的镜头！

图12 大疆Phantom3无人机 　　　　　图13 大疆 Phantom4无人机

据不完全统计，大疆共申请649件外观设计专利（见图14），其中无人机相关约占10%，其他相关边缘产品约9成，其专利布局相当完善。因大疆外观设计专利数量较多，篇幅所限，仅列举与第十九届中国专利奖优秀奖获奖的无人机专利紧密相关的且已经公开的10件外观设计专利（见表1）。

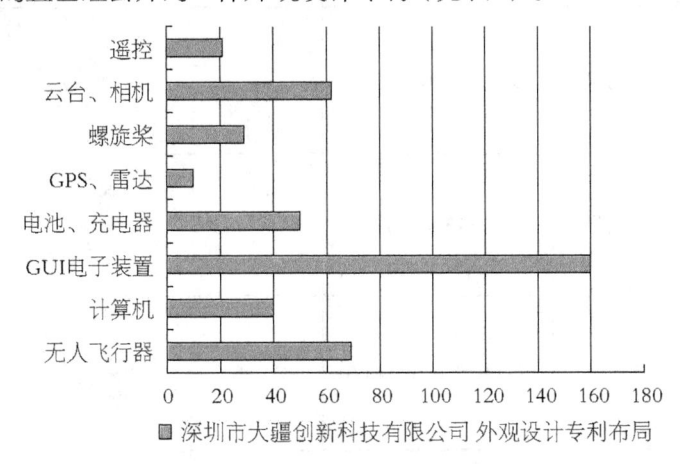

图14 大疆外观设计专利布局

· 87 ·

表1 大疆无人机外观设计专利

序号	专利名称	专利号	专利图片
1	旋翼飞行器	ZL201230425431.4	
2	旋翼飞行器	ZL201330470812.9	
3	飞行器	ZL201430471644.X	
4	无人飞行器	ZL201530173952.9	
5	飞行器	ZL201530491281.0	
6	无人飞行器	ZL201630424273.9	
7	无人机	ZL201630524155.5	
8	无人飞行器	ZL201730050786.2	
9	无人飞行器	ZL201730050645.0	
10	无人飞行器	ZL201730050645.0	

小赢认为：能拥有这么多优秀的外观设计专利真是不简单！这些优秀的产品背后靠的是企业研发创新的力量！高精尖的研发团队、卓越的品质及国内外的良好口碑也是大疆专利能入围中国专利奖优秀奖获奖项目的重要原因之一吧！

最后，小赢不得不提醒，飞行无人飞行器之前一定要遵守如下规则（见表2）。

表2　大疆安全飞行指引[①]

序号	标志	含义
1		检查配件和机身外观完好，确保设备电量充足
2		在空旷和视距范围内飞行，请勿在人群上方飞行
3		在安全高度飞行，远离高层建筑
4		保持清醒，请勿酒后执行飞行任务
5		保持全程双手控制飞行器
6		获取良好的GPS信号后再起飞
7		遵守当地法律，飞行前查询相关法律
8		参考飞行培训课程，在飞行模拟器中加强练习

本文作者：
国家知识产权局专利局
专利审查协作北京中心外观部
张梅　冯艳玲

[①] 各局无人机专利统计图表、大疆专利布局图表均为作者原创，表2源自 http://www.dji.com.cn.flysafe，其他图片均源自 http://baike.baidu.com。

21　热爱运动的你，选对衣服了吗？

> **小赢说：**
> 跑步为什么不要穿棉T恤？零度的北京，适合去户外跑步吗？跑步时感觉全身的肉肉都在抖动，怎么破？答案就在文中，请读者仔细寻找。

　　本文详解各种运动服饰，先从2017年的一项最佳发明聊起。在《时代》周刊评选的2017年世界25大最佳发明中，有一款运动服饰，这就是Nike公司在2017年3月发布的一款为穆斯林女性设计的运动头巾（见图1）。这款名叫"Nike Pro Hijab"的运动头巾，不仅满足了穆斯林女性参加运动时遮盖头部的要求，也兼具吸湿排汗、减小风阻的功能性。

图1　"Nike Pro Hijab"运动头巾[①]

　　让小赢遗憾的是，没有检索到耐克公司和这款头巾相关的专利申请（也可能是尚未公开）；不过小赢发现在2013年公开的一件美国专利申请（US2013/247275A1）和本产品看起来很像。

　　聊完了最佳发明，咱们再系统地聊聊跑步服饰。

速干衣

　　速干衣是跑步最常见的服饰。速干面料通常由改性的涤纶或尼龙组成，面料纤维一般具有较高的比表面积，表面有众多的激孔和沟槽，其截面一般为特殊的异形状，能使水分通过虹吸作用，沿着纤维传送至衣服表面迅速蒸发。Adidas的

[①] 图片来源：http://www.sohu.com/a/206299860_609553。

Climachill是常见的速干衣之一（见图2），该面料含有钛金属纱线和降温纤维，采用的编制结构能够实现面料和皮肤的最大化接触，如同张开的网一样能显著增强透气性，同时带走身体散发的热量。

温控服

图2　Climachill速干衣[1]

小赢接下来要介绍的就是功能强大的温控服了。温控面料在热的时候能够散热排汗，在冷的时候能够起到保暖的作用。其中，最著名的品牌非X-bionic（见图3）莫属了。针对不同的运动和温度，X-Bionic又分为好几个系列，聚能对应保暖，优能对应日常穿着，效能对应炎热天气穿着，新魔法是旗舰系列，适用于大部分温度范围。

X-bionic跑步服主打温控功能，最核心的技术就是3D球体功能板，其中包括广泛应用在自家各种运动服的专利技术sweat trap（EP1802209B1），也就是常说的捕汗阱。

拿X-bionic跑步服旗舰款新魔法系列（The Trick）（见图4）来说，首先通过引汗带将汗水收集在捕汗阱中，之后再将汗水导到衣服表层，使得聚积汗液的面料层与皮肤隔离，既保证了皮肤的干爽又增加了排汗透气效果。

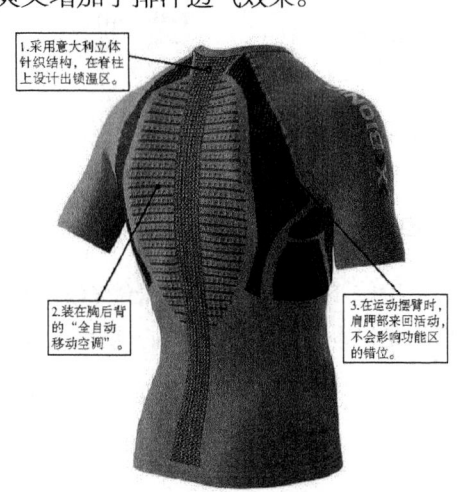

图3　X-bionic产品[2]　　　　　图4　X-Bionic新魔法温控服[3]

---

① 图片来源：https://item.jd.com/26894106034.html。
② 图片来源：https://item.jd.com/26504264790.html。
③ 图片来源：http://www.tbw-xie.com/px_121408015/39952635938.html。

· 91 ·

压缩服

在运动中，穿着压缩服可以有效地固定肌肉，减少因肌肉晃动产生的损伤和能量消耗，同时，压缩服能对肌肉中的血管产生压力，加速血液回流，加快乳酸排出和肌肉恢复速度。

澳大利亚Skins（见图5）是最有名的压缩装备品牌之一，A400系列是其高端系列，由于其标志性的金色Logo，A400压缩衣被跑者称做"黄金圣衣"。对比各大压缩衣品牌，Skins的压缩效果确实是比较好的，而且如其品牌名称，穿上后感觉像第二层皮肤一样贴合。

其他比较有名的压缩服品牌，如日本华歌尔的CW-X，以支撑能力为卖点，通过在压缩裤上加入支撑条，类似于科幻电影中的"外骨骼"，能够在腿部、膝盖、臀部实现较好的支撑作用，预防因为肌肉支撑力量不足而导致在运动中受伤。其在面料中加入缓冲材料（见图6）可以有效吸收运动中肌肉的震动，提供支撑。

无论是速干服、温控服，还是压缩服，都有最适合的人群和使用条件。炎热天气，一件速干服就OK；针对温差较大的环境，温控服可以带来非常舒适的体验；如果是大体重跑者或者重度跑步爱好者，压缩服能有效地减少伤病概率，增加恢复速率。当然，装备都只是辅助，坚持跑步的心才是最重要的。

图5 澳大利亚Skins[①]

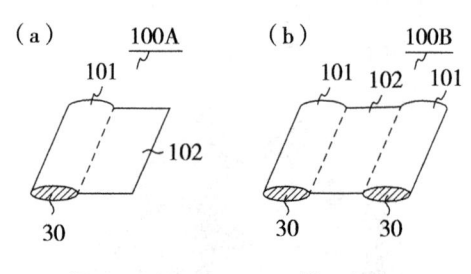

图6 JP2013194346A说明书附图

本文作者：
国家知识产权局专利局
专利审查协作北京中心材料部
刘文军

---

① 图片来源：http://www.haitaobei.com/b/16886。

22　智能控温杯智能调节你的水温

> **小赢说:**
> 　　传统保温杯只能保温，但不能保证水温时时保持在适宜入口的温度。智能控温杯就解决了上述难题，并且可以随心所欲调整水温。

　　小赢在加班赶稿时，总爱喝杯咖啡提提神儿。刚泡出来的咖啡香气扑鼻，忍不住抿一小口，却总是一不留神烫了嘴。想等凉一些再喝，却又一不留神放太凉了，咖啡的香气早就消失殆尽。有没有一种杯子能把咖啡保持在适宜的温度，让小赢能喝上一口不烫嘴的热咖啡呢？《时代》周刊评选出的2017年最佳发明中的Ember Mug智能温控马克杯让人看到了希望。

　　这马克杯如何实现智能控温呢？别急，我们先来看一下市面上已有的其他品牌的控温杯。做到控温，无外乎升温与降温，升温比较容易，一根电阻丝就能搞定，那降温呢？

　　早在2008年，美国Jolex集团研发了"控温即饮"型保温杯BRUGO（见图1）。该集团的创始人斯佩罗·帕弗洛斯是咖啡爱好者，热衷于现煮咖啡，但是现煮咖啡过烫难以入口，温度过低又会影响口感，而且自然冷却耗时又太长，闻着香浓的气味又不能入口实在是一种折磨。为此，研发出了这款"控温即饮"型保温杯，一经推出就受到咖啡爱好者的追捧，其中不乏很多国际大腕，并在全球创造了3亿个销量的佳绩。

图1　BRUGO杯[①]

　　BRUGO采用真空断热PTZ技术，利用双层内胆设计，能够在5~8s内将滚烫的咖啡迅速降至最适口的65~76℃。相关技术在世界范围内申请了一系列专利，比如ZL200420112209.9（见图2）。原理也十分简单，上层设置了散热降温的腔

---

①　图片来源：http://www.geekg.com/node/7818。

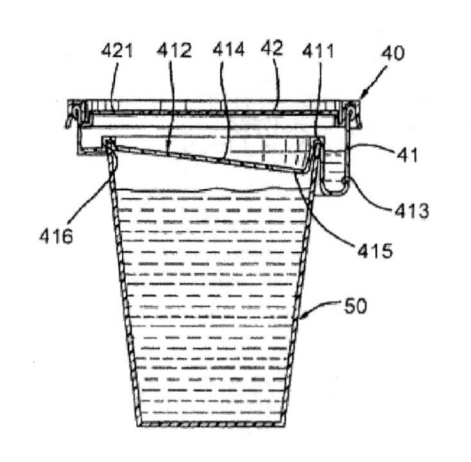

图2　ZL200420112209.9
说明书附图

体，但是容积非常小，大概也就是一小口，加上金属杯盖的快速散热，6~8s应该可以降低到可以入口的温度。跟平时小口喝热水的原理基本一致。

2014年，国内一家企业也推出了一款"快速变温水杯"——55℃杯，并且很快风靡网络，100℃的开水倒入杯中，摇一摇（约1min），快速降温至人体可饮用的55℃左右，见图3。

该企业号称其核心就在通过相变材料实现升温和降温的功能。但是55℃杯自重达到了600g，容积却只有280mL，十分让人费解。很快就被央视揭秘，所谓的"相变材料"只是在夹层中填充了高浓度的盐水来导热。简单地说，跟小时候妈妈给我冷热水的原理是一样的。

2015年，Ember推出首款产品，外形类似于普通的保温杯（见图4），但是其功能却十分强大，不仅能保温，更关键的是可以控温，范围在48~66℃。Ember控温杯浑身都是高科技。与其他企业的专利布局不同，Ember的每一篇专利申请基本都涵盖了产品中的各项技术（如ZL201180063844.5、CN105338865 A、CN106998957A）。由于其产品市场广泛，每一项专利在主要的国家都有布局和申请。

图3　55℃杯[1]

图4　EMBER保温杯[2]

我们重点来关注下Ember杯的降温方式：杯体的2/3充满了相变材料，它能

---

[1] 图片来源：https://detail.tmall.com/item.htm?spm=a230r.1.14.6.7866136cTRcOXQ&id=43681274425&cm_id=140105335569ed55e27b&abbucket=1。

[2] 图片来源：https://m.tmall.com/mblist/de_Zt3Nq1g28nK8FBII37zKWw.html。

随着温度变化而改变物质状态，同时释放或吸收热量，以保证杯子内的液体保持在一定的温度。而从其申请的专利来看，加热、冷却元件的实现方式非常多样：相变材料、珀尔贴元件、电阻式加热器等（CN105338865A）。

Ember控温杯可以通过底部旋转来调整温度，也可以通过APP来远程调节温度。男朋友的一句"多喝热水"可能不再是一句空话了，他有可能通过APP来控制你杯子里的水温。杯子的底部还可以通过无线充电板充电。

从外观来看，这款杯子比较科技化，尽管售价为150美元，销量仍然不错，但是其增长遇到了瓶颈。其实这也难怪，小赢也不愿意拿个保温杯来喝咖啡啊，谁知道里面是不是红枣配枸杞。

为此，Ember推出了从外观到价格都更为亲民的智能控温马克杯（见图5），售价79美元。Ember 的 CEO Clay Alexander 认为，它完全可以用于办公、家庭等各种场合，而且它应该会卖得更好，预计第一年销量可达到数十万个。

图5　EMBER马克杯[③]

更妙的是，这款杯子从手感到外观都跟普通的马克杯几乎一致。当把它放在桌子上时，也会听到同样的声音。这正是基于Ember的理念：用科技来强化现有产品，而不是破坏掉本来的体验。

从Ember申请的专利（CN105338865A，见图6）来看，可以预测其下一步

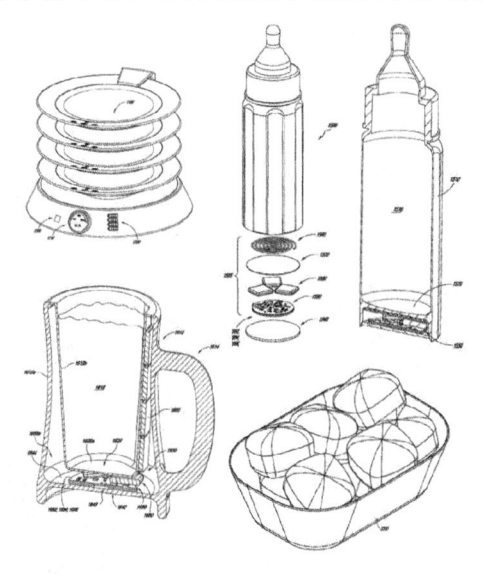

图6　CN105338865A说明书附图

---

① 图片来源：http://tech.sina.com.cn/roll/2017-11-17/doc-ifynwxum3628517.shtml。

的产品计划：餐盘、奶瓶、啤酒杯、面包篮等。Ember公司似乎把目光更多地投向在控温奶瓶上，近两年还申请了用于调整奶瓶加热或冷却的模件（WO2017151362A1，见图7），利用其中的模块192实现加热或冷却。

许多公司试图用科技颠覆日常用品，比如在杯子上增加蓝牙音箱、提醒饮水的定时器等。而Ember及其设计公司Ammunition坚持用科技改变日常生活，但是并不会让它们脱离原有的功能，破坏原有的体验，改进的侧重点也更加倾向于对原有功能的进一步开发。科技改变生活，但科技不是哗众取宠，Ember的设计理念也值得其他企业学习和借鉴。

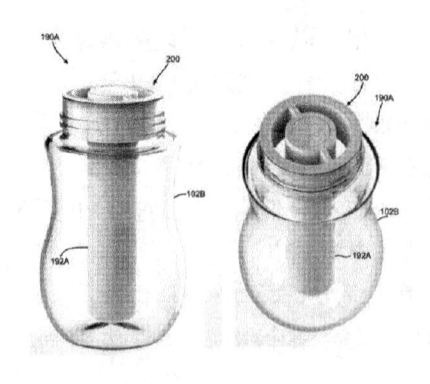

图7 WO2017151362A1说明书附图

本文作者：
国家知识产权局专利局
专利审查协作北京中心材料部
姚希

23　迄今最安全的橄榄球头盔

> **小赢说：**
> 在观赏激烈的橄榄球比赛时，你是否关注过运动员佩戴的头盔？作为橄榄球运动员必须佩带的装配之一，头盔是否能够保障够安全？看完本文，相信你就会有答案了！

橄榄球是一项极具竞技性的体育运动，阻挡、拦截与冲撞都是比赛不可或缺的一部分（见图1）。冲撞给予了比赛的观赏性，但同时也给球员带来了运动损伤。对职业橄榄球运动员来说，运动损伤真是一个让人痛心和担心的话题。

图1　橄榄球比赛的激烈场景[①]

触目惊心的数字

一次"超级碗"（美国职业橄榄球大联盟NFL的年度冠军赛）级别比赛的冲撞，就可以带来将近1t的冲击力。这是个什么概念呢？可以告诉您这跟车祸现场没多大差别！

科学家在2017年7月出版的《美国医学会杂志》上发布的最新研究结果显示，在曾参与不同级别橄榄球运动的202个男性大脑样本中，177人罹患慢性创伤性脑病（CTE），占总数的87%。而在其中的NFL球员样本中这一数字跃升至99%，111名前NFL球员只有一人没有在过世后被诊断出CTE。

NFL的激烈冲撞和极高的脑震荡风险，一直是个让人不忍直面的话题；但是，这项运动又是那么让人着迷。如何两全？2016年9月，NFL拿出1亿美元用于和脑震荡有关的研究。其中6000万美元用于以改善头盔设计为主的技术发展，4000万美元指定专用于医学研究。

伤痕累累的橄榄球员们迫切需要一个更好的头盔，既能减少激烈碰撞对他们

---

① 图片来源：http://www.nflchina.com/photo/listDetail/1526517-3947.html。

的损伤，又不削弱比赛的对抗程度。毕竟橄榄球赛骨子里的基因就是要超强对抗的，没有了对抗，还有什么看头？

一个好头盔横空出世

2017年5月，NFL在Twitter上发了一张费城老鹰队训练时的照片，照片中温茨佩戴的新式头盔成了人们关注的焦点。这个头盔名为Vicis Zero1。它在2017年NFL/NFLPA头盔实验室性能测试中排名第一，被美国《时代》杂志评选为2017年25款"最佳发明"之一。它被视为一项具有革命性意义的运动装备，NFL历史上最安全的头盔。全美橄榄球联盟的许多球员都戴上了这款头盔，该头盔的外形如图2所示。

图2　Vicis Zero1头盔外形[①]

1. 诞生在餐巾纸上的好主意

Vicis Zero1的发明人山姆·布劳德（Sam Browd）是一名儿科神经外科医生。2013年，山姆·布劳德开始思考，如果用柔性聚合物来制造头盔的外壳，是不是就可以像汽车保险杠那样，减少突然碰撞时的力量。他把原型画在了餐巾纸上，然后带着它到华盛顿大学寻求合作和帮助，随后创立了Vicis公司。Vicis公司从创立伊始就将研发出一款能至少减少50%震荡损伤的头盔列为了首要任务。

2.Vicsis Zero1 到底好在哪里？

要回答这个问题，我们先来看看一直以来橄榄球运动员配备的头盔是什么样的。图3展示了现代头盔的进化历史。

先从头盔的外壳材料上来看，橄榄球运动员头盔的外壳材料经历了20世纪20年代的软皮、三四十年代的硬皮、五六十年代的塑料、自70年代开始很长时间都被广泛使用的聚碳酸酯、ProTech材料的改进。其中，ProTech壳体由聚氨酯泡沫制成，和很长时间都被用来制造头盔的聚碳酸酯材料完全不同，其能防止头部侧面受到更大的冲击，ProTech材料制成的壳体在受到撞击时会移动头盔，使冲击力远离头部。

在头盔的结构设计上，橄榄球运动员头盔经历了飞行员帽子的外形、带有下巴带的头盔、带内衬垫的塑料头盔、带有单杠面罩的塑料头盔、厚厚的泡沫填充内部的头盔、全面罩。其中，全面罩的头盔既提供了不同面罩设计的选择，还提

---

① 图片来源：http://www.72byte.com/product/vicis-zero。

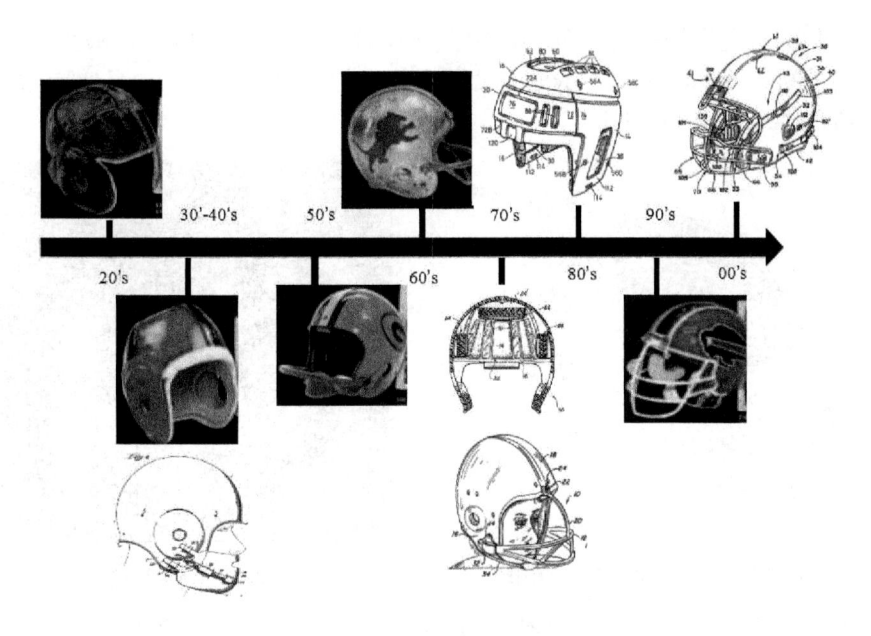

图3 头盔进化历史

供了各种与保护和能见度有关的选择，例如，护目镜的选择。

从橄榄球头盔在材料和结构上的进化可以看出，现代的头盔更注重材质的稳定性、抗撞击、减少球员脑震荡的危险，且致力于最大可能地减少对脑部的冲击。

那么，Vicis Zero1又采用了怎样的创新技术呢？从华盛顿大学于2013年11月5日提交美国临时申请、并于2014年11月5日提交的PCT国际申请（WO2015069500A2）中，我们看到Vicis Zero1的雏形，如图4所示。该文件公开了头盔的内层105和外层103之间包括多个能够响应头盔上的外部入射力而发生非线性变形的丝，以提高头盔的安全性。

接下来，华盛顿大学于2015年3月23日再次提交一份美国临时申请，并于2016年3月23日提交了PCT国际申请（WO2016154364A1）。其中展示了现在Vicis Zero1的最终设计图，如图5所示。最外层802具有一定弹性，类似汽车的保险杠；第二层803是头盔的核心，里面布满了数百个带有弹性的支柱（由之前专利申请中的"丝"改进而来）；第三层804是带有防水涂层的记忆海绵；最接近头部上方一层805选用了硬塑料材质用来保护头骨。

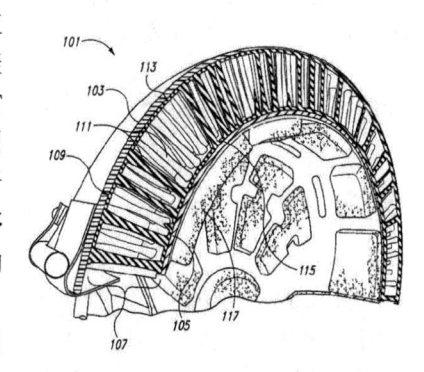

图4 WO2015069500A2说明书附图

该专利申请揭示了Vicis Zero1与以往NFL橄榄球运动头盔的最大不同，即在坚韧的外层之下，Vicis Zero1采用了"反射层"的设计（上述专利申请中的"弹性支柱"）。发生撞击时，反射层中几十个柱子会弯曲、压缩和移动，由此增加缓冲时间，减少加速度，从而有助于吸收大部分的外来力量，图6展示了Vicis Zero1的弹性支柱的变形图。

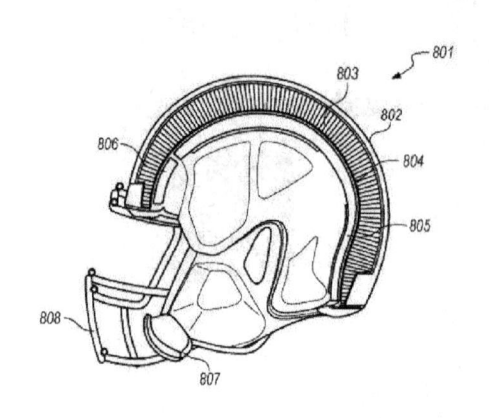

图5　WO2016154364A1说明书附图　　　　图6　Vicis Zero1弹性支柱[①]

无论从哪个角度，"反射层"都可以起到缓冲的作用，这正是Vicis Zero1能够脱颖而出的最关键技术点。这一设计能让运动员受到的冲击力度最多减少50%，将脑震荡的可能性降低40%。

除了特殊的内部结构之外，Vicis Zero1在制作头盔内部护件时，采用了量"头"定制的方法。设计师们运用特殊的标尺，对运动员头部进行不同维度的精确测量，以此定制并安装适合的头盔内部护件，如衬垫、下巴带等。将内部防护件按照头盔内的固定点进行固定后，设计师还要根据运动员的试戴效果来不断调整位置，最后安装面罩，一个匠心打造头盔才算定制完成。

结语

独特的专利设计，定制化的打造及更高的安全性，使得Vicis Zero1成为市场上最受欢迎的头盔。不得不承认的是，Vicis Zero1并不能减去所有的外力冲击，也不可能完全避免脑震荡，其防护能力仍需更多研究数据支撑，产品也需要进一步改进来确保运动员脑部足够安全。

让我们共同期待下一次高科技带来的头盔变革吧！

本文作者：
国家知识产权局专利局
专利审查协作北京中心机械部
李娟

---

① 图片来源：http://my.tv.sohu.com/pl/8331561/82883764.shtml。

24 颠覆二百年自行车史的折叠轮胎竟来自中国学生？

> 小赢说：
> 当自行车行业都在盛赞一位意大利小伙发明出的折叠轮胎时，小赢却意外地发现，也许这项创新更早来自于中国东南大学的两位学生。今天的故事就从这里开始……

2017年底，一款名叫"Revolve"的单车面世了（见图1）。有人说，它颠覆了二百年来的自行车历史。

乍一看去，这款单车和普通的自行车并没有什么不同，很多人会问"怎么就颠覆历史了呢？"

从整体上看，Revolve与普通自行车的外观并没有明显的区别，令人惊奇的在于它不同寻常的轮胎。Revolve轮胎通过巧妙的正六边形辐条结构设计，拥有了折叠的能力。使用时，仅需在轮胎中间把手轻轻一拉，硕大的轮胎瞬间就被折叠成了一团（见图2）。折叠后的Revolve轮胎从直径66.5cm缩小到22.6cm，占地面积只有原来的1/3。结构紧凑让这款轮胎更容易安放、携带。

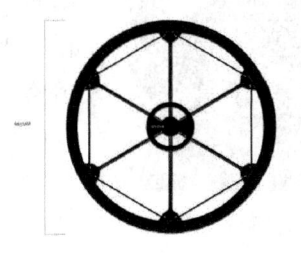

图1 Revolve自行车　　图2 Revolve轮胎折叠前后对比图

也许很多人还不明白自行车轮能够折叠起来的划时代意义，那我们就从自行车的发展历史说起。

200年来，自行车的研发和进步主要都集中在传动方式（如从齿轮传动改为链传动），或者驾驶方式（如改变自行车的座椅位置、发力位置），再或者是时尚炫酷的方式（如本书介绍的无辐条自行车）。

当然，在实际应用中，由于自行车存在占地空间大，收纳、运输都不方便的问题，越来越多的人开始关注自行车的折叠方式。因此，折叠自行车应运而生了（见图3）。然而，折叠后的自行车仍然很占空间，制约其进一步折叠的主要原因是自行车的轮子太大了，而且轮子没法折叠。

当人们意识到决定自行车折叠后占据空间大小的关键是轮子这一问题后，小轮折叠自行车出现了（见图4）。但是小轮自行车由于轮子太小，限制了传动比，即使双脚蹬得再快，自行车的速度也无法很快。所以小轮折叠自行车是为了节省折叠空间而牺牲了最快速度。

图3　常见的折叠自行车（折叠后）　　　图4　可折叠小轮自行车

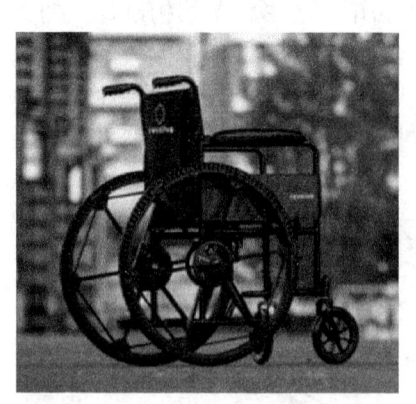

图5　使用Revolve轮胎的轮椅

所以，基于上述分析，Revolve自行车的发明者，来自意大利的设计师Andrea Mocellin设计的折叠轮胎，成功地解决了占地空间与最高车速相矛盾的痛点，这也就是人们说的跨时代的意义。同时，Revolve轮胎还能实现在单车和轮椅之间的标准化互换，也能进一步节省家用轮椅的存储空间，见图5。

设计师是将雨伞的原理，以及小时候玩的折叠小球的原理结合到轮胎设计上，成功设计出这款轮胎。听上去简单的原理，却能应用于生活实践、解决实际问题，就是优秀的设计。优秀的设计需要用知识产权保护，这位意大利设计师在2016年9月1日申请了PCT国际专利申请WO2017027651A1（见图6）。

然而，在检索中小赢发现，来自东南大学的两位大学生蒋祖贵、史昀珂早在2014年5月7日便提交了名为"一种可折叠轮胎"的专利申请，并随后获得专利授权（ZL201410188688.0，见图7）。

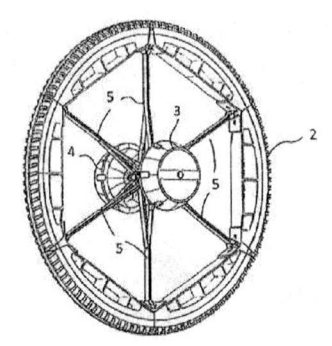

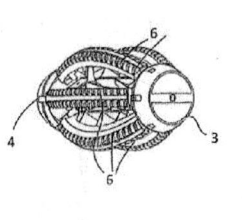

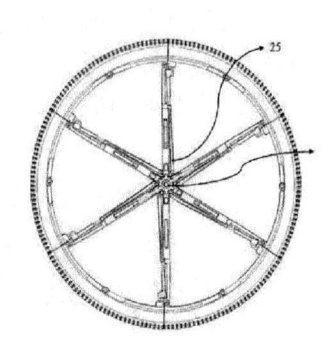

图6　WO2017027651A1说明书附图

图7　ZL201410188688.0
说明书附图

从图7可以看出，蒋、史两位同学的设计与Revolve同样采用了六段轮胎、六根辐条的设计方式，区别仅在正六边形框。如果说折叠后的造型，则与蒋、史两位同学更早期的专利更加相似（ZL201210579152.2，见图8），只是辐条上的区别更大。

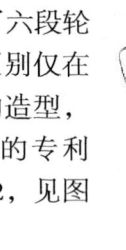

图8　ZL201210579152.2说明书附图

而经过小赢的追踪，蒋祖贵、史昀珂、季凡三位来自东南大学的同学凭借"椭圆球式折叠轮胎项目"获得了2014年举办的第五届大学生机械创新设计大赛（暨第五届中国大学生机械创新设计大赛江苏赛区）的二等奖。当时，三位同学正就读于本科[①]。根据以往参加省级创新比赛的经验，三位同学应该已经成功地制作出了折叠轮胎的样品。可惜的是，目前小赢查不到他们设计的轮胎的任何推广和应用，尽管他们的创意比意大利设计师早了2~4年。

如果说意大利小伙的折叠轮胎创意从专利申请日上看是在中国大学生之后的话，那么对于折叠轮胎的推广应用则是全新的，而且让人更加眼前一亮。根据设计师Mocellin的专利申请记载，还研发了一种基于此轮胎的可变形的多功能车架。有了这个车架，再配合上折叠轮胎，就可以变化出自行车、滑轮车、移动座椅（见图9）。

当Revolve轮折叠后，它可以变成一个轮轴，两端可以安装两个普通轮。也可以安装两个全向轮。这就是自行车变滑轮车的原因（见图10）。

根据设计师Mocellin的介绍，由于车架采用轻质材料制成，所以每个人都可以轻松携带。如果大家每个人都有一个这样的车架，轮胎可以定点集中存放，随

---

① 引自东南大学网站"关于公布'东南大学本科生2013–2014学年各类学科竞赛获奖名单'的通知"（http://power.seu.edu.cn/af/4a/c9503a110410/pagem.htm）。

借随还，成为共享折叠轮胎模式（见图11），这样将很大程度上减少自行车所占的地面空间。看到这里小赢不禁在想：如果这个车架能够推广，那么是否意味着存在于我国多个城市的共享单车乱象从某个角度就能完美解决了？

图9　多功能车架的不同形式

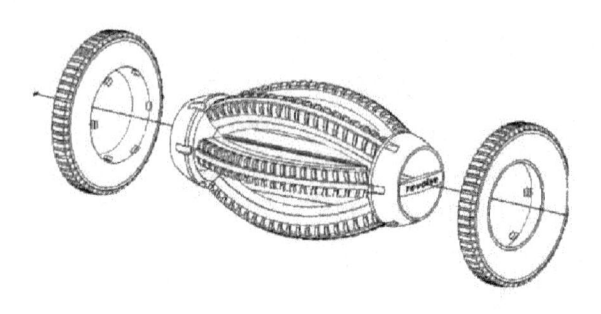

图10　轮胎折叠后变为轮轴

图11　共享轮胎模式示意图

在文章的最后，小赢还是想就大学生创新的事儿感慨一下。咱们中国人从来都不缺乏创新，却每每发出"孔明灯"与"热气球"之间的遗憾。希望更多的天使投资、孵化器能够关注到更早期的本科生创新创业项目，让好的创意破壳而出，茁壮成长。

本文作者：
国家知识产权局专利局
专利审查协作北京中心光电部
王妍

25 如何选一个不负视觉大片的影厅？

> **小赢说：**
>
> 《复仇者联盟3》（简称复联3）已经成为影史上全球票房卖座第4名，像这种视觉大片，究竟哪种影厅感受最好呢？小赢以复联3为例，从画面、音质两方面来聊聊影片制作发行的参数和影院的配置，让你做出科技范儿的选择。

近年来，中国的大银幕数量增长迅速，众多国产和进口影片屡屡打破票房纪录。观众对影片的鉴赏力不断提升的同时，对观影体验的要求也越来越高。

打开购票App时，可以发现"特效厅"的筛选列表里有一长串，IMAX厅、LUXE巨幕厅、杜比影院、RealD 6fL厅等，该怎么选呢？需要重点关注的，无非是幕幅、画质、亮度带来的视觉冲击，以及影院所配置的音响效果。

幕幅

官方宣传，复联3是好莱坞第一部全程使用IMAX摄影机拍摄的电影，使用的拍摄设备是Arri Alexa IMAX数字摄影机，提供了6.5K清晰度的源片供后期处理。IMAX摄影机带来的优势在幕幅，这是IMAX公司的招牌。数字IMAX放映幕幅是1.9∶1，所有非IMAX影院只提供2.4∶1的普通幕幅版本。什么概念呢？像绿巨人这种大块头如果出镜不注意位置，在普通幕幅中可能会少半片脑袋。

IMAX影院中放映的电影，如果是部分片段采用IMAX摄影机拍摄的，其幕幅在是2.4∶1和1.9∶1之间切换的。像《美国队长3：内战》中，同款摄影机拍摄的机场大战的部分，在影院中就是满屏的，其余时间屏幕上下有黑边。如果想把所有画面看"全"，必须选择独占的IMAX（见图1）。

画质

对比图1中一般银幕画面与IMAX画面，除幕幅外还可以发现画质的改变。IMAX公司在这里用了DMR（digitally re-mastering）的专利技术

图1　一般银幕画面（左）和IMAX银幕画面（右）的区别[1]

（US7856055B2，US8842730B2，US9483812B2）对数字影片进行处理，提高了最终影像展现的质量。

除了IMAX，复联3的发行还制作了杜比视界（Dolby Vision）的版本。什么是杜比视界呢？杜比视界是HDR（High Dynamic Range，高动态范围）的一种格式（US9338389B2，US9521419B2），相对于SDR（Standard Dynamic Range，标准动态范围），不但带来了亮度上的宽范围体现，提供了更加丰富的明暗细节，与广色域相结合的色彩空间对颜色的还原更加真切，让播放画面效果得到质的飞跃（见图2）。尤其是亮部和暗部，对比度达到了夸张的100万∶1，相比之下，激光IMAX厅是8000∶1，数字IMAX厅为（2500～2800）∶1。

图2　杜比视界（左）和普通画面（右）比较[2]

亮度

3D电影的现场感极强，但经过3D眼镜滤光，亮度本身就比2D差很多。数字

---

[1]　图片来源：http://www.imax.cn/moviedetailed/id-284。

[2]　图片来源：https://www.dolby.com/cn/zh/brands/dolby-vision.html。

IMAX厅里2D亮度为14fL，3D只有5.5fL。如果放映机因为维护不力、老化等原因亮度下降，肯定会出现3D很暗的情况。如果再有很多夜间的镜头，对眼睛实在是种折磨。说的就是你，总爱在夜里打架的蝙蝠侠！

激光IMAX放映厅采用的是双4K激光放映系统，3D亮度可达14fL，但是这种规格的放映厅在全国屈指可数，和无限宝石数量差不多。小羸所在的北京，没有。

杜比影院（Dolby Cinema）使用双4K激光投影系统，3D亮度高达14fL，和激光IMAX厅相同，远高于RealD认证的6fL影厅和数字IMAX的5.5fL。在杜比视界的制作标准和杜比影院的硬件保证下，黑夜给了我黑色的眼睛，再暗的细节我也能够看清，再亮的天空瞅着也云淡风轻。

音效

复联3的制作有哪些音效版本呢？有IMAX6声道、IMAX12声道、杜比环绕音7.1、杜比全景声（Dolby Atmos）、DTS：X、Auro11.1等。

数字IMAX影院采用的是IMAX6声道，类似传统的杜比5.1环绕音；杜比环绕音7.1是5.1的升级版。激光IMAX采用了包含2个双侧、4个天花板扬声器的12声道；Auro11.1是和IMAX12声道类似的周围、高度、头顶立体布局。杜比全景声和DTS：X技术较为接近，我们以杜比全景声为例来说明。

环绕声是一个圈，影院里的杜比全景声则是密集覆盖头顶的半球，最高支持64个扬声器，然而区别不仅如此。全景声摒弃了环绕声中对各声道的记录和还原，而是将所有声音区分，作为物体来对待，比如三架飞机飞过头顶，全景声里这三个声音物体就会在所有扬声器上同时并且独立地展现，能让观众仅凭听觉就精确感知它们各自的位置（见图3）。

有声音三维位置变化、制作了杜比全景声的电影，其音场展现力最为真切。

图3 杜比全景声[1]

结语

对于复联3这种全程IMAX摄影机拍摄的影片，首选激光IMAX厅（这里恭喜哈尔

---

① 图片来源：http://www.smartspaces.co.za/your-cinema-dolby-atmos-live-your-movie/。

滨、东莞、昆明和台北的朋友！南京的朋友可以关注一下建设进度），虽然没有全景声，12声道也足够立体，同时画幅全，亮度有保证。其他城市，如果不愿放弃1.9画幅，选择普通数字IMAX就好。IMAX影厅位置在IMAX官网可以找到。

对画幅无所谓而对3D放映亮度有要求，或者不是IMAX摄影机拍摄的影片，可以体验下杜比视界高亮对比度，还有全景声加持的杜比影院，音画都能体会到更多细节，沉浸感较强。在订票时一定要看清哦，杜比全景声厅不是杜比影院，没有杜比视界的播放设备。在购票App里能看到影厅是不是杜比影院，也可以在"杜比影院"的公众号查询到。

如果附近没有IMAX或杜比影院，经由6fL认证的LUXE厅、RealD 6fL影厅亮度较高，也是不错的选择。对音效特别注重的影迷，可以尝试杜比全景声、DTS：X或Auro11.1标准的影厅。

本文作者：
国家知识产权局专利局
专利审协北京中心
专利服务部　吴峥
化学部　李敏　张茹

趣谈专利

——56个身边的奇妙专利故事

第三章　宝爸宝妈

26　宝宝乘车的守护神：安全座椅

> **小赢说：**
> 明媚夏日，开上车，带着娃，再约上三五好友一起出游……人生快意莫过于此。但是，看到朋友家的娃坐着安全座椅，咱家的抱着，真地合适吗？

很多妈妈都知道，安全座椅是孩子乘车安全的最大保障。根据调查，虽然安全座椅的普及率（渗透率）很高，但真正每次都让孩子坐的不到一成！不（坚持）让孩子坐的原因高度一致：孩子对安全座椅的接受度极低，家长不忍心孩子哭闹，于是抱着侥幸心理"放孩子自由"。如果你也是这样的家长，那请仔细阅读本文吧。因为，你可能正在无意中弃宝宝的安全于不顾！

现实触目惊心

据人民网2017年5月26日的报道《中国儿童道路交通安全蓝皮书（2017）》显示：中国每年近2万名14岁以下儿童死于道路交通事故，位列我国0～14岁儿童死因第四位；儿童安全座椅使用率低及使用不当是造成我国儿童道路交通事故多发的主要原因。不同年龄段中，1～4岁儿童因道路交通伤害导致的死亡人数最多，死亡率也最高。

这些不幸往往来自于家长对孩子"放飞自由"的后果。CCTV曾播放过一组模拟不正确乘车方式的动画，分别演示了怀抱儿童后排乘车、怀抱儿童前排乘车、儿童系成人安全带乘车的三种情况。通过模拟动画可知，在碰撞发生时，模拟假人怀中的模拟婴儿瞬间向前飞出。当汽车以每小时30～50km的速度撞击钢性墙，会产生相当于自身30～50倍的力，一个重10kg的孩子，会产生300～500kg的力，大人很难抱住。而这些是我们抱着孩子乘坐汽车时完全预料不到的，悲剧往往就此产生。那么，谁来解救我们的孩子呢？盖世英雄出现了，他就是——安全座椅！

安全座椅是技术积累的产物

最早的儿童座椅（见图1）根本不能称为安全座椅，其目的只是让小孩有更高的坐姿、更固定的活动范围，以便从后视镜中查看小孩的动静，仅此而已。至于安全性！别逗了，自家都能动手做的座椅，会安全到哪里去？它就跟餐厅里的儿童座椅一个意思！

20世纪60年代初，汽车安全带出现了，但其是为成人设计的，对于儿童并不适用：因为儿童的骨骼稚嫩，当汽车发生碰撞、速度迅速降低时身体会因惯性向前猛冲，此时侧跨身体的成人安全带可能会造成儿童胸部肋骨骨折、窒息，甚至颈骨折断。

图1　最早的安全座椅[①]

后来，安全气囊出现了，但其设计也是基于对成人的保护。安全气囊爆开瞬间所产生的巨大冲击力会对儿童造成严重伤害。据1999年美国统计的数据显示，由于安全气囊爆开致死的150人中绝大多数是儿童。

那么，针对儿童的安全防护是从何时开始的呢？小嬴还是发挥特长，从专利角度追本溯源。

为保护儿童乘车的安全，早在1982年沃尔沃公司就设计制作了汽车儿童安全座椅（SE8203136L）。开发设计儿童安全座椅的灵感来自于航天器中的宇航员座椅，这种座椅可以承受太空舱升空和降落时产生的巨大力量，从而使宇航员免受伤害。沃尔沃公司根据这一原理，提出了后向式儿童安全座椅的概念，并生产出相应的产品（见图2）。但这种儿童安全座椅结构单一，仅通过后向乘坐实现对儿童的保护。1993年，沃尔沃公司设计的针对儿童座椅的5点式安全带（EP0731761B1）出现，已经初具现代安全座椅的雏形。

图2　沃尔沃公司设计的安全座椅

---

① 图片来源：http://shuoke.autohome.com.cn/。

基于对儿童乘车事故的调查，人们逐渐认识到侧面保护对儿童安全的重要性。SCHEEL座椅公司提出的申请（DE2549064A1）更为接近现代的安全座椅。

如何选用宝宝喜欢的安全座椅

很多家长将不用安全座椅原因归结为宝宝的调皮任性，但家长是否反思过：会不会是宝宝不喜欢挑的这款呢？

首先，宝宝的不适可能来自于坐姿的角度。但如果选择的是这一款（US8393679B2），通过专利技术能实现9档倾斜角度，应该能让宝宝找到一个舒适的位置吧！这就是意大利品牌Chicco（智高）的一款NextFit安全座椅，具有9档调节功能，总有一档能够满足宝宝的舒适度（见图3）。

其次，宝宝的不适可能来自于座椅的大小。针对这一点，在朋友圈经常被刷屏的Britax（宝得适）的超级百变王是很多宝爸宝妈心仪的一款，外观见图4。

图3　NextFit安全座椅　　　　图4　宝得适安全座椅实物图

这是一款性价比高的成长型座椅（能够适用于9个月～12岁的儿童），具有分段式可调节的头枕、腰部宽度调节、安全带固定方式调节等功能，满足超长年龄跨度的不同需求。而这些功能大多都有专利技术的加持，例如，该公司的专利ZL200580029090.6涉及了座椅头靠的调节，ZL201080060914.7涉及具有高度可调节的侧面防撞保护，ZL201310066500.0和ZL200780030177.4涉及五点系带，甚至连响声安全系统（CLICK&SAFE）都有专利WO2008121148A1护航，这篇专利中记载了当安全带收紧时会发出"咔哒"的响声，以确认安全带已经正确使用。

最后，宝宝的不适还可能来自于小腿悬空没安全感。来自荷兰的品牌Maxi-Cosi就在专利CN101786429A中记载了在安全座椅下面加上搁腿架，还可以由小朋友自己来控制角度（见图5）。先不说提升了多少安全感和舒适度，仅以小宝宝的好奇心，光玩架子的开合，就能乐上好半天了吧！这款技术在多个品牌的产品中也有所应用，如挪威的Besafe IZIUP X2。

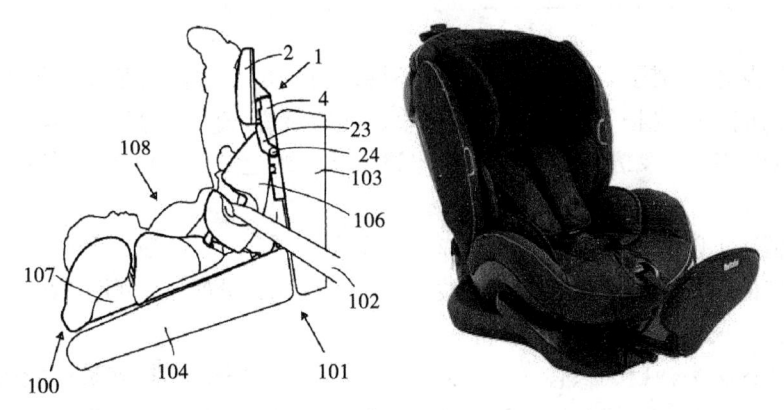

图5　CN101786429A说明书附图以及Maxi-Cosi生产的安全座椅实物

当然，也许原因根本就不来自于宝宝！有的家庭需要频繁拆卸安全座椅，而笨重的安全座椅会严重打击宝爸宝妈的耐心和动力。为此，沃尔沃公司设计了后向可充气儿童座（US8579372B2，见图6）。该款座椅仅重4.5kg，是其他座椅重量的一半，仅需40s就可以缩小到一个普通背包的体积。除了可以安装在自驾车中使用，还可以在乘坐他人车辆、出租车甚至是飞机时使用。不愧是儿童座椅界的鼻祖设计的产品啊。

图6　充气式儿童座椅

在研发方面，中国的一些企业也有独到之处。例如，香港明门股份有限公司（ZL201310680432.7）通过设置支撑脚，可以实现安全座椅倾斜角度的无级调节，只是目前在市场上尚未发现与该专利相关的产品。

对于中国的安全座椅企业，作为一位知识产权人不免想多说两句：虽然目前安全座椅领域的专利诉讼主要集中在美国，但根据其他产品的经验，当中国市场发展壮大并成熟以后，专利战争的硝烟很可能延伸到国内。国内企业利用当下难得的窗口期，在想办法抢占市场的同时更要提高警惕，除了加强自身研发、布局，还应提前进行专利预警、专利分析等防御工作，以免受到毁灭性的打击。

·113·

让宝宝喜欢上安全座椅

宝宝从小习惯了爸爸妈妈温暖的怀抱，自然是会对安全座椅产生排斥的。爸爸妈妈们不妨先把安全座椅放在家里，让宝宝先在熟悉的家庭环境里去接受安全座椅的存在，如放在地上让宝宝坐进去玩，当宝宝对座椅熟悉了以后再搬到车里。

家长还可以开车时对乘坐安全座椅的宝宝给予一定的奖励，又或者在宝宝坐在安全座椅里很无聊时给宝宝讲讲故事、听听音乐，分散宝宝的注意力。相信当宝宝坐过几次以后就不会再排斥了。

讲了这么多，目的只有一个：为了宝宝的出行安全，希望家长们能选一个好的安全座椅，有一套好办法。最好是像很多成功家庭一样：小宝宝一上车就要求坐在安全座椅里，还不肯下来呢！

本文作者：
国家知识产权局专利局
专利审查协作北京中心医药部
蔺娜　翟羽佳　李煦颖

27　配方奶粉面面观

> **小赢说：**
> 古语有云：子之于母，咽苦吐甘。当母乳不足时怎么办？目前大多数家庭的选择都是配方奶粉，它也是今天小赢要介绍的主角。

当你选择配方奶粉时，身为娃妈娃爸是否有说不完的困惑呢？不要急，既然要给宝宝最好的，不如先静下心来看看本文，也许你心中的问题会迎刃而解！

历史篇

19世纪前，无法获得母乳喂养的宝宝们从降生就面临生死存亡的残酷抉择，无数小生命还未感受人世温暖就已远去天堂。后来人们用牛乳作为母乳替代品，但是由于缺乏有效的清洗、消毒而导致消化道感染，以及牛乳和母乳存在成分差异导致蛋白质中毒等情况，使得牛乳始终存在巨大缺陷，直至配方奶出现。

1913年，格斯腾伯格（Gerstenberger）博士开发出一种模拟母乳的配方奶，这种以脂肪和油脂混合物模拟的脂肪成分和母乳成分惊人接近（US1445434）。

此后，为了提高宝宝能量获取、全面加强营养，科学家们在乳品中先后加入谷粉、豆浆、蔗糖，得到了第一代基本营养型奶粉，加入蛋白质、植物油、饴糖、强化维生素和矿物质，得到了第二代的营养加强型奶粉。为了获得更接近母乳的配方奶粉，科学家开始着眼于母乳中的"微量元素"。

1）DHA和ARA。马泰克（Martek）公司的专利EP0568606B1中首次公开了在配方奶粉中添加DHA和ARA，并于1994年推出了添加DHA和ARA的配方奶粉。DHA名为二十二碳六烯酸，俗称脑黄金，使宝宝具有更聪明的大脑和更明亮的眼睛；ARA名为花生四烯酸，除了与DHA具有相似功能外，还可促进宝宝的生长发育。

2）牛磺酸。雅培（Abbott）公司的专利US4303692A1首次提出在配方奶粉中添加牛磺酸。牛磺酸涉及许多生理学功能，如中枢神经系统发育的营养因子，维持膜结构，调节钙的稳态等。

3）左旋肉碱。葛兰素（Glaxo）公司专利EP0129418B1中首次公开在配方奶粉中添加左旋肉碱，它能够促进脂肪酸进入线粒体中氧化，为宝宝生长发育提供能量。

4）核苷酸。雅培公司的专利EP302807B1中首次公开了在配方奶粉中添加核苷酸，目的是促进肠道细胞修复，增强宝宝免疫力。

这些微量元素的添加共同促成了第三代母乳活化型奶粉问世。很全面了是不是？然而在追逐无限接近母乳的道路上，科学家们从未停歇。

第四代奶粉提出了"精确模拟"的更高要求，除了对氨基酸比例作了明确规定，限制香精、蔗糖等物质添加外，还进一步要求脂肪结构更接近母乳，比如OPO结构脂（1，3-二油酸2-棕榈酸甘油三脂）。联合利华（Unilever）公司的专利EP0209327B1中公开了OPO结构脂，并可用于婴儿食品中。它是一种具有特殊结构的脂质，与母乳中脂质结构相似，可为宝宝肠道提供母乳般的呵护，促进营养和矿物质吸收。

科学家们还发现可以在乳品中添加许多对宝宝有益的东西，如益生元和益生菌。纽迪西亚（Nutricia，旗下品牌：爱他美、诺优能、可瑞康等）公司专利EP1105002B1中首次公开在配方奶粉中添加由低聚糖和多聚糖两种糖类组成的"益生元"（见图1），其是一种不能在上消化道被分解的碳水化合物，可选择性刺激结肠中有益细菌生长，促进排便，防止便秘；雀巢公司的专利ZL200480021536.6中公开了在配方奶粉中添加双歧杆菌、乳酸杆菌等益生菌，完善婴儿的肠道菌群。

图1 专利益生元组合[①]

百年来，一次次的科技进步、一份份的发明专利，推动着配方奶粉迅猛发展，组分和工艺越来越完善，为宝宝的成长加油助威。

选择篇

说到这里，估计妈妈们对于配方奶粉有点初步了解了。那么，配方奶粉到底

---

① 图1引自：https://www.aptamil.com.cn/productinfo。

哪家强，究竟怎么为最爱的宝宝挑选最好的奶粉呢？

我们对目前市面上比较常见的一些奶粉进行了营养成分比对，发现绝大部分成分都是每款必备的，只有少数存在差别。小赢认为，妈妈们要学会根据宝宝的具体情况来选择哈。

比如，对肠道比较脆弱的宝宝，可以考虑选择添加OPO、益生元、益生菌、乳铁蛋白的奶粉，尤其是诺贝能Nutrilon奶粉，其使用了专利益生元组合配方（EP1105002B1），能够达到不错的效果；对矿物营养素吸收不够好不够结实的宝宝，可以考虑选择添加CPP（酪蛋白磷酸肽）的奶粉，它能够有效促进人体对钙、铁、锌等矿物营养素吸收利用，使骨量增加，如飞鹤的星飞帆5星优护，雅士利超级α金装等；对于抵抗力较弱需要增强免疫力的宝宝，可以选择添加乳铁蛋白、核苷酸、益生元和益生菌的奶粉，如美赞臣蓝臻、伊利金领冠呵护系列等；担心宝宝视力发育的妈妈，也可以选择添加有叶黄素的奶粉。

然而，要注意，这些组分都是有一定添加标准的，也不一定是越多越好的。

国产奶粉篇

最后，小赢还是想为国产奶粉说几句话。虽然目前海外代购、海淘奶粉获得许多中国妈妈的信赖，然而，配方奶粉实际上追求的是对母乳的无限接近，中国妈妈的母乳和外国妈妈的母乳在成分上是存在差距的，因此，将根据外国妈妈母乳设计的配方奶粉直接给我们的宝宝喝可能不一定是最好的选择。

早在20世纪90年代，我国哈尔滨松花江第二乳品厂申请的婴幼儿阶段奶粉的专利ZL94115544.7中就提出奶粉的营养配方要适合中国婴幼儿生长发育的特点；伊利集团在其申请的两件专利ZL201510290842.X和ZL201510300587.2中强调以亚洲人，特别是中国人母乳蛋白、脂肪、核苷酸组成和比例为依据而研制，更适合中国人（华人）宝宝；浙江大学和贝因美婴童食品股份有限公司共同申请的专利ZL201410298636.9中提供了母乳脂肪酸的测定方法，从而建立母乳脂肪酸谱数据库，指导我国企业生产出真正适合中国婴儿的配方奶粉……

近年来，我国在婴幼儿配方奶粉方面的专利申请量一直遥遥领先其他主要研发或生产国家、地区（见图2）。可见在配方奶粉研发方面，我们也是投入很大的。

小赢相信，随着质控监管等相关措施进一步加强，尤其是大力科技投入和发明专利数量的增长，国产配方奶粉的明天一定会更好！这也是送给中国宝宝最好的礼物！

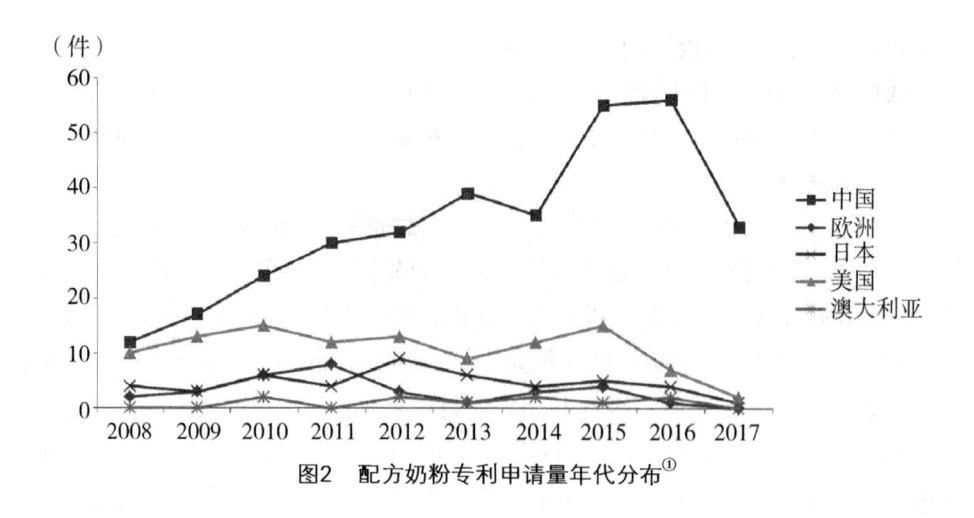

图2 配方奶粉专利申请量年代分布[1]

本文作者：
国家知识产权局专利局
专利审查协作北京中心医药部
李宁 陈彦闯

---

[1] 2017年的专利申请数据由于受到延迟公开影响而数据不全。

28　泡泡的前世今生

> 小赢说：
> 　　五彩斑斓的泡泡是世界上最受孩子欢迎的玩具之一，小朋友对泡泡的缤纷奇幻总会痴迷不已。那么，神奇的泡泡背后又蕴含着哪些不为人知的秘密呢？

　　据小赢考证，发现万有引力定律的牛顿同学小时候除了痴迷于观察苹果落地以外，还喜欢玩吹泡泡的游戏，于是这位伟大的科学家一思考就发现了与泡泡有关的科学现象"牛顿环"。小赢不禁感叹，人和人之间的差距怎么这么大呀？

　　那么，问题来了，这种经常被称为"肥皂水"的神奇液体究竟是什么呢？让小赢先从专利文献的"百宝箱"中搜搜看。例如，ZL201610760605.X中记载了一种泡泡水，是用普通洗发水、普通洗洁精、白糖、家用胶水、自来水制成的。

　　看着专利申请中出现的泡泡水配方也不难嘛，那我们是不是能试着在家中制作简易泡泡水呢？传统泡泡水的基本组成有三要素：水、表面活性剂（如肥皂、洗洁精、洗衣粉等）、增稠剂。增稠剂才是秘方。大部分人在做泡泡水的时候光顾着加洗洁精，而不知道还要有增稠剂来保证泡泡的状态稳定。比较常用的增稠剂是甘油和糖浆，前者可以去药店超市购买，后者用砂糖就好。此外，使用无泪配方的婴儿专用沐浴露作为表面活性剂可以制备无泪配方泡泡水。在配方中加入食用色素可以制备七彩泡泡水。

　　除此之外，小赢在专利数据库中还检索到了很多有趣的泡泡水的配方。例如，ZL201610574725.0添加植物提取物的泡泡水溶液，其中添加了山茶籽提取物、绿茶提取物、藿香提取物等，安全无毒无刺激；US6384089B1中的泡泡液使用食品级原料，有甜味，可以吃；JP2000073098A中的泡泡液原料是粉末状的，含有糊精，能够快速溶解，长期稳定；用KR20150061528A中的泡泡液吹出的泡泡更持久且能够形成大泡泡。这些奇思妙想，你都发现了吗？

　　泡泡水有了，新的问题接踵而至。我们还需要选择一款适合吹泡泡的工具。那么，著名的泡泡玩具产品都是什么样的呢？

Tootsietoy 公司

20世纪70年代末80年代初期，Tootsietoy公司与迪士尼联手打造了一系列广受好评的迪斯尼动画人物泡泡玩具管，这系列产品一直在全球热销。随后Tootsietoy公司又延续这一思路推出了不同人物的泡泡玩具管，US3775898就是这款产品的相关专利。该泡泡玩具管包括泡泡液存放槽和至少一个用于获取流体膜的有孔构件，该构件在下部时能通过孔获得流体，在上部时能让儿童将流体膜吹出泡泡（见图1）。

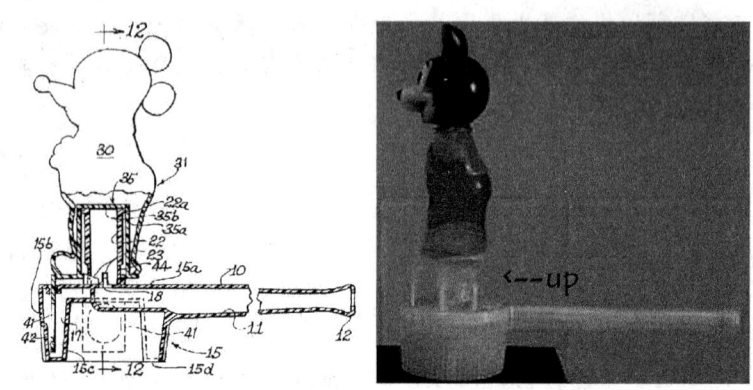

图1　US3775898说明书附图和相应产品的实物

海恩公司

海恩公司的泡泡系列玩具品牌Pustefix（泡特飞）创立于1948年的德国，化学家罗尔夫·海因（Rolf Hein）用清洁剂做实验时，偶然发现了制作不费力的彩色泡泡液配方，于是他用黄色泰迪熊作Logo创办了Pustefix玩具品牌，深受小朋友喜爱。

Pustefix最早的专利是DE890155，于1953年9月17日获得授权。该专利中的小熊吹泡泡装置就是Pustefix品牌的经典造型（见图2）。在US3109255中，海恩公司进一步对吹泡泡装置中产生泡泡的部件进行改进，使得蘸一次液体就能够形成很多连续的泡泡。

图3中都是Pustefix品牌目前正在销售中的泡泡玩具，可以看出其产生泡泡的部件还是沿用了经典设计。

Imperial Toy 公司

Imperial Toy公司是另一家美国生产泡泡玩具的著名公司。该公司非常重视创意产品的研发和相关专利的申请，近几年来的申请也是源源不断。例如，WO2007/149116A1涉及一种自动产生泡泡的机器，一按电钮就能源源不断地产生泡泡（见图4）。

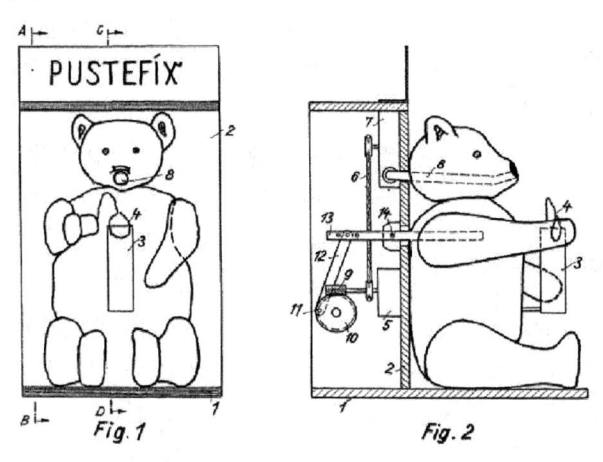

图2　DE890155说明书附图

图3　Pustefix品牌目前正在销售中的泡泡玩具

图4　WO2007/149116A1说明书附图和已上市类似产品的实物

·121·

US2014/0160544A1涉及一种光学效应泡泡产生系统，包括全息图像的光学效果观察装置和泡泡产生装置两部分。使用该产品时，能够在发光的环境中产生泡泡，然后再带上特制的眼镜观察泡泡，就能够看到如梦境般的奇妙景象（见图5）。

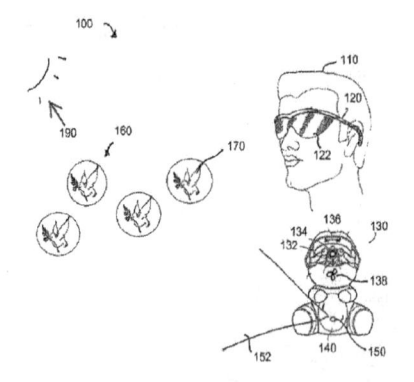

图5　US2014/0160544A1说明书附图

说完了外国，接下来就要说一说中国的情况。我国台湾地区申请人林孟盛及其所在企业"和盛企业"是在中国申请量最大的泡泡玩具企业。该企业的"和盛泡泡王国"是著名的泡泡玩具老字号。这家企业比较有特色的申请都集中在制造大泡泡和超大泡泡的工具方面。例如，ZL98103542.6涉及一种制造特大泡泡的玩具剪。ZL98117391.8涉及一种制造特大泡泡的玩具剑（见图6）。

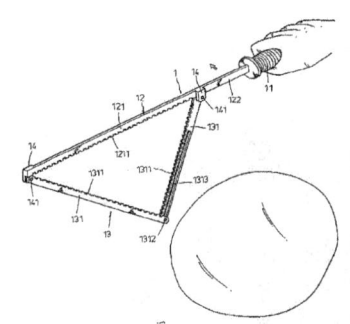

图6　ZL98117391.8说明书附图和相应泡泡玩具剑产品的实物

中国的其他申请人方面，暂时还处于江湖混战的阶段，但是也不乏有一些有趣的想法出现。例如，ZL200720142527.3涉及一种能够稳定并连续地吹出嵌套泡泡的电动泡泡机；ZL201310417009.8涉及一种行进过程中能够自动产生泡泡的童车；ZL200920032049.X涉及一种带自发电吹泡泡功能的滑板车。

除了购买已商品化的泡泡水套装和吹泡泡工具以外，我们还可以自己动手制作吹泡泡工具。吸管是基本配置，其他带有孔的生活用品（如苍蝇拍、漏勺等）也都能成为熊孩子玩泡泡的工具。

关于泡泡的前世今生，小赢想说的就这么多了。不知道您了解了蕴藏在泡泡中的这些知识后是不是更加热爱吹泡泡了呢？那么，就请自制一组泡泡玩具或选购一款放心的泡泡玩具产品，与孩子一起开心地玩玩泡泡吧！

本文作者：
国家知识产权局专利局
专利审查协作北京中心医药部
郑茹　洪丽娟　吴亚男

29　好的益智玩具应该是什么样的？

> 小赢说：
> 　　面对市场上各种打着"启蒙"旗号的玩具，家长们挑花了眼吗？一款好的玩具不仅能锻炼手眼协调、促进大脑发育，还能让孩子们懂得分享，甚至让大人们陪孩子玩得乐此不疲。这样的玩具存在吗？小赢这就来介绍几款！

交通工具类玩具

　　交通工具类玩具作为一种重要的启蒙玩具，在很多小朋友的玩具箱中总是占有一席之地，特别是对怀揣着驾驶梦的小男孩，总是有无尽的吸引力。遥想当年，小赢对一件小汽车模型是爱不释手。如今，已经进入了科技时代，宝宝们的玩具也要升级换代了吧？

　　有人说要买一架大疆无人机给宝宝当玩具？先不说无人机禁令，也不说安全性，就算操控起来对于宝宝也太难了吧。有没有迷你一点的呢？来看这款被认定为"全世界最小的遥控直升机"（见图1）。它的长度仅11cm，宽度为2.24cm，高度为5.09cm。这款无人机的设计和生产来自于著名的电动玩具厂商银辉公司。银辉公司于1977年创建于中国香港，多年来一直致力于玩具领域。"世界最小遥控直升机"不是浪得虚名的，2013年这款纳米猎鹰（NANO FALCON）获得了吉尼斯世界纪录。

图1　ZL201330030975.5外观设计图

　　当然，2013年的纪录已经作古。之后，银辉公司又推出了尺寸更小的遥控直升机（见图2），相关专利为ZL201430169179.4，其仍然保持了较好的性能。

除了遥控直升机产品，银辉另一重要产品系列是电动遥控车，想必"四驱控"们早有耳闻。对于遥控车及其轨道等周边产品的重视，可以从该公司的专利布局上就能看出。该公司从2003年就完成了轨道玩具赛车的系统性专利布局（见图3）。

图2　ZL201430169179.4外观设计图

从图3可以看出，银辉公司的专利布局已经延伸向非常具体的细节，其至一个弯道、一个桥座、一个接驳件、一个充电座都申请了专利。

拼接玩具

拼接玩具作为另一大类益智玩具，相对于交通工具类玩具更加安静，更适于培养孩子的专注力，这类玩具中最常见的就是拼图。是否有一种玩具能实现拼接和交

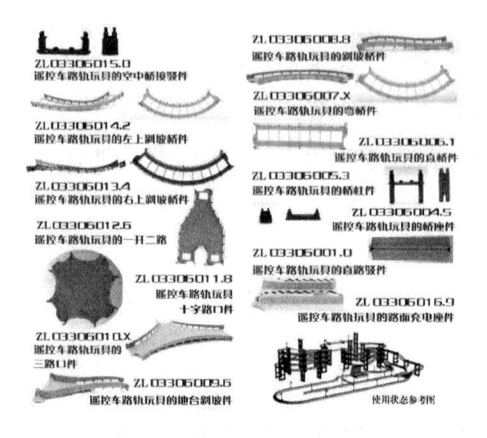

图3　银辉遥控车及其轨道专利布局

通工具玩具的跨界呢？这样一款炫酷到每个大人小孩都想拥有的木质模型玩具设计，给出了一个完美的解决方案。

由乌克兰奇尔斯有限责任公司（UGEARS）推出的一系列可以动的木质模型，通过齿轮、连杆等机械结构，采用机械传动模式，让它不用胶水或电池就可以动起来。早在2014年这个拥有20多人的创意团队在乌克兰首都基辅建立生产线时就在本国对这一系列申请了发明专利，并以此为优先权向世界知识产权合作组织进行了专利申请（PCT/UA2015/000018）。该申请详细记载了各连接元件和套件的快速组装原理，即如何实现定位和快速插接。

目前，该专利申请已经进入中国的国家阶段，在中国的发明专利申请的申请号是ZL201580021961.3（见图4）。

UGEARS团队的目标是：希望孩子在动手过程中了解一些简单的机械原理，并把机械的美感通过这样一种方式

图4　乌克兰机械传动木质模型专利说明书附图

· 124 ·

呈现出来。

你一定想不到自己拼出的木质小车能跑得这么快吧。不知道这样一款小小的玩具能否给孩子心中播撒下一颗对高端制造感兴趣的种子，也许中国的"高端制造2025"规划实现，他们就是见证者和亲历者。

创意玩具概览

好玩的益智类玩具不胜枚举，设计师们的才思妙想让人看花了眼，益智类玩具经过百年的发展，从简单的几何形状到复杂的特殊形状、特有主题的拼接玩具、交通玩具应有尽有，材质也从单一的木质、塑料发展为木质与金属相结合、多样的色彩搭配甚至结合到手机APP等电子媒介中，让小朋友的玩具世界逐渐欢乐丰富起来。

下面，小赢就试举几个例子，带大家共同欣赏一下设计感和趣味感十足的玩具们。

1.AvaKai 智能木偶玩具

来自德国的团队VaiKai设计了一款名为"AvaKai"的智能木偶玩具（见图5），从外观上来看，这款Avakai与著名的俄罗斯套娃非常相似。其采用原木材质憨厚朴实，而斜刘海的设计更是为其平添了不少亲和力。Avakai的"主人"可以自由为其选择衣服的颜色，整体参与度极高。

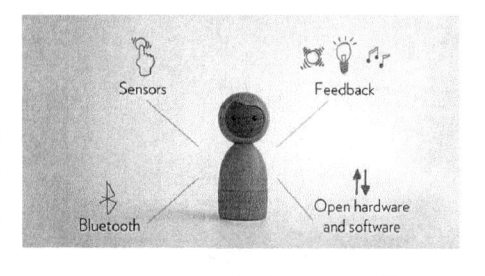

图5　Avakai智能木偶玩具图[①]

Avakai内部配备了蓝牙模块，可以与另一个Avakai娃娃连接、互动，甚至还可以自动感应二者之间的距离，从而选择进行碰触、移动、声音、光亮甚至是振动等形式的反馈。也就是说，两个Avakai玩偶的主人可以自己制定游戏规则、编写属于自己的秘密语言，通过Avakai的各种状态来完成通话和互动。希望借由"AvaKai"来激发宝贝们的想象力，并鼓励孩子与周围的人事物进行互动。

2.Huzi Design 宇宙探险积木

Huzi Design推出了一套模块化、磁性探险积木（见图6）。这一组设计以"宇宙"为主题，这些连接点和模块确保它们拥有无限的组合可能。所以，它不

---

① 图片来源：https://vaikai.com/。

仅可以构建星球、航天飞机、卫星、太空望远镜等，也可充分发挥想象，构造富有想象力的飞碟、宇宙飞船等。

3.Magna-tiles 积木玩具

最后介绍一款颜值爆表的积木玩具——Magna-tiles 。它最大的特点在于透光的材质，整体晶莹剔透，在透明玻璃、

图6 Huzi Design积木玩具图[①]

茶几甚至灯桌上玩，真心能体验一把光影魔术师的感觉。

看了这么多的玩具，是否作为一名家长的你也开始哼唱"我不想，我不想，不想长大……"。好的创意玩具能够让家长和宝宝共同获得乐趣，希望你也能在这些好设计中找回自己那颗不曾失去的童心。

本文作者：
国家知识产权局专利局
专利审查协作北京中心外观部
朱琳

---

① 图片来源：http://huzidesign.com/。

30　"长草拔草"之儿童智能手表

> **小赢说：**
>
> 想为孩子选一款儿童智能手表吗？造型各异、功能多样的产品是否让你犯了"选择恐惧症"？刚下定决心却又被"辐射说"和"安全漏洞说"吓坏了？今天，小赢来跟您聊聊儿童智能手表的那些事儿。

"不管你在哪里，一个电话，马上找到你，喂……"相信很多人已被这款电话手表（见图1）的神广告洗脑了。

能打电话的手表就是智能手表吗？儿童智能手表是什么？

图1　小天才儿童电话手表外观

儿童智能手表的分类

目前，市场上琳琅满目的儿童智能手表，价格从200元到上千元不等，基本可归为三种类型。[①]

1）哑终端形态儿童智能手表：没有喇叭配件，家长能通过APP实现对手表的定位、追踪、监听，手表不能与家长形成互动。

2）对讲型儿童智能手表：具有对讲功能，通过内置SIM卡或WiFi网络实现儿童与家长的语音通话。

3）表状手机型儿童智能手表：虽然外观是个手表，但功能上就是一部智能手机，只是把体积做小成为一个手表，很多功能可以通过安装APP实现。

近两年，随着智能硬件成本的下降，以及为满足消费升级的需求，越来越多的厂家选择表状手机型的产品，预装的软件也从起初单一的定位功能发展为定位、通话、健康记录、学习、游戏、急救等多功能（见图2）。

---

① "三种类型儿童智能定位手表的对比分析"，http://www.cctime.com/html/2014-11-3/20141131022507362.htm。

· 127 ·

由于市场潜力大，加上从手机转型方便，传统的手机厂商，如步步高、华为、小米纷纷进入该细分领域，甚至像腾讯、360、搜狗等知名互联网公司也进入硬件市场，想从该领域分得一杯羹。根据小赢的调研，小天才、360巴迪龙、搜狗糖猫、小米小寻、阿巴町等是目前知名度较高的品牌。

定位技术哪家强？

图2　表状手机型儿童智能手表功能举例

无论儿童智能手表功能如何演变，定位永远都是家长最关心的核心功能。讨论定位技术，就先要了解不同的定位方式。①

1）卫星定位：包括美国的GPS定位（见图3）和我国自主研发的北斗定位。卫星定位的优点是精度高，缺点是受天气和位置的影响比较大。当天气不好或处于被覆盖见不到天空的位置时，定位就会受到很大的影响。

2）LBS（基站）定位（见图4）：优点是定位不受天气、高楼、位置等的影响，缺点是定位受基站数量影响，精度逊于GPS。

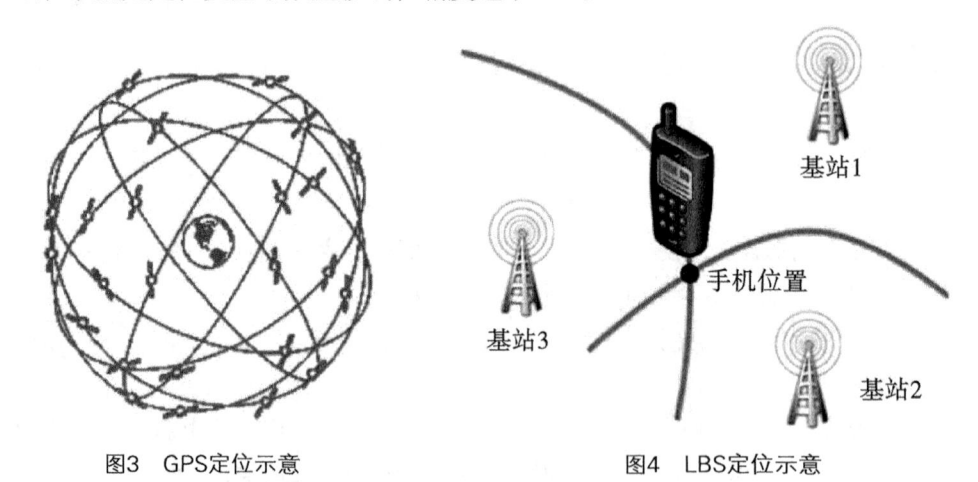

图3　GPS定位示意　　　　　　　图4　LBS定位示意

3）WiFi定位（见图5）：优点是定位精度高，缺点当然也显而易见，不打开WiFi就不能定位，必须处于联网状态。

---

①　"GPS/北斗/WiFi/基站几种定位方式的区别及优缺点"，http://www.360doc.com/content/16/0922/19/32789078_592851863.shtml。

看来，没有哪种定位方式是完全靠谱的……

不过，不用担心，专利ZL201520502885.5中的儿童手表采用了多重定位：在室外空旷地采用GPS精准定位；在室内无法收到GPS信号时，转为WiFi定位；当室外和室内无GPS、WiFi信号时，采用LBS定位。

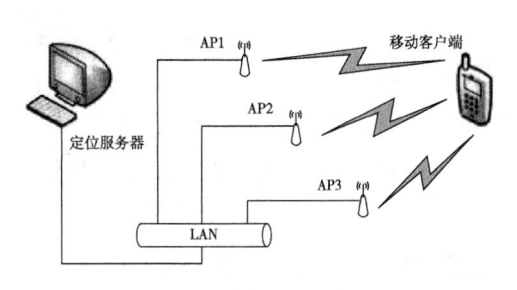

图5　WiFi定位示意

如果三重定位还不能使家长放心，那就再加三重。根据小赢调研，市场上已经出现"GPS+北斗+基站+WiFi+重力感应+PDR"六重定位儿童智能手表。所以，家长们在选购时一定要查看说明，产品是采用的哪种定位方式？有没有多重定位功能？如果可能的话，还可以在不同的环境下进行亲测。

手表脱落怎么办？

即使手表的定位功能再强大，如果没戴在孩子的手上也是枉然，因此，各厂家设计了"脱落报警"功能。如果手表被摘下或者意外脱落，家长手机APP会弹出对话框或发出警示音。

那么，"脱落报警"是如何实现的呢？还是从专利中寻找答案。

CN104881954A中记载了：表带形成一个脉冲信号闭合回路，当手表解开或断开时，回路断开，触发报警，并向监护人员发送报警信号（见图6）。

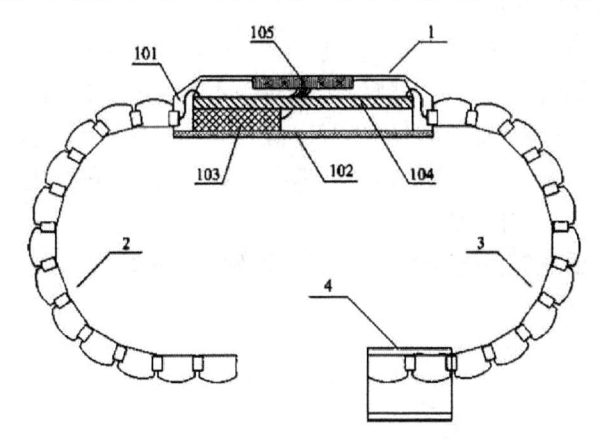

图6　CN104881954A说明书附图

小天才公司的专利申请CN105139596A则是通过光敏传感器和加速度传感器判断手表是否脱落。当光敏传感器检测光亮度变大时，初步判断可穿戴设备已脱

·129·

落，然后进一步启动加速度传感器进行综合性智能判断。

怎么样，有没有"涨姿势"呢？一块小小的儿童手表想要捕获家长芳心，不光得有颜值，还必须得靠内涵哪！

脱落报警解决了，说好的辐射和安全漏洞呢？

辐射到底大不大？

网传儿童智能手表在接听电话的瞬间辐射超过手机千倍，这是真的吗？

不怕不怕，正规厂家的产品都经过检测，辐射是符合国家标准的。

在专利技术中，已经有一些减少辐射的手段，例如专利ZL200610105357.1中，在手机天线正下方设置一个金属接收板，通过贴片电容与手机后盖的接地点相连，通话时手机、人体、大地成为等势体，从而抑制辐射。专利ZL01267784.1中，通过将由橡塑薄片、金属薄片及衬纸顺序胶粘连接组成的复合薄片缠绕粘贴于外置手机天线上构成波导，阻止微波外泄，从而减少微波对人体的辐射伤害。

相信，正规厂家的儿童智能手表都会有抑制辐射和保护人体的措施！

安全神器藏隐患

部分儿童智能手表存在安全漏洞，可导致儿童被黑客实时监控，获取儿童日常行走轨迹以及实时环境声音？

注意看：部分，部分，部分！主要涉及一些山寨手表厂商，其没有对服务器访问者进行严格的安全审查，导致黑客越权操作，窃取家长和儿童信息。

其实，修补安全漏洞的技术门槛并不高，只要一些有网络开发经验的研究人员就可规避这一问题。大厂商通常会在服务器端、终端和通信协议方面都采用多种加密技术来保证用户信息安全。

所以，家长朋友们在选购的时候一定要擦亮双眼呦！

本文作者：
国家知识产权局专利局
专利审查协作北京中心医药部
荆丹丹　郑晓丽

31 聊一聊娃娃的专利：球型关节人偶

> **小赢说：**
> 在文化多元的今天，出现了一群特殊的"养娃族"，使BJD成为时下流行的互动艺术。在大众艺术趋于主流的今天，艺术已不再是架上绘画一种形式，人偶艺术也再次回归了艺术的范畴。其背后的专利技术，小赢带大家解读一下。

BJD全称Ball Joint Doll（球型关节人偶），是指关节处是由球形部分链接起来的人偶。从技术运用上讲，BJD采用了球型关节的结构理论，丰富了人偶的造型能力；从外形上来讲，借鉴了芭比娃娃的理念，可以自由更换造型。在这些基础上BJD深入发展，基本根据人体结构设计，因此更加栩栩如生，惹人喜爱。

BJD的起源

BJD起源于欧洲，曾风靡于俄罗斯，后传入日本、韩国及中国。石膏、陶瓷、木材及塑胶等材料皆可以用来制作人形。因为人形的造价不斐，故收藏者多以成人为主。现今主要由东亚国家和地区（如中国、韩国、日本）生产。[①]

BJD创导者是日本Volks社的圆句昭浩大师。Volks社开发的SD，不仅是BJD的开创作品，更是今后所有BJD产品的标准和典范。如今所有韩国和日本的BJD尺寸和基本体型都是借鉴和参考SD的体型。大多数对BJD不熟悉的人谈及的"SD"只是统称，真正的SD是BJD中的一种。

市面上的BJD涵盖了1～20岁的儿童及青少年的所有形态，可以大致分为以下4类，见表1。

---

① https://baike.baidu.com/item/BJD/1695558?fr=aladdin。

表1　青少年及儿童的形态

规格	身高	形态
叔体	70cm	20岁左右男子
BJD/3	57～60cm	13岁以上少男少女
BJD/4	40～43cm	10岁左右尚未发育成熟的少男少女
BJD/6	30cm以下	6岁以下儿童

V社BJD知识产权保护

"SD"是日本"株式会社ボークス"旗下的一个品牌。"株式会社ボークス"英文名为Volks INC.，是最早推出球型关节人偶的公司。SD娃娃（スーパードルフィー、Super Dollfie），是Volks公司（以下称V社）从1998年开始推出的球型关节可动人偶，由圆句昭浩负责开发，Dollfie是他们的注册商标。Dollfie这个名字是由"Doll"和"Figure"组成，再加上"作为人偶作品中的最高产品"的期望，正式命名为"Super Dollfie"（翻译为"完美的人类"）。[①]V社这样定义是希望所有的娃娃都能被主人所爱，拥有独一无二的灵魂。正如Volks的广告所说的，SD如另一个自己，隐藏着真实的自己，伴随你一起成长。

对非常注重知识产权保护的日本企业来说，V社从1999年开始寻求外观及发明专利保护，截至2018年5月1日在日本拥有36件外观设计专利，公开19篇发明专利；在美国拥有2件外观设计专利，公开2篇发明专利（见图1、图2）。

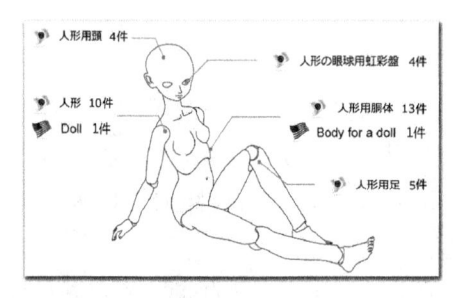

图1　V社外观设计专利保护分布　　　图2　V社发明专利分布

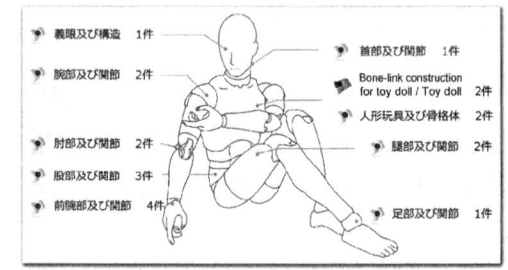

从V社专利保护的内容看，从头到脚，从人偶外形到其眼珠构造、躯干部活动关节，其保护可谓是无一不具体、细致。

1. V社外观设计专利保护

V社分别把BJD素体娃娃的头、眼球瞳盘、躯干及四肢通过外观设计寻求最

---

① https://baike.baidu.com/item/sd%E5%A8%83%E5%A8%83/124704?fr=aladdin。

大利益上的保护,见图3至图5。

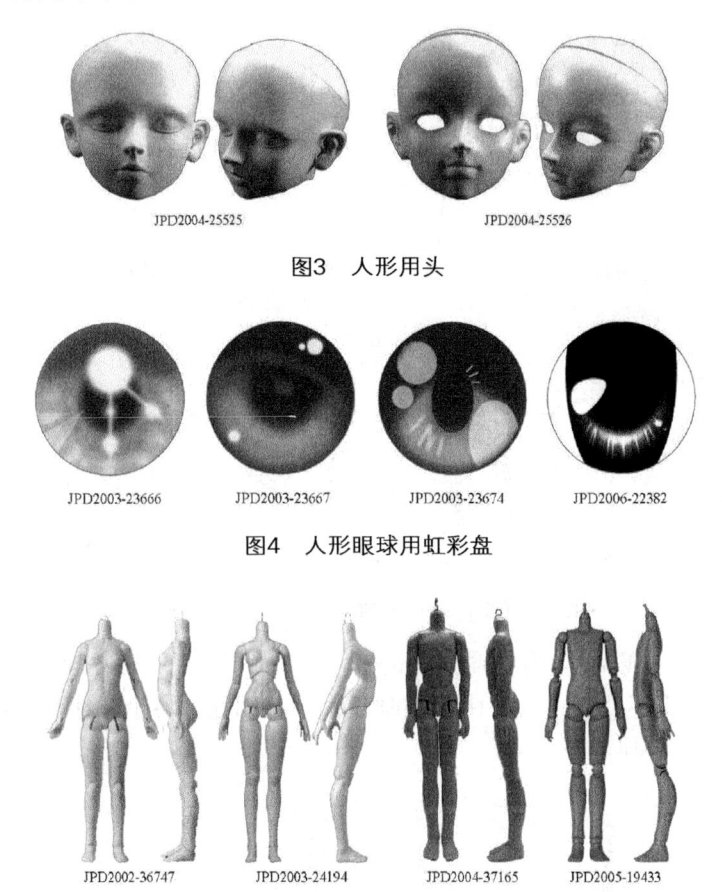

图3 人形用头

图4 人形眼球用虹彩盘

图5 人形用胴体

  部分外观设计制度是日本1998年修改外观设计法时在第2条第1款括号里导入的新制度,目的在于保护产品某个部分的外观设计。作为申请的客体是由实线所描绘的部分(要求保护部分)和由虚线所描绘的部分(不要求保护部分)共同构成的外观设计,即外观设计申请的设计主题是所涉及产品的整体外观设计。由于日本的"部分外观设计"保护制度可以对产品外观设计独创性的部分进行保护,企业、个人充分发挥技术思想潜力,提高了对产品外观设计作出改进的积极性,见图6。

2. V社发明专利保护

  V社用发明专利主要保护BJD娃娃的关节技术。娃娃在头颈连接处、肩膀、手肘、手腕、大腿与胯连接处、膝盖、脚踝,有的甚至腹部、胸腔部都有活动关节。

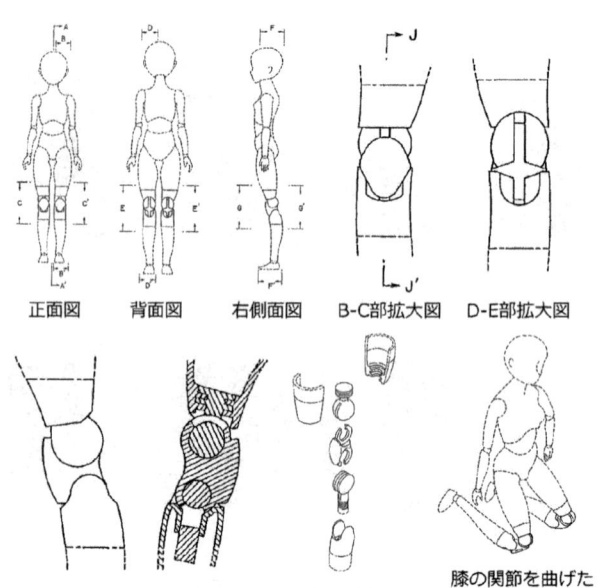

正面図　　背面図　　右側面図　　B-C部拡大図　　D-E部拡大図

F-G部拡大図　　J-J'断面図　　B-C部参考分解斜視図　　膝の関節を曲げた状態の参考斜視図

图6　JPD19991127438人形的部分专利保护

见图7，主要以树脂为材料制成的球型关节人偶，采用了球关节的结构理论，四肢及躯干还有各个关节由树脂制成，手感细腻，各个部件是皮筋/S钩/粗棉绳/铝线等材料固定在一起。

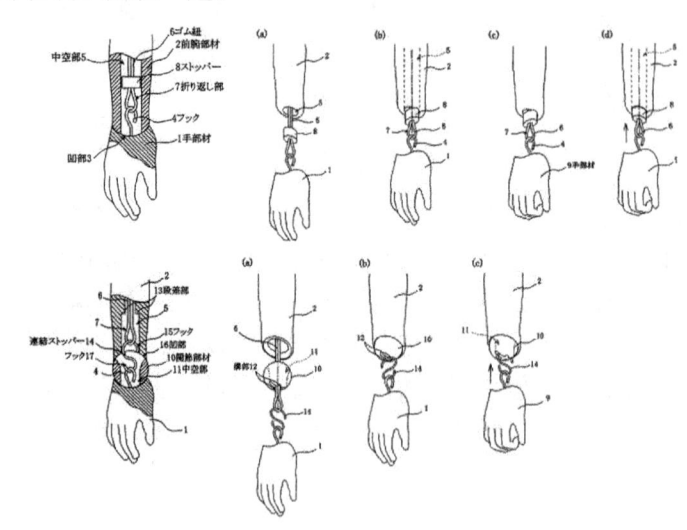

图7　JP2004321638A人形玩具的关节构造

模仿相互摩擦的人体关节，关节一侧通过S钩与中空的另一侧的弹性橡胶绳连接，橡胶绳前端连接着活塞，当橡胶绳伸长时，活塞与中空侧关联中止，当活塞向中空部内的移动被制止，弹性橡胶绳与S钩侧关节的牵引被阻断，见图8。

· 134 ·

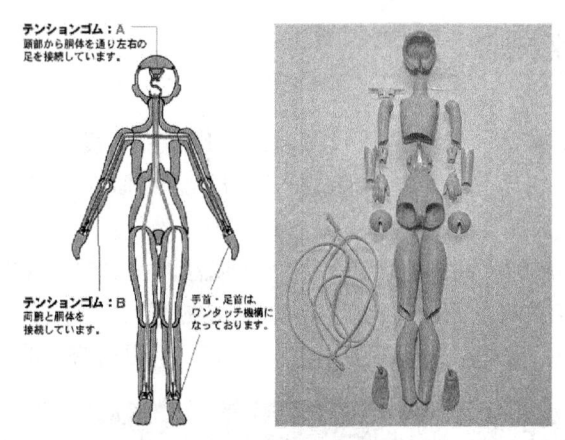

图8　SD娃娃体内的穿绳原理[1]

　　SD娃娃四肢有关节，胸腰部无关节。SD系列主要是使用橡筋的拉力去控制关节的活动。

　　图9的发明公开一件各关节能像真人一样自由活动、旋转的玩偶。一旦摆出某个姿势，该姿势可被保持。该人偶由上躯干、腹部又分为上腹部、下腹部及下躯干组成，躯干与腹部之间由一内部连接条彼此连接，它们之间通过摩擦力连接各部分均可活动。它们的受力均集中朝向体内中部连接杠。Dollfie Dream（简称DD）是这种内藏关节人偶的注册商标，同样是由V社开发。内部由ABS骨架支撑，可动关节位于骨架上，为机械咬合结构。DD系列素体比SD系列软好多，身材偏二次元设定，肩部宽、腰部纤细，曲线优美，相对于偏真人的BJD素体，面样和身材比较夸张。

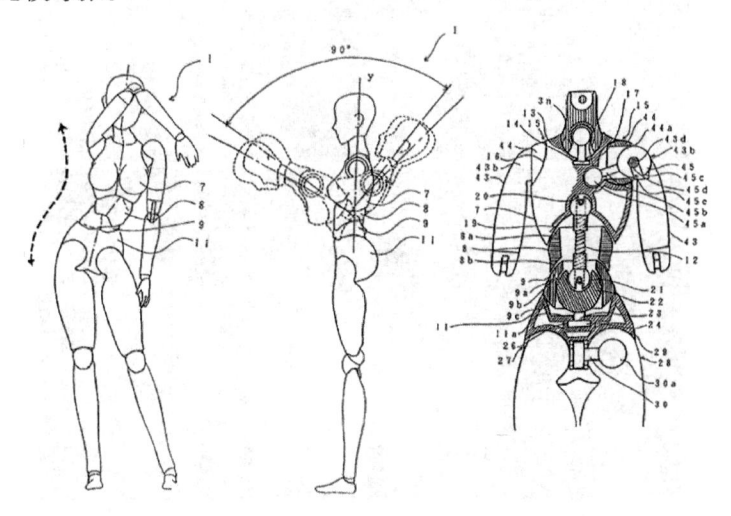

图9　US2002/0045401A1 Toy Doll

---

① http://www.volksusa.com。

BJD 的艺术收藏

现今,球型关节人形除了个人收藏以外,也活跃于设计界。因人形的姿态变化丰富,加上普遍关节皆可替换的缘故,因此适合绘画、发型、服装或彩妆等讲究美观与形象的艺术领域。

Enchanted Doll 翻译成中文就是"被施了魔法的娃娃",这是一个奢侈娃娃品牌,可以说是娃娃中的爱马仕。与美国芭比娃娃的塑料材质和BJD娃娃的高级树脂材质相比,Enchanted Doll在原料选择上技高一筹,它以烧瓷为底,见图10。

图10 Enchanted Doll[①]

---

① https://image.baidu.coml。

Enchanted Doll每一个娃娃都极其精美，堪称奢侈品与艺术品的融合，从建模到彩绘，整个人偶和装饰都要手工完成，没有一处可以批量生产。当然价格也是高得惊人。

　　这些玩偶烧制的过程烦琐得令人难以置信。每个娃娃要烧5次以上，有的时候要烧12次。脸部每画一遍就要烧一次，才能保证肤色柔和。

中国BJD企业简介

　　BJD在中国是一个新的产品，它的设计、生产工序、工艺不是想象得那么简单。特别是生产工艺，BJD是半手工的产品，这是它的特殊之处。日本V社在这方面做得比我们早，积累了丰富的经验，而我们只能从头开始摸索。

　　国内主流BJD娃娃社做得都不错，业内知名品牌有DOLLZONE（DZ）、Spirit（鬼契）、AS（天使工房）、AE失语精灵（Asleep Eidolon）、DK（Dika Doll）、龙魂人形社等，各具特色，官图美好、十分吸引人，均具有很高的艺术价值，而不再是简单的"玩偶"。

　　与日本V社SD可爱少女漫画形象娃娃风格相比，我国娃娃社均推出有中国特色的BJD娃娃。例如，鬼契剑侠情缘系列及秦时明月系列，AS山海经系列及二十四节气系列等。

　　近年来随着我国动漫、网络游戏、影视剧等衍生品与BJD产业的融合，相信本土的BJD产业会茁壮成长，并会在国际市场上占有一席之地。

本文作者：
国家知识产权局专利局
专利审查协作北京中心外观设计审查部
吴晴瑶

32　睡一觉就告别近视？对，就这么简单！

> **小赢说**：
> 　　眼睛是人类心灵的窗户，你的窗户装玻璃了吗？想卸掉玻璃拥有一双顾盼生辉的眼睛？小赢今天就给你介绍一款神奇的产品。

作为一枚"大近视"，一旦摘下眼镜，整个世界都是马赛克！
怕理发师问：发型满意吗？"……行……你开心就好"。
查视力时，不但从未看清过视力表，连医生手里的指示棒在哪儿都看不清。
雨天、洗澡、游泳、打球的不方便就不说了！说多了都是泪啊。

什么产品这么神奇？

　　这是一种称为"角膜塑形镜"的镜片。睡觉前戴上→温和巧妙地施力于角膜→矫正视力（见图1）。早上摘掉，就能拥有一整天清晰的世界。

　　首次佩戴，一般需要3～10晚的连续佩戴后才能实现白天的裸眼视力始终良好。之后只需每晚睡觉时佩戴，就能维持其他时间裸眼视力正常。

　　角膜塑形镜除了能维持白天的好视力，还能延缓近视度数的增加，因而特别适用于青少年，预防孩子的眼睛发展为危害较大的高度近视。这种矫正视力的方式是可逆的。也就是说，你跟近视的告别是暂时的。一晚不戴就会反弹，几晚不戴就重新当回"大近视"了。

图1　佩戴角膜塑形镜示意[①]

[①]　图片来源：http：//www.eyeis.cn/uploads/allimg/150403/7-1504031H22cV.jpg。

大近视们都能戴吗？

各国对佩戴角膜塑形镜的相关要求略有差别，以下是目前我国的相关要求：①8岁以上；②近视不超过600度；③散光不超过150度；④无免疫功能低下等慢性病；⑤需到二级以上的医疗机构进行专业检查。

很多人早已听说过角膜塑形镜，但是听到的多是它的负面消息。且听小赢讲讲角膜塑形镜的历史。

"黑历史"

1994年前后，仅发展到第二代的角膜塑形镜在美国等西方国家"走红"。"镜"红是非多，在利益驱使下，许多无资质的机构也纷纷开展验配，致使对角膜塑形镜的投诉越来越多。1996~1998年，美国官方逐步整治、规范了角膜塑形镜验配，一些无法再经营角膜塑形镜的公司把赚钱计划转到中国。

角膜塑形的英文简称是"Ortho K"，当时中国销售的角膜塑形镜起名叫"OK镜"。那时的中国，无论是官方还是民间，对角膜塑形镜都很陌生。"洋专家们"向我国的基层医院、商业机构大肆吹捧"OK镜"，在无良商家的响应下，虚假广告吸引了越来越多佩戴者。部分佩戴者出现了感染甚至视力受到了损害。

2000年前后，我国法院对佩戴"OK镜"造成眼部严重并发症的相关案件进行判决，引起广泛关注。角膜塑形镜被拉下神坛，视为洪水猛兽。本是虚假宣传、验配和佩戴不规范、产品不合格、监管缺失等造成的后果，却都让角膜塑形镜本身"背了锅"。随后几年，在相关部门的整治、规范以及民众的惧怕之下，角膜塑形镜遇冷。而在世界范围内，角膜塑形镜却继续使广大近视患者受益。

关于"安全性"的真相

2002年，来自全球的300多名眼科专家学者召开大会，经过充分研讨，肯定了角膜塑形镜的安全性。近十九年，监管的加强、角膜塑形技术的进步、医生的验配水平的提高、消毒护理产品的改进，以及佩戴者安全意识的增强，使角膜塑形镜的安全性进一步提高。

北京大学医学部以谢培英教授为首的北医眼视光中心，对一批佩戴角膜塑形镜的青少年近视患者进行连续7年的追踪，证实了角膜塑形镜本身对角膜无危害。[①]数据显示，如今角膜塑形技术的角膜并发症风险只有普通软性隐形眼镜的1/5，也就是说比大家戴的普通隐形眼镜更安全。目前来看，规范使用角膜塑形镜来提高视力是安全的，多数人在数年的使用中并无任何并发症。

怎么样，角膜塑形镜是个挺伟大的发明吧。它的家族成员可是好多获得了专利呢，下面就介绍一下角膜塑形镜的专利知识。

专利发展史

第一代角膜塑形镜源自20世纪50年代众多接触镜验配师的临床经验。患者使用第一代镜片达到理想视力的治疗时间往往长达一年。1989年，Nick Stoyan提出"反转几何"设计（US4952045B1），将角膜塑形镜分成三个弧区（见图2）。至此，第二代镜片产生，它使患者达到理想视力的时间降为几个月。

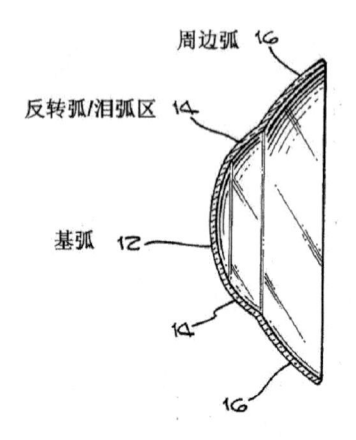

图2　US4952045B1的说明书摘要附图

1996年，Thomas Russell Reim设计出第三代镜片，并于1999年获得专利（US5963297A）。其佩戴更稳固，对角膜的作用更温和，矫正速度更快，而且降低并发症产生的可能性。这种镜片分四个区（见图3）。

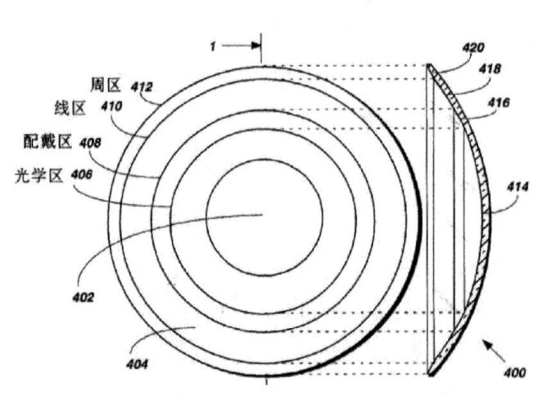

图3　US5963297A的说明书摘要附图

随后，角膜塑形镜的舒适度、安全性、治疗效率等都得到了进一步提高，并向多样化发展。例如，我国台湾地区的董晓青将角膜接触镜的近视矫正度数提升到1000度左右（US6543897B1）。董晓青还设计了能减小远视、老花症状的角膜接触镜（ZL03818340.4）。上海鹤影光学技术有限公司称，不同于传统角膜塑形镜的每天夜戴晨取，"M5D"角膜塑形镜（ZL201420309402.5）仅需平均七天戴一次。

---

① 青少年近视眼患者配戴角膜塑形镜七年的角膜厚度和内皮观察[J].中华眼科杂志，2014，50（1）：9–13。

值得指出的是，目前我国已批准上市的角膜塑形镜仅属于以下两种设计：VST和CRT（EP1314062B1）。

到哪配？

可以选择有"全国角膜塑形安全监控哨点单位"认证牌的机构，或者到大型医院，最好是拥有权威眼科的医院。

优缺点总结

角膜塑形镜优点很多，主要包括：提高裸眼视力快、能够延缓近视加深、白天不用佩戴、对角膜的影响可逆、如有不良反应停戴后通常能够自行恢复，以及不能做屈光手术的青少年可用等。

当然，它也有缺点，主要是：不坚持佩戴就容易反弹、需要严格遵医嘱使用和复查，以及价格贵（几千元到1万多元不等）。

此外，小赢还想提醒大家：角膜塑形技术毕竟只有几十年的历史，技术不算完全成熟，对待它仍要有风险意识；配戴要严格遵照医生要求；一定按时复诊，不要只等出现问题了再找医生。当然，万一出现不良反应也别恐慌，因为角膜有一定的自愈能力，而且医生一定会帮助你解决问题。

最后，小赢祝愿大家都能清晰地面对这个美好的世界。

本文作者：
国家知识产权局专利局
专利审查协作北京中心医药部
李安

33 爆裂飞车火爆原因探寻

> **小赢说**：
> 本文给"赢粉们"带来一款"10后"爆款玩具——爆裂飞车，在眼花缭乱的玩具市场它如何脱颖而出，来看看这款小玩具如何创新、赢在哪里。

现在小学校园中最火爆的变形玩具是什么？是酷炫的组装变形机器人，还是可以摇控的自动变形机器人？如果各位家里有个上小学的娃，就会知道爆裂飞车目前是小学校园中最受男孩子欢迎的变形玩具之一。小小的爆裂飞车是如何在经典变形玩具市场占据一席之地的呢？

下面就从重点技术、销售策略、专利布局这几个角度逐一为您揭晓爆裂飞车火爆的原因。

爆裂飞车重点技术

1. 卡牌变形汽车

变形汽车可以与其他儿童游戏玩具结合在一起，增加玩具的趣味性。一种卡牌变形汽车玩具（见图1），当游戏卡牌贴在车辆的底部时，车辆会发生翻转而使这个游戏卡牌的底面能够被看到，这种变形汽车玩具仅能够进行简单的卡牌游戏与车辆的翻转操作，不能持续激发小朋友的兴趣。

另一种变形汽车玩具（见图2）更具有趣味性。变形汽车里面固定一个小盒子，这个盒子里可以放入折叠状态的动物等小玩具。在汽车静止时盒子里的动物是折叠的，在汽车行驶过程中卡牌被贴在玩具车上，触发玩具车发生变形，盒子里面的动物被弹射出来，动物受到冲击后就会从折叠状态变成展开状态。

2. 磁性球变形翻转车

奥飞公司设计了一款可以吸附变形的玩具车（见图3）。变形之前是一辆普通的玩具车，当车身接触到磁性球后，磁性球与车身相吸，车的形态发生变化，成为一只老鹰。在变形过程中，由于车身内部还设有翻转板，翻转板在弹簧作用下向后翻转，使玩具车腾空并360°翻转，提高了变形的效果。

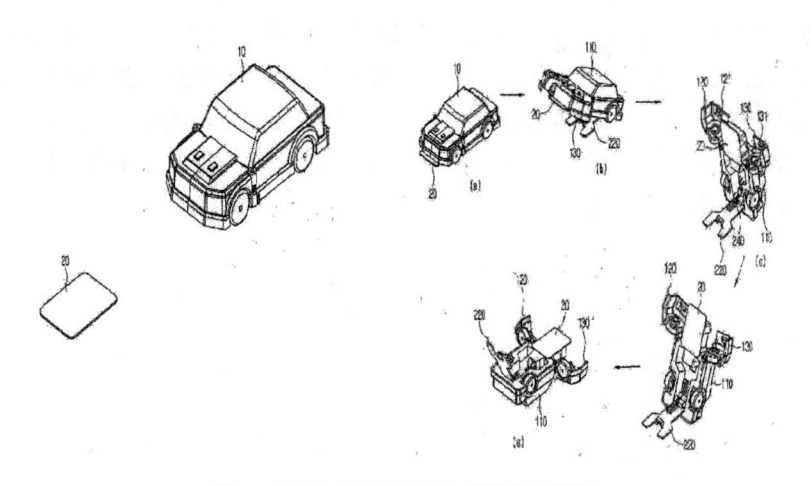

图1 ZL201380009026.6说明书附图

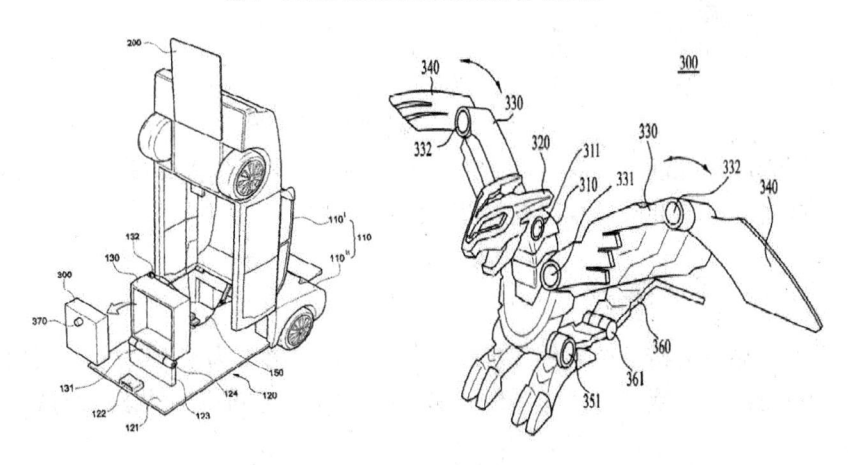

图2 EP3296004A1说明书附图

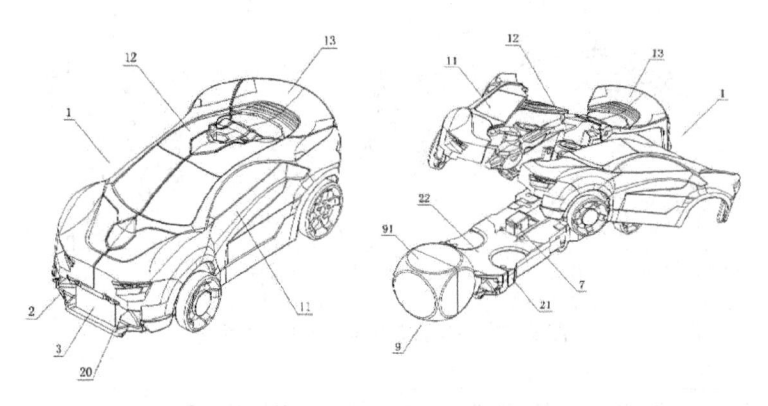

图3 ZL201520340324.X说明书附图

3. 单晶片变形翻转车

奥飞公司还设计了另一款可变形为动物的玩具车（见图4），将晶片[①]朝向变形玩具的车头方向发射，在玩具车前端吸附晶片后，狼的两条前腿伸出，紧接着狼的两条后腿及狼的尾部伸出。在变形过程中狼的两条前腿蹬地向后360°空翻，变成嘴夹晶片、直立状态的狼造型。几个动作连贯发生，使得该玩具车的动作效果非常酷炫。

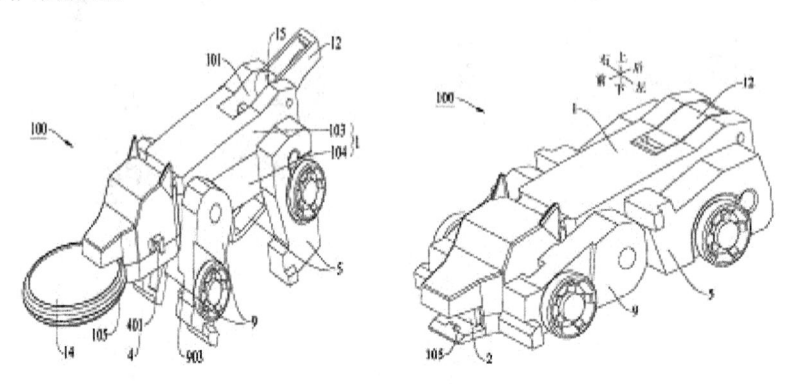

图4　ZL201620670113.7说明书附图

为了提高趣味性，玩具厂商还设计出多种类型的发射器，发射器可以发射玩具车，或者通过瞄准夹晶片口发射以实现召唤变形。

4. 多晶片变形翻转车

上述产品只夹持一个晶片，玩具的趣味性还不够。为了丰富玩具的趣味性，奥飞公司设计了一款多晶片变形翻转车（见图5），它可以夹持多个晶片。

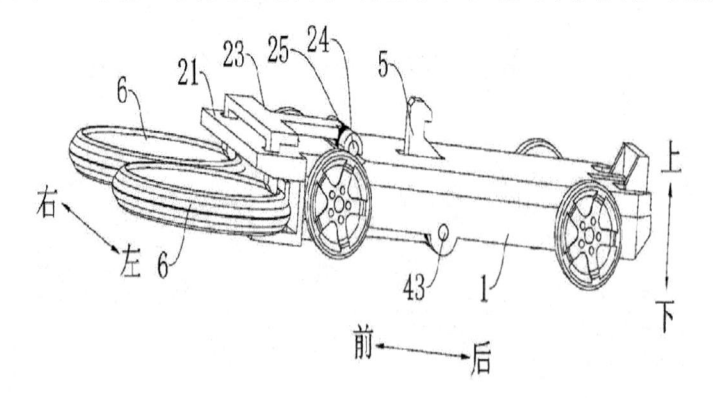

图5　ZL201620656340.4说明书附图

---

① 晶片是一种可以与玩具车吸附并触发玩具车变形的磁性圆盘。

爆裂飞车销售策略

通过上述介绍，大家可以发现本领域大部分申请由奥飞公司提交，而且上述几个申请均被授权。为什么奥飞公司的爆裂飞车如此成功呢？主要有以下几个原因。

1. 玩法多样

爆裂飞车连续夺晶的玩法可以让小朋友们随时随地在一起进行比拼。飞车具有一只或多只晶片，小车相互撞击后迅速变身，既有一次出击双重捕获，又有夺取第一枚晶片后部件打开，随即夺取第二枚晶片或多枚晶片。

2. 动漫+玩具

奥飞公司自己开发动漫影视作品，同时设计相关玩具产品。当动漫影视作品正式播出后，玩具产品在市场同步推出。一方面可以免去被盗版抢先占领的风险，另一方面也可以提前预热市场，激发小朋友们的购买欲望。

3. 游戏+玩具

在各种手机或平板电脑等客户端平台上还开发有网上游戏，小朋友不但能用实体玩具互相比拼，还能在手机或平板电脑上进行比赛。这种玩具销售的方式也非常有效，很多小朋友为了在各种平台上进行游戏比拼，通常需要购买更多玩具。

爆裂飞车专利布局

奥飞公司主要有四个专利人名称，其相关专利的分类号集中在A63H17和A63H33（见图6），上述分类号涉及能自己驱动的玩具车、抛掷或弹射的玩具以及磁性玩具，产品形式主要为玩具车形式，其中大部分采用吸附件触发方式，以及翻转技术。

奥飞公司从2012年开始相关专利布局，但是变形触发方式还比较单一，为按压变形方式，2015年布局3件专利，变形触发方式还未采用晶片触发方式，变形的方式也没有形成自己的风格；2016~2018年年初布局了17件专利，就磁性晶片触发方式和多种变形方式进行了全方位的布局。

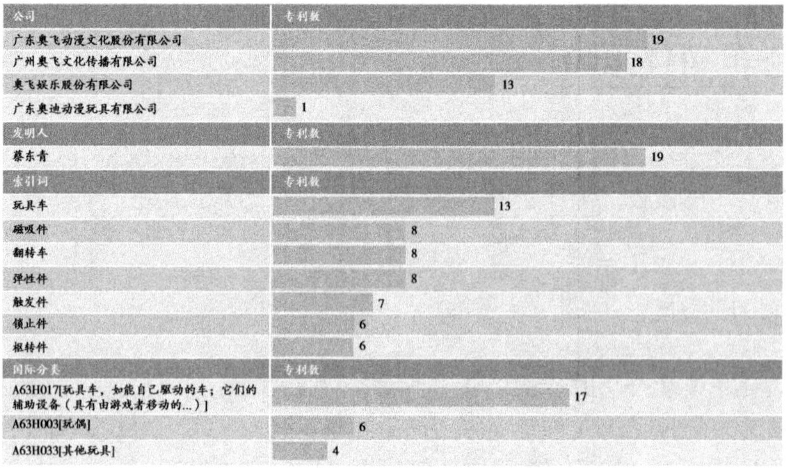

公司	专利数
广东奥飞动漫文化股份有限公司	19
广州奥飞文化传播有限公司	18
奥飞娱乐股份有限公司	13
广东奥迪动漫玩具有限公司	1

发明人	专利数
蔡东青	19

索引词	专利数
玩具车	13
磁吸件	8
翻转车	8
弹性件	8
触发件	7
锁止件	6
枢转件	6

国际分类	专利数
A63H017[玩具车，如能自己驱动的车；它们的辅助设备（具有由游戏者移动的...）]	17
A63H003[玩偶]	6
A63H033[其他玩具]	4

图6　爆裂飞车申请人、发明人以及分类

奥飞公司在产品上市之前提前进行专利布局，从而避免可能出现的专利纠纷，因此，奥飞公司的专利布局没有呈现出常见的逐年递增的形态，其每年的申请量是和其产品发布密切相关的。

结语

随着国产变形玩具厂家的不断创新，越来越多的中国自创玩具品牌获得了更大的市场份额。作为专利行业的从业者，我们非常欣喜看到了这种变化。希望在未来的日子里，会有更多的国产玩具厂家能够积极参与创新变革，让中国制造走向世界。

本文作者：
国家知识产权局专利局
专利审查协作北京中心电学部
武守秋　王静　王晶　赵昕
曹姝妹

34　超萌"兔子杯",让宝宝爱上喝水

> **小赢说:**
>
> 　　宝宝不爱喝水怎么办?别着急,也许你能从小赢今天分享的一款超萌小水杯中找到办法,让宝宝从此爱上喝水。

　　今天介绍的是一款儿童水杯——"兔子杯"(见图1),它是外观设计专利产品,专利号是ZL201430326890.6,专利权人是膳魔师(中国)家庭制品有限公司。这款儿童水杯因其独特的外观设计深受宝宝们的喜爱,并且荣获第十九届中国外观设计优秀奖。

　　在详解这款兔子杯之前,让小赢先带你了解一下常见的儿童水杯和品牌。

　　B.BOX儿童吸管杯、OXO吸管杯、贝亲宝宝学饮杯、bobo婴儿吸管杯、babycare儿童水杯、NUK学饮杯(见图2),这些都是常见的儿童水杯,小赢猜你家的儿童水杯可能是其中的一款。有没有觉得它们的外观设计缺少特点?

　　再来让小赢猜猜你家儿童杯的品牌:膳魔师、象印、虎牌、Dexbaby、Richell、bobo、迪士尼、好孩子……怎么样?是不是又全猜中了?如此琳琅满目的品牌,兔子杯有什么特别的?

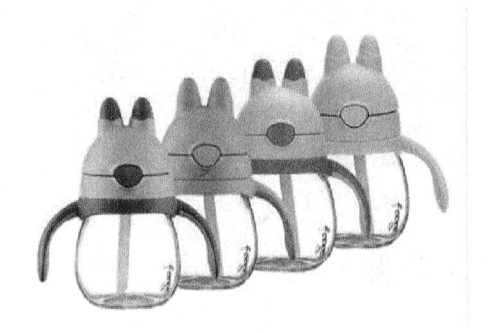

图1　兔子杯产品宣传图[①]

图2　常见儿童水杯[②]

---

① 图1、图4、图5、图6均源自 https://detail.tmall.com/item.htm?spm=a230r.1.14.166.465a95e8nezChj&id=520361414315&ns=1&abbucket=0#。

② 图2源自 https://www.tmall.com/。

那还要从儿童水杯的发展现状说起，目前，儿童水杯从材质到防漏都已进入技术成熟期，各大品牌的差距并不大。儿童水杯的外观成为宝爸宝妈们关注的焦点。对于个水杯品牌而言，提高产品的外观设计水平才是扩大销量的关键因素！

膳魔师（中国）家庭制品有限公司（以下简称膳魔师）深谙此道，其设计的产品乖萌可爱，迎合孩子喜好，以独特外观、高颜值、高辨识度打动了宝宝还有宝妈的心。

"兔子杯"是一款颜值与质量并重的产品，每一个细节都透露着设计师们的用心，赢得无数宝妈的青睐。下面让小赢来细数一下它的特点！

外形设计独特

整体造型为"兔子"的卡通形象，长耳朵、圆鼻子、胖嘟嘟的身体，还有两只小爪子，活脱脱一只呆萌小兔（见图3）！它不仅是一款水杯，更是一件玩具，能够瞬间吸引好奇宝宝的注意力。

图3　兔子杯形象设计图[①]

环保耐摔

杯身采用tritan材质，透光度高、环保无味、不含BPA等有毒物质，并且抗摔、防划痕。对于这种材质，小赢特别提示：不能高温消毒，也不能放热水，最多放入40～50℃的温水，否则会导致杯体出现小细纹或者小裂纹。

硅胶兔耳朵

每次看到宝宝啃咬水杯，小赢的内心好抓狂，好担心宝宝变成龅牙。这款水杯充分考虑了宝宝爱磨牙的特性，兔耳朵的形状设计成圆形，并选用可以放心啃咬的食品用硅胶材质，质地非常柔软，可以作为口咬胶使用，不会伤害宝宝牙床。

弧形手柄，锻炼抓握能力

手柄整体呈圆弧形，不仅仅是为了看着像兔子的爪子，更多是为了方便宝

---

① 图3源自 https://www.thermos.com.cn/?product-product-detail-11.html。

宝抓握；选择质感柔软并且具备一定的摩擦力的材质，使宝宝可以轻松握紧手柄。上窄下宽设计，握持非常舒适，即使宝宝单手抓住一只手柄（见图4），也不会摔落水杯而伤到自己，提高了安全性。另外，手柄外侧与内侧颜色不同，分别与兔耳朵和杯盖颜色呼应，使产品更加美观。

不会碰伤小鼻子

图4　宝宝单手抓握手柄

这款水杯一按即开，并设有两种档位。按下按钮后，杯盖会先弹开一个小豁口，不会碰到小朋友的鼻子，然后再全部打开（见图5）。这样杯盖碰伤宝宝小鼻子这个问题也被完美解决了。

防漏技术

虽然本文开头说过，在防漏技术上各品牌都能做得很好，但在精益求精的路上膳魔师仍然坚持创新，特别是在防漏技术方面，还申请了很多相关的专利，如实用新型专利"一种直饮式水杯瓶塞的可拆卸结"（ZL201521109719.5）。本文这款兔子杯采用专利防漏技术，水杯无论怎样放置都不用担心漏水（见图6）。

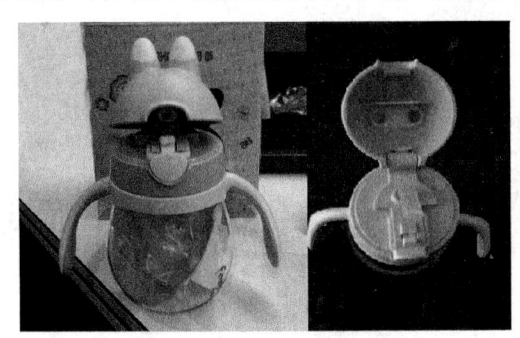

图5　打开状态档位示意　　　　图6　加入水后倒置状态

瓶身刻度和敞口设计

瓶身刻度方便宝妈们准确掌握宝宝喝水量，同时采用广口设计，便于清洗，不用担心藏污纳垢，让人感到产品贴心设计。另外产品整体设计小巧，非常适合外出携带。

怎么样，这款产品有这么多优点，有没有感觉到设计师们的用心良苦？小赢已经深深感受到外观设计的重要。优秀的外观设计会让你一眼就爱上，在万千同类产品中有一种非它莫属的感觉，这就是产品外观设计的力量。在这个看颜值的时代，希望各大企业、各位设计咖，能带来更多设计新颖的优质产品。

本文作者：
国家知识产权局专利局
专利审查协作北京中心外观部
冯艳玲　张梅

35 一款被称为"职场母乳妈妈福音"的吸奶器

> **小赢说**：
> 上班专心忙事业，下班精心照顾娃。感谢科技的不断创新，让职场母乳妈妈能够奶娃、事业两不误。本文就带你一起寻找一款最适合自己的吸奶器。

在《时代周刊》评选的25项2017年度最佳发明中，最吸引我这个二胎职场母乳妈妈的，是这款可穿戴吸奶器（见图1）。

这款美国Willow品牌设计的产品，可直接放入内衣内，无需外接电源、管子、挂绳和存储袋。解放双手，避免尴尬，甚至实现了可随意走动的美好愿望。其实这款产品早在2017年1月的CES2017国际消费电子产品展就首次亮相了。CNN的报道中，Willow的一位男性创始人这样说："产品的设计灵感来自于他的妻子和三个孩子。"

Willow采用一体式无缝设计，无须揭开内衣就能自动吸乳并保存。配套的储奶袋采用封闭化设计，可集成到Willow的内部。每个袋子可容纳最多4盎司（约120ml）的乳汁，能够容易地移除并存储在冷冻箱中。清洗起来也非常方便，可以快速拆卸和安装。Willow还能利用蓝牙连接手机APP（见图2），检测和记录乳汁量、吸奶时间，可查看过去的数据并设置提醒。官网售价近480美元，与之匹配的储存袋50美分/只，中意又不差钱的妈妈可以多多关注哦！

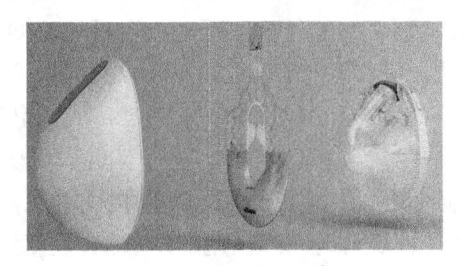

图1　Willow吸奶器[①]　　　图2　Willow链接手机APP示意

---

① 图1和图2来源：https://shop.willowpump.com/。

这款吸奶器的拥有者是美国硅谷EXPLORAMED NC7（医疗探索NC7公司），该公司从2015年开始申请专利，截至目前共申请专利49件（见图3）。2016年在中国已有4件外观设计被授权：ZL201630377776.5、ZL201630377777.X、ZL201630377903.1、ZL201630377906.5，分别涉及抽乳器及其凸缘板、容纳构件、柔性管组件；2件发明专利申请已在美国授权（US9539376B2和US9539377B2），均涉及吸奶器系统和方法。

既然聊到了这里，秉承小赢一贯以来深入学习的态度，以及坚持分享给各位宝妈更多选择的精神，我们接下来就仔细探究吸奶器的前世今生。

利用机械吸奶的历史据说可追溯到古希腊时期，现代吸奶器的雏形起源于19世纪（见图4）。1854年6月20日，尼达姆（O.H.Needham）获得了世界上第一个吸奶器专利US11135A，这款吸奶器包括能够产生真空的风箱、漏斗形吸奶罩和气管；其中奶罩由具有弹性的橡胶制成。19世纪末，吸奶器也进入了美国大学的馆藏典籍中。19世纪末的吸奶器实物也有流传至今的，由玻璃制成，带有黄铜抽气筒。1908年6月16日，吉尔伯特（J.S.Gilbert）获得了一种可折叠、方便携带的吸奶器专利US890975A，使用弹性材料，不易损坏。1945年4月29日公开了一种专为产房设计使用的吸奶器US2419795A。

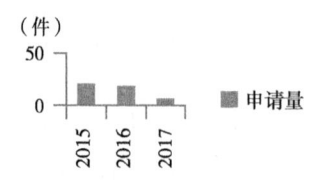

图3　近年来EXPLORAMED NC7公司专利申请量

图4　一幅正在使用吸奶器的木刻版画（1830年）[①]

了解了前世，再来看看今生。

提到吸奶器，不得不提业界的著名品牌美德乐（Medela），该公司最早在1983年就推出了第一款优质的手动吸乳器。2001年推出了第一台具有双韵律吸乳模式技术的心韵Symphony电动吸乳器。2003年申请的US7727182B2提供了一种具有刺激泌乳作用的手动吸奶器，具有独特的双功能设计：第一功能先刺激乳房分泌乳汁，第二功能再依吸、放、停三段一周期循环吸乳。采用双韵律模拟宝宝自然吸允韵律。当然，被认为该公司最成功的产品，当属2005年推出的丝韵Swing电动吸乳器（见图5），相信现在周围很多妈妈们都在用啦。然而，当时的产品

---

① 图片来源：http://www.360doc.com/content/17/0507/00/68780_651761247.shtml。

推出后,被吐槽最多的是:太容易逆流了!虽说底部有个海绵能吸收倒流奶水,但也真是让人操碎了心。2008年推出世界上最小的飞韵Freestyle双侧电动吸乳器,号称"吸奶器中的战斗机",价格昂贵让人敬而远之。2012年推出的双韵律吸乳技术与双侧吸入概念相结合的丝韵翼Swing maxi,相比单侧,增加50%休息时间和18%母乳量,防止单侧侧漏,有效避免了逆流。

当然,美德乐并不是宝妈的唯一选择,新安怡就是美德乐的强劲对手。新安怡的明星产品(见图6)是手动吸奶器中的佼佼者,虽然不断推陈出新,但都是在该款的基础上研发而来。例如US9333283B2公开的手动吸奶器更省力,专利花瓣按摩护垫以及硅胶控制阀门一起运作,模拟宝宝吸吮母乳的节奏和动作,抽吸力道则由在吸乳器把手上的指尖轻微施压所控制,依靠个体的舒适度来控制吸力,真是吸奶高效好帮手!美国专利申请US20170182231A1被誉为一款具有"皇家享受"的吸奶器,能以更舒适自然的姿势吸乳来促进乳汁分泌,增加乳量,无须弯腰;花瓣按摩刺激泌乳;真正的双边双马达,导管与其完全隔离真正杜绝回流,据说更适合剖宫产妈妈。

图5 美德乐丝韵swing吸奶器[①]　　　图6 新安怡手动吸奶器[②]

当然,还有被誉为"电动吸奶器之父"的阿美达(Ameda),来自瑞士的知名老品牌。其核心技术可以通过公司的专利US20160346446A1一窥究竟:采用硅胶气阀膜防止奶水回流烧坏主机;采用活塞技术,超级静音设计(只有30dB),宝宝安睡时使用也不会被打扰。

随着全民APP时代的到来,不和手机沾点边怎么能算与时俱进哈。就像Willow一样,这类吸奶器的特点就是将电动吸奶器的控制系统通过蓝牙等与手机或PAD上的APP连接,通过手机遥控实现模式控制、数据收集等多种功能。例如,国产品牌浙江辉伦婴童用品有限公司(好女人品牌)申请的CN106139281A在手机终端还添加了音乐模块,随着音乐节奏变换不同的吸奶频率,更加放松妈妈心情。Lansinoh一款口号为"a smarter way to pump"(用更智能的方式吸奶)

---

① 图片来源:http://www.medele.net/。
② 图片来源:https://www.philips.com.cn。

的产品，让你真切地感觉跨入了智能新时代。APP会显示吸奶时间、吸奶量，奶瓶快满时能自动停止。精确记录每次产量数据，手机应用中还能同时记录宝宝的喂养情况、身高、体重、围度等，智能分析饮食时间表、宝宝综合成长情况等，同时可链接论坛、各种TIP等，方便交流。

除了上面几款常见的吸奶器，还有以下几种前辈款式任你选。

1）抽拉式：小白熊ZL20132089271.7提供了一种气筒抽压式负压吸奶器，能有效减轻吸乳过程中的胀痛感，克服乳头塌陷；独特的4个进气孔使吸力更强劲、更均匀，根据自身吸力大小，自由拉动手柄力度，减少手腕部负担，防逆流保护装置可防止乳汁进入导管。

2）球式：ZL201320494517.1公开了一种球形吸奶器，不需要连续按动手柄，只需轻松按压使球内形成负压就可以实现持续吸奶的效果。

3）针筒式：ZL201220059704.2公开了一种简单的针筒式吸奶器，奶嘴可以直接固定在外筒上端，方便直接喂奶，常见品牌如日康、贝比熊、比亲等。

在小赢梳理吸奶器领域现状时，遗憾地发现：虽然国产品牌中"好女人""好孩子"跻身行业Top10，但市场份额很低，国外品牌占据绝对优势。在我国全面二孩时代开启的同时，面对中国妈妈大多都是职场女性的事实，希望面对这个巨大的市场，中国企业能制造出更好的产品。

在文章的最后，小赢再分享一个小窍门：有单边电动的妈妈们，可以另外再入手一款手动型配合使用，这样既不需要花"巨资"新买一款双边，又能不浪费任何一个奶阵哦。

本文作者：
国家知识产权局
专利审查协作北京中心医药部
刘南岑　耿立冬　尹瑶菲

36　为故宫开模再做"俏娃娃"提个醒

> 小赢说：
> 　　故宫"俏娃娃"人偶下架事件是2018年3月刷屏的热门事件之一。在为故宫严谨对待知识产权点赞的同时，小赢作为业内人士，结合本书第31篇撰文详解过的"球形关节人偶"，在这里来帮忙提个醒。

　　2018年3月，故宫又上头条了。据人民网转载《光明日报》2018年3月27日题目为"故宫下架娃娃是对知识产权的尊重"的文章[①]：2018年3月，故宫文创在其淘宝店推出一款"俏格格娃娃"后，很快将其下架。原因是有网友指出，该款娃娃的身体部分与国外某品牌娃娃相似。故宫方面发表声明称，虽然娃娃身体部分为合作工厂提供的其享有知识产权的结构通用身体模型，但依然决定停售此款娃娃，已经售卖出去的娃娃将一律退款召回。

　　这则报道瞬间吸引大家的关注。让我们来看看故宫淘宝发表的声明：此款宫廷宝贝娃娃，头部外观为故宫淘宝设计师原创手绘，历时三年开模打样后才磨合成功，此形象独一无二，市面上不可能有同款；娃娃的服装、头饰、花盆鞋均为故宫淘宝设计师原创设计，且独立开模打样，享有其知识产权。娃娃的身体部分为合作工厂提供的其享有知识产权的结构通用身体模型（"实用新型专利证书"专利号为ZL201420714815.1），权利人授权我们使用该身体模型。但今天产品上市后，接到很多热心朋友的意见，认为此款娃娃身体部分跟国外某品牌娃娃的身体相似。鉴于此，我们即刻停售此款娃娃，已经售出的娃娃一律退款召回。娃娃身体部分我们将重新开模制作。

　　出于职业的敏感，小赢检索了上面声明提及的专利。该实用新型专利的申请日是2014年11月25日，授权公告日为2015年3月18日，当时的专利权人为"伍锡龙"。经查询，在2017年1月10日专利权人变更为"中山市德必胜玩具有限公司"（小赢猜测该公司就是故宫淘宝店的声明中的合作工厂）。该专利的附图中显示该申请为一种玩具娃娃的可活动躯体结构（见图1）。

[①] 故宫下架娃娃是对知识产权的尊重，王钟的，人民网，http://opinion.people.com.cn/n1/2018/0327/c1003-29890544.html。

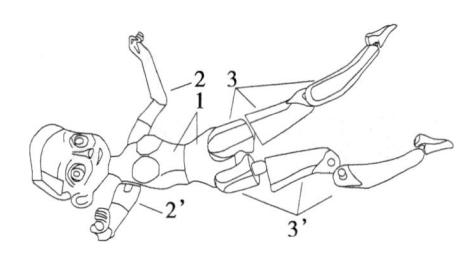

图1 专利ZL201420714815.1的玩具娃娃附图

很多人会疑惑了，故宫的合作厂家不是有专利权吗，为什么还要将"俏娃娃"下架呢？小赢这里引用人民网转载《中国知识产权报》的一段文字来给大家作答[①]：其一，故宫的合作工厂所拥有的是实用新型专利，实用新型专利不用经过实质审查程序就可以授权，专利稳定性相对较弱。其二，"涉事"专利是2014年申请的，上述日本娃娃早在2012年就已经公开发售，有业内网友表示，"俏格格"与日本娃娃的外观极其相似，如果该日本娃娃申请了外观设计专利，那么，"俏格格"有可能会侵权。

正如引文中所说，故宫文创采取了稳妥的风险规避方式，同时在声明中提出了解决方案——娃娃的身体部分将重新开模制作。那么，在重新开模制作的过程中应该注意哪些问题呢？小赢在这里来提个醒！

1. 事前调查

所谓事前调查，就是在产品研发、生产、发售之前先调查产品的外部专利环境。具体来说，就是充分调查这个领域产品的知识产权布局现状，避免或降低自家产品的侵权风险。例如，本次"俏娃娃"事件中涉及的日本azone公司，经过小赢检索在中国目前没有外观专利的申请，也就是说该公司无法在中国主张其外观专利权。当然存在该公司的影子公司申请了外观专利，小赢没有检索到的情况；对于著作权、版权方面，由于小赢不专业所以不做分析。

2. 提前布局

所谓提前布局，就是针对自己的产品及设计在产品上市前给予对应的专利保护。再回看故宫淘宝的声明，"此款娃娃头部外观为故宫淘宝设计师原创手绘，历时三年开模打样后才磨合成功，此形象独一无二""娃娃的服装、头饰、花盆鞋均为故宫淘宝设计师原创设计，且独立开模打样，享有其知识产权"。故宫应当将娃娃整体及其配饰（包括服装、头饰、花盆鞋）做全面的外观专利保护，从而形成立体的专利保护网络。对于重要的或者可能热卖的产品应进一步将所涉及的外观专利向专利局请求做出"评价报告"，以便在发现侵权行为时，第一时间动用法律武器保卫自己的正当权益。而令小赢遗憾的是，截至目前，小赢没有检

---

① 故宫娃娃被知识产权"绊了一跤"？人民网，http://ip.people.com.cn/n1/2018/0326/c179663-29887882.html。

索到故宫与俏娃娃相关的外观专利申请（存在已申请尚未授权公开的情况）。对于人偶的专利布局，小赢在本书第31篇文章中关于球型关节人偶的一文中提及，日本著名的娃娃厂商VOLKSINC公司对于人偶有接近20件发明专利和近40件的外观设计专利布局。

3. 举一反三

我们都知道，故宫不仅仅是做娃娃的。近年来故宫文创推出的爆款产品可谓层出不穷，如"朕生平不负人"绝版胶带、如朕亲临行李牌、金榜题名笔及笔筒等。那这些爆款的文创产品有没有申请外观专利呢？带着这样的问题，小赢开始寻找答案。

根据故宫开办的两家文创类网店"故宫淘宝"及"故宫文创旗舰店"公布的信息，两家网店的工商注册公司分别是：北京尚潮创意纪念品开发有限公司、北京故宫文化传播有限公司。经过检索，截至2018年5月15日，北京尚潮创意纪念品开发有限公司共申请9件外观设计专利，目前仅有2件处于持有状态（ZL2015304654486包装盒和ZL2017300048842杯子）。而北京故宫文化传播有限公司一件专利申请都没有。

经过扩大检索，小赢发现了与后者名字比较接近的"北京故宫文化产品开发有限公司"名下有29件有效外观专利（包括2010年申请且仍然维持缴费有效的），看来故宫文化产品开发有限公司应该是故宫负责文创产品开发的主力，而且是非常具备知识产权意识的。然而仔细分析上述29外观专利，小赢发现该公司的外观专利申请的数量呈现减少的趋势（见图2），这也存在2017年及2018年的申请因尚未公开的而未统计于其中的可能。

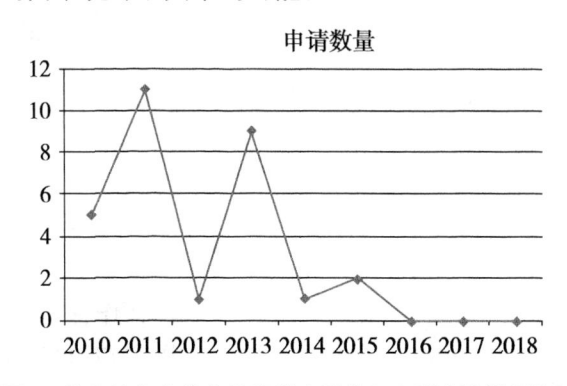

图2　北京故宫文化产品开发有限公司专利申请数量统计

而从申请内容上看，上述专利所保护的产品主要有碗（见图3）、筷等工艺品，并没有发现胶带、行李牌、冰箱贴等文创产品。这不得不让小赢略感遗憾。

图3 ZL201530016044.9
的产品的立体图

　　根据新闻报道，故宫文创产品的营业额在2015年便超过了10亿元，而且每一款文创产品都经过长期的研发和环节把控（引自人民网转载《扬子晚报》的文章[①]）。围绕故宫的文创产品有巨大的市场空间，故宫在本次对待"俏娃娃"事件中表现了对知识产权严谨负责的态度，故宫对娃娃身体部位重新创作，是对整个故宫文创产业追求自主创新的生动一课。在尊重和重视知识产权方面，故宫已经率先垂范。在开模重铸"俏娃娃"的路上，小赢觉得故宫做得可以更多。

　　最后，为故宫文创，小赢再送上一个大大赞，并发自肺腑地喊一声："故宫俏娃娃，等你回来！"

本文作者：
国家知识产权局专利局
专利审查协作北京中心外观部
饶夫刚

　　[①] 文创产品一年卖10个亿 600岁故宫认真卖萌修炼成网红，来源：扬子晚报，http://sc.people.com.cn/GB/GB/n2/2016/0713/c346399-28657588.html。

趣谈专利

——56个身边的奇妙专利故事

第四章　健康医疗

37 从乳腺癌早期筛查聊 ctDNA 基因检测技术

> 小赢说：
> 大家都知道红丝带是关注艾滋病的标志，而粉红丝带又代表什么呢？此处停留 5 秒钟来思考一下！
> 答案揭晓：较之于红丝带更为粉嫩靓丽的粉红丝带就是全球乳腺癌防治运动的标志（见图1），充满对女性关爱的粉红色会让我们感觉到友好，并且帮助女性克服对乳腺癌的恐惧。那我们就来看看现有的尖端科技是如何进行乳腺癌早期筛查的吧！

乳腺癌背景知识

图1 粉红丝带——全球乳腺癌防治运动的标志

粉红丝带活动于1992年由美国发起，是全球最有影响力的乳腺癌防治活动，每年的10月被定为世界乳腺癌防治月，每年10月18号被定为乳腺癌关爱日。

乳腺癌是女性最常见的恶性肿瘤之一，发病率占全身各种恶性肿瘤的7%～10%，全球乳腺癌发病率自20世纪70年代末开始一直呈上升趋势。国家癌症中心和卫生部疾病预防控制局公布的乳腺癌发病数据显示，全国乳腺癌发病率位居女性恶性肿瘤的第1位。

年轻设计师Corrine Beaumont也关注到了这个问题。她的创意"了解你的柠檬"运动，曾经在Facebook上分享了一盒12个装的柠檬（见图2），试图运用一种简单而

图2 一盒柠檬示意乳腺癌的各种临床表现

直观的方式来显示乳腺癌症状的外观和感觉，于是柠檬成为乳房的替身，可以形象地展示出乳腺癌的各种临床表现。

那么，什么样的人会得乳腺癌呢？以下8种情形均属于罹患乳腺癌高危人群：未婚未孕，第一胎生育年龄大于35岁的女性；虽然生育但不哺乳；月经初潮年龄小于12岁，绝经年龄大于55岁；有乳腺癌家族史；精神抑郁、性格内向、工作压力大的女性；不健康的高热量高脂肪的饮食习惯；长期滥用含雌激素的保健品、化妆品；携带乳腺癌易感基因BRCA1/2。

最后一点提到了BRCA1/2基因，即BRCA1与BRCA2，是两种具有抑制恶性肿瘤发生的优良基因，在调节人体细胞的复制、遗传物质DNA损伤修复、细胞的生长方面有重要作用。拥有这个基因突变的家族倾向于具有高乳腺癌发生率，且同时易患有卵巢癌。好莱坞著名女影星安吉丽娜·朱莉就是遗传了突变的BRCA1基因，所以她在37岁时选择进行双侧乳腺切除手术。这里的乳腺切除并不等于乳房切除，而是通过先进的医疗手段，手术先保留了乳头，为其重建血管，接着将除了乳头和乳房表面皮肤之外所有乳腺组织完全切除，然后进行填充和乳房重建，所以在外观上并不会有太大变化。

乳腺癌早期筛查手段

目前乳腺癌诊断手段有X线检查（钼靶）、超声显像检查、CT检查、核磁共振检查、肿瘤标志物、活组织病理检查。其实，通过肿瘤标志物的检测是可以提前预防乳腺癌的。

早在1948年，就有研究发现细胞核内的DNA并非一直躲在核内，有些会出来逛逛。所有游离在血液中的DNA统称为cfDNA（cell-free DNA），而来自肿瘤细胞的cfDNA就是ctDNA（见图3）。

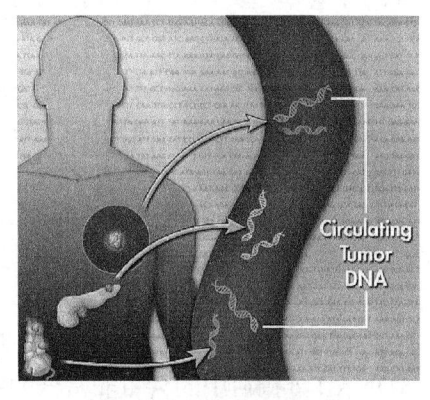

图3 游离于血液中的ctDNA

ctDNA可用于患者肿瘤动态及治疗效果的评估，有助于医生制定精准医疗方案。基于其无创、无损、实时、多次的特点及高灵敏度和准确度等优点，ctDNA检测是目前全球研究热点之一。其他标志物还包括CTCs、Exosomes等。

目前最新的ctDNA活检技术，不但可以抓取ctDNA，还可以定量分析它在血液中的含量，这项技术可以应用在肿瘤早筛及肿瘤治疗领域。在定量分析方面，研究同一肿瘤患者ctDNA突变指数变化趋势（见图4）发现，它的含量与肿瘤进展、药物疗效、转移复发等密切相关。相信随着研究的发展、数据库扩展，必然

图4 ctDNA突变指数变化趋势

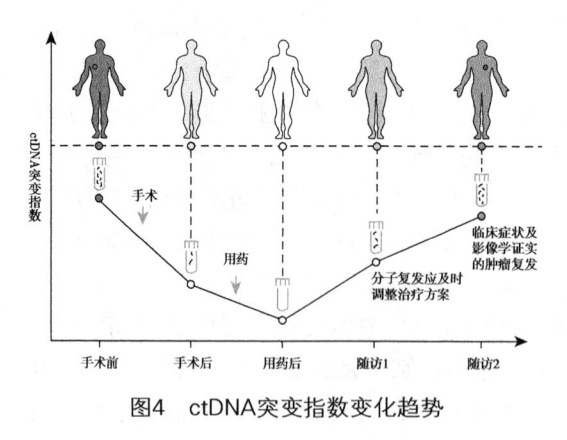

能在肿瘤早筛、疗效监测、复发预警等方面发挥关键作用。

另外，在肿瘤靶向治疗方面，科学家针对肿瘤特异性位点开发了很多靶向药物，它们只攻击肿瘤细胞，对正常细胞伤害较小，液体活检在减少组织活检给患者带来疼痛及风险的同时，还能分析出体内肿瘤药物靶点的信息，可以大大地提高靶向药物的治疗效果。

2016年全国ctDNA基因突变检测室间质量评价调查活动报告显示：数字PCR是目前ctDNA检测最稳定的技术，合格率达100%，假阴性为0，假阳性也是最低的，非常适合临床推广普及；NGS方法能同时检测多个基因的多种变异，但是各个实验室的结果差异最大，对实验操作流程及数据处理的要求最高，在临床推广时标准化显得尤其重要。

最新ctDNA检测技术分析

ctDNA检测技术还有几个技术瓶颈需要克服：第一，ctDNA身形极小，很难获取；第二，即使获取，ctDNA擅于伪装，与正常DNA片段差异很小，可以藏匿在众多正常DNA片段中，难以辨别。通过定量扩增方法，可以提高获取ctDNA的准确度，如定量PCR或定量线性扩增方法已由US6180349 B1、US6033854A、US5972602A公开。下面两件中国发明专利也公开了针对上述技术问题提出的改进方法。

ZL201710570752.5公开了一种基于ddPCR定量检测ctDNA的方法，针对ctDNA在外周血中的含量非常低的特点，采用PCR方法对ctDNA进行富集以及有效的捕获，以捕获的ctDNA为模板进行数字PCR扩增检测，提高了检测的灵敏度，进而使诊断结果更为准确。

ZL201611005004.4公开了一种高通量Miseq测序数据自动化过滤方法，这种基于Linux shell的Illumina Miseq数据自动化过滤流程可进行批量数据过滤，提高数据处理效率和服务器使用效率，同时降低人为错误，便于判断样品数据量是否满足分析要求。

将数字化PCR与靶向测序技术相结合，进行ctDNA甲基化肿瘤风险检测是最全新的肿瘤相关基因检测技术，不仅可以检测癌症，还能确定肿瘤在体内的生长位置，这种方法为癌症早期诊断提供了新方向，并且无须进行侵入性手术，如组织活检等。ctDNA甲基化肿瘤风险检测的核心专利（US2016210403A1）已经在美国公开，包括用于判定个体癌症类型的方法、系统、平台、非暂时性电脑可读媒体、服务及套组，实施例中具体涉及了一种利用CpG癌症甲基化资料产生癌症CpG甲基化图谱资料库的计算平台。

ctDNA甲基化肿瘤风险检测结果为eMeth数值，其数值大小与患癌概率呈正相关，可以针对不同ctDNA检测结果进行干预与分析（见图5）。

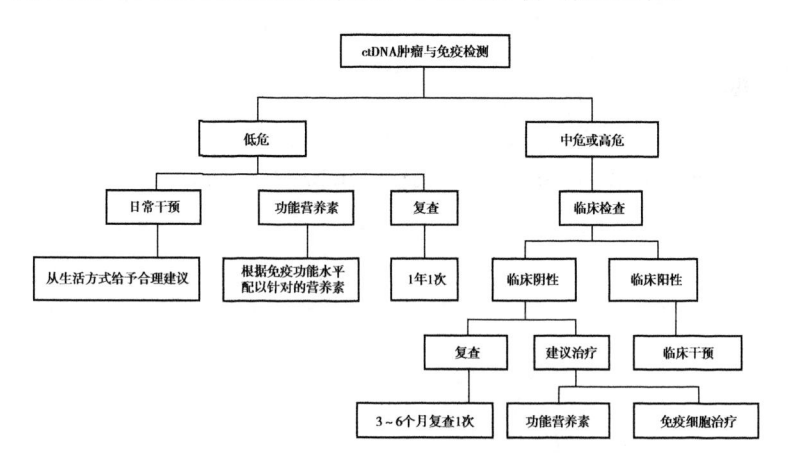

图5 基于不同ctDNA检测结果的干预与分析

新一代的个人基因组测序仪，如IIIumina的MiSeq和Ion Torrent公司的PGM，已普遍应用于科研和临床检测。这些测序平台的多用性和灵活性更适用于科研周期较快速的小型实验室的科研。将测序与长链PCR结合可以为遗传变异检测提供更快捷更经济的方法。Miseq测序系统还可以应用于肾脏移植等临床医学，如ZL201580045324.X通过分析预示性基因集诊断亚临床和临床的急性排异，公开了一种鉴定处于异体移植物排异风险的肾脏异体移植物受者的方法。

总结

ctDNA癌症早期筛查的临床前景很明确，其代表了整个肿瘤基因组的特征，不仅包含对于乳腺癌的检测，还可以覆盖常见的肿瘤。因其可以被定性、定量和追踪，已越来越被临床研究所支持，尤其对于一些不具有典型临床症状、诊断困难的肿瘤有着明显优势。随着PCR和高通量测序技术的优化，现在越来越能达到高灵敏度、高准确度的检测。另外，ctDNA检测还可应用于癌症术后患者肿瘤基因突变情况的实时动态监控。在个性化健康管理方面，人们可以根据自己的病史、生活习惯、居住地等情况在临床医生协助下制定肿瘤早筛体检方案。

除了运用上述最高新的ctDNA癌症早期筛查技术之外，定期进行基本的检查，也可以更早地发现乳腺疾病。建议成年女性每月进行一次乳房自检，30岁以上的女性每年进行一次乳腺超声检查，40岁以上的女性每年进行一次乳腺X线检查和临床体检。通过加强运动、避免饮酒过量、避免使用雌激素类药物或化妆品、保持良好的心情也能够降低罹患乳腺癌的风险。希望通过这篇文章，能够增进对乳腺问题的了解，及早预防、及早发现、及早治疗，关注乳腺健康，远离乳腺癌。

参考文献

http：//www.biodiscover.com/news/research/175730.html

本文作者：
国家知识产权局专利局
专利审查协作北京中心新型部
刘佳佳

38　离子液体助西他列汀原料药解决环保难题

> **小赢说：**
> 党的十九大报告指出，必须树立和践行绿水青山就是金山银山的理念，坚持节约资源和保护环境的基本国策。制药工业是环境污染相对较大的行业，其环境污染问题是环保部门重点关注对象，在我国供给侧结构改革的背景下，环保利剑不断被祭出。

浙江永太科技股份有限公司（以下简称永太科技）发明的2，4，5-三氟苯乙酸的制备方法（ZL200910152771.1）很好地解决了西他列汀原料药的环保问题，获得了第十九届中国专利金奖。

也许你会问：为什么一种有机物的制备方法能获得第十九届中国专利金奖？小赢只能客观地回答一句：因为这不是一般的有机物，2，4，5-三氟苯乙酸是制备药物磷酸西他列汀的关键中间体。

那什么是关键中间体呢？可以理解为原料药或者半成品。总之，用它来生产药物磷酸西他列汀最便捷、最便宜。那磷酸西他列汀又是什么呢？磷酸西他列汀属于应用最广泛的DPP-4抑制剂（一种治疗Ⅱ型糖尿病药物的统称，能够促进胰岛β细胞释放胰岛素，同时抑制胰岛α细胞分泌胰高血糖素，从而提高胰岛素水平、降低血糖，且不易诱发低血糖和增加体重）。

对于Ⅱ型糖尿病患者来说，也许磷酸西他列汀这个名字比较陌生，但是含有这个药物的商品名捷诺维（Januvia）一定会很熟悉。因为这是他们治疗用的常见药。

对于糖尿病患者，特别是35岁以后患病的，90%以上是Ⅱ型糖尿病。近年来，我国的糖尿病患病人数呈不断上涨的趋势。据报道，在2015年国内样本医院DPP-4抑制剂用药格局统计中，西他列汀占据着半壁江山（见图1）。

据原研企业Merck公司财报显示，DPP-4抑制剂捷诺维2017年的销售额达到了37.37亿美元。捷诺维已经成为Merck公司销售的大单品。图2显示Merck公司捷诺维产品2011~2017年的销售额。

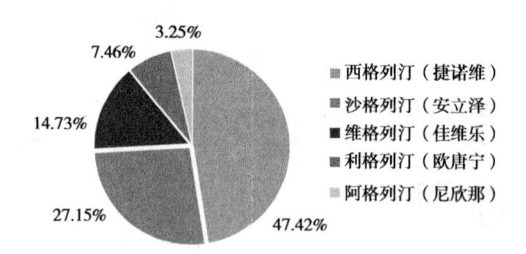

图1　2015年国内样本医院DPP-4抑制剂的用药格局[①]

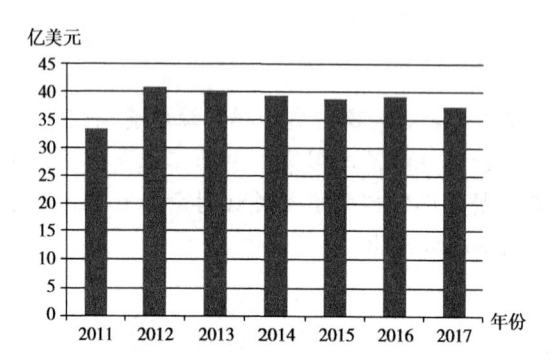

图2　2011~2017年Merck公司捷诺维产品销售额

总之，人们对于西他列汀药物的需求量大、利润丰厚，所以对制备药物的关键中间体的需求也就越来越大。

但是在以往，制备这个关键中间体（2，4，5-三氟苯乙酸）的过程原材料投入量大、产出比小，大部分物质最终成为废弃物，产生"三废"且成分复杂，环境污染危害严重。

永太科技的这件专利就是在这个关键中间体的生产过程中使用"离子液体"这种神奇物质，解决了高污染、产出比小的问题。

问题又来了，这种神奇的离子液体到底是什么呢？离子液体（Ionic Liquid）是由有机阳离子和无机阴离子组成的有机盐。因其离子具有高度不对称性而难以密堆积，阻碍其结晶，因此熔点较低，常温下为液体。

离子液体与常见易挥发有机溶剂相比，具有液态温度范围广、稳定性好、不易燃、溶解能力强等特点。因此，在液液提取分离中，离子液体能溶解某些有机化合物、无机化合物和有机金属化合物，而与其他大量的有机溶剂不混溶，且回收容易。获奖专利正是利用了离子液体的特性，找到了一种叫作1-正丁基-3-甲基咪唑六氟磷酸盐的离子液体，作为制备提纯关键中间体的溶剂，成功降低"三废"排放的同时，降低了生产成本。

在我党、国家和人民对环境保护日益重视的今天，这件专利成为绿色化学运

---

① 图片来源："DPP-4抑制剂皆大欢喜"，蔡德山，医药经济报，2017年3月6日。

用的典范。当然，永太科技在涉及制备磷酸西他列汀及DPP-4抑制剂的研发成功从来不是一蹴而就的，获奖专利仅仅是相关专利群的冰山一角。相信永太科技这种全面的研发和保护，也是能够获得第十九届中国专利金奖的重要原因之一吧（见表1和表2）。

表1 永太科技涉及制备磷酸西他列汀及其中间体的相关专利

序号	申请号	专利名称
1	ZL201710543569.6	一种氨基转移酶、突变体及其制备西他列汀的应用
2	ZL201310437076.6	一种1－（氯乙酰基）－2－（三氟乙酰基）肼的制备方法
3	ZL200910152771.1	2，4，5－三氟苯乙酸的制备方法
4	ZL200710067834.4	2，4，5－三氟苯乙酸的制备方法
5	ZL200910152770.7	2，4，5－三氟苯乙腈的制备方法
6	ZL200910152769.4	2，4，5－三氟苄氯的制备方法

表2 永太科技涉及制备DPP-4抑制剂及其中间体的相关专利

序号	申请号	专利名称
1	ZL201410830416.6	一种制备作为二肽基肽酶-4抑制剂的化合物的中间体
2	ZL201310437076.6	一种1－（氯乙酰基）－2－（三氟乙酰基）肼的制备方法
3	ZL200910152771.1	2，4，5－三氟苯乙酸的制备方法
4	ZL201410831183.1	作为DPP-IV抑制剂的双胍衍生物
5	ZL200710067834.4	2，4，5－三氟苯乙酸的制备方法
6	ZL201410829201.2	一种作为二肽基肽酶-4抑制剂的化合物
7	ZL201510891107.4	一种作为二肽基肽酶-4抑制剂的化合物的制备方法
8	ZL201410829322.7	一种作为二肽基肽酶-4抑制剂的化合物的制备方法
9	ZL201510889559.9	一种制备作为二肽基肽酶-4抑制剂的化合物的中间体
10	ZL200910152770.7	2，4，5－三氟苯乙腈的制备方法
11	ZL200910152769.4	2，4，5－三氟苄氯的制备方法
12	ZL201710543569.6	一种氨基转移酶、突变体及其制备西他列汀的应用

离子液体研究是绿色化学技术的前沿和热点，其为解决资源和环境等问题提供了新机遇。离子液体技术的基础研究和大规模产业化应用发展，对于我国节能减排和可持续发展具有重要意义。

本文作者：
国家知识产权局专利局
专利审查协作北京中心医药部
王鑫

39　神奇的脉搏波

> **小赢说**：
> 还记得小赢前段时间讲述的各种生物识别方法吗？很多人觉得讲得不具体。那么具体的来啦，今天只讲属于您自己的脉搏波！

苹果2017年秋季发布会上，除了发布让世人关注的iPhone X，还有Apple Watch Series 3面世。这款智能穿戴设备的亮点之一就是增加了Apple Heart Study功能，当监测到心率异常时会发出提醒。这个功能是怎样实现的？由此引出今天的主角——脉搏波。

什么是脉搏波？

脉搏的概念相信大家都懂，并且都有通过脉搏计算心跳次数的经历。但理论上，脉搏是动脉内压力周期性有规律的搏动，这种周期性的信号当然就是脉搏波啦。脉搏波蕴含着人体丰富的信息，这些信息就通过波形、强度、速率与节律等信号来表达。

脉搏波怎样被测量？

要想精确地获得上面这些信号，就要有精确的测量方法。目前主要有两种。

1）压力检测法[①]：假设动脉血管为薄壁弹性圆柱管，然后利用脉搏压力传感器对血压施加压力，使一部分血管壁呈扁平状态，但不造成血管闭塞，此时传感器检测到的压力与动脉压力成正比。在一个心动周期内，可以把传感器压力随时间的变化波形近似认为是动脉压力随时间的变化波形，即脉搏波波形。

2）光电容积脉搏波描记法PPG[②]：当光照射人体组织时会被组织吸收和衰

[①] 李婷，虞钢．一种无创脉搏波检测分析系统的研制 [J]．生物医学工程学杂志，2008，25（5）：1059–1062．

[②] 彭福来．基于光电容积脉搏波描记法的无创血红蛋白浓度检测技术的研究．北京理工大学博士学位论文，2016．

减,从光源同侧或异侧被光电探测器接收。根据Lambert-beer法则,肌肉和骨骼等对于光的吸收量是不变的,而血管的节律性搏动会造成血管扩张和收缩,使其内部的血液容积也呈现周期性的变化,从而导致血液对光的吸收量发生变化,使得接收到的光强呈现周期性变化,即光强的变化反映了血管容积的变化。通过光电探测器采集衰减之后的光并转换为电信号,可获得PPG信号。

脉搏波现在有什么用?

除了检测心率,脉搏波目前在很多医疗及人体生理监测产品中都有实际应用,很多厂商申请了专利并开发出了相应产品投放市场。

1. 血压检测

欧姆龙公司是电子血压计产品领域的龙头老大,具有丰富的电子血压计系列产品,其产品主要分为上臂式、腕式和手指式血压计。

上臂式血压计(见图1)是欧姆龙公司的经典产品,利用了示波法来测量血压。具体是通过对缠绕在上臂处的可膨胀袖带加压,动脉受袖带压迫后内部容积发生变化,在慢慢改变袖带内压力的过程中,通过袖带内压力传感器测量由于袖带压迫产生的外压作用和脉动血压之间的平衡引起血管压力变化,从而获得脉搏波波形,通过分析该脉搏波波形的波形特征量并经过一系列数学运算可以计算出人体的血压值。

腕式血压计测量血压的原理与上臂式血压计类似,只是其压力传感器测量的是手腕处桡骨动脉的脉搏波波形。

手指式血压计(见图2)测量的是手指部位的脉搏波,同样利用可膨胀的指套对手指进行加压。但是与上臂式、腕式血压计不同的是,其采用了光电容积脉搏波描记法(PPG)来测量脉搏波。

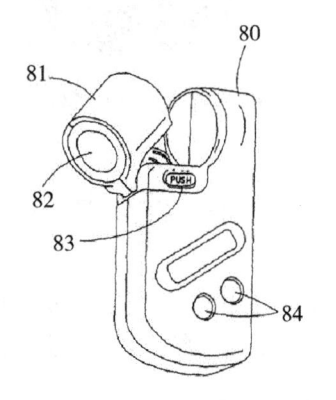

图1 上臂式血压计产品图[①]　　图2 ZL96107893.6说明书附图

---

① http://www.omronhealthcare.com.cn/home-product/blood-pressure-meter。

2. 血氧检测

上海贝瑞电子科技有限公司开发的戒指式血氧脉搏仪（见图3），设计小巧，可以舒适地佩带在使用者的手指上，随时监测使用者的血氧饱和度。其采用光电容积脉搏波描记法（PPG），利用光源和反射式光电探测器测量手指部位的PPG信号，通过提取PPG信号特征并进行数学运算获得使用者的血氧饱和度。

3. 睡眠监测

爱普生开发了一种运动腕表，利用光电容积脉搏波描记法来测量脉搏波并得到人体的心率，然后将心率数据波形结合监测人体运动的运动传感器，利用自动睡眠检测技术来判断人体是否进入睡眠状态，并分析睡眠的质量。

4. 饮酒检测

深圳市维亿魄科技有限公司开发了一种能够进行饮酒检测的腕带（见图4），其利用光电容积脉搏波描记法测量佩戴者的脉搏波信号，通过腕带内部的MCU处理模块对该信号进行周期分割、特征点提取，然后建立脉搏波特异性标准模版并计算其能量分布，最终得到能量域关键参数，通过与饮酒前人体脉搏波信号特异性标准模版的参数做比对，可以判断佩戴者是否饮酒并跟踪饮酒者的状态。

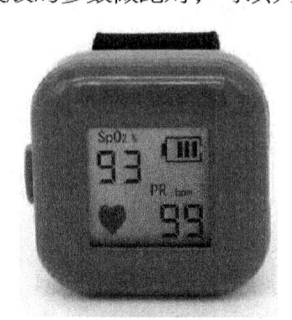

图3　戒指式血氧脉搏仪[①]　　　图4　饮酒检测腕带产品图[②]

脉搏波将来有什么用？

除了上述主流应用，一些新申请的专利也开发了脉搏波新的应用场景。相信不久这些产品将陆续问世，逐渐改变我们的生活。

---

① http://www.berry-med.com/informationclass_50/information_135.shtml。
② http://digi.163.com/15/0413/23/AN49BM0A0016686Q.html。

1. 身份识别

三星电子株式会社于2015年申请保护一种使用脉搏波来识别用户身份的装置（CN107004124A），该装置可以用于电视遥控器，通过遥控器上设置的传感器来测量用户手指的脉搏波波形，分析并与数据库中预先存储的参考脉搏波的特征值相比较，就可以识别当前用户的身份，并根据数据库记录的用户历史信息，向用户显示其偏爱的电视频道的信息。

2. 驾驶员状态判断

松下知识产权经营株式会社于2016年申请保护一种使用脉搏波来判断司机状态的系统（CN106264449A），其在司机耳部设置传感器检测脉搏波（见图5），通过波形提取心跳间隔，分析心跳间隔低频成分/高频成分比值，就可以知晓司机此时是否处于副交感神经亢奋状态，也即知晓人是否处于困倦状态。

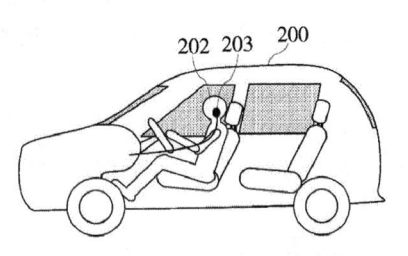

图5 CN106264449A说明书附图

3. 黄疸检测

中国科学院苏州生物医学工程技术研究所于2016年申请保护一种黄疸检测装置（CN105942984A），将分别发出4种波长的LED光源和光电探测器集成于探头上（见图6），将探头佩戴于新生儿的额头，利用光电容积脉搏波描记法记录新生儿的PPG信号，通过适当运算，消除黑色素、血红蛋白对胆红素浓度检测的影响，从而可以准确计算出胆红素浓度，实现对新生儿黄疸的实时连续监测。

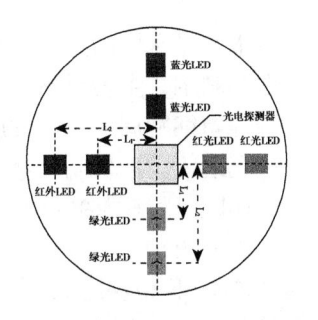

图6 CN105942984A说明书附图

脉搏波这么多用途，希望这些新产品能早日应用上市！

本文作者：
国家知识产权局专利局
专利审查协作北京中心光电部
孔祥云　李尹岑　张靳

40　自主创新，做老百姓用得起的抗癌药

> **小赢说：**
> 得了癌症，除了给患者和家庭带来无尽的痛苦外，高额的医疗费用更是让人望而生畏。好在天无绝人之路，小赢来给大家推荐2017年中国专利金奖获奖项目：我国自主研发的一款高性价比的抗癌药！

在2017年12月召开的第十九届中国专利奖颁奖大会上，一共有25件专利获得中国专利金奖，其中包括6件医药技术专利。小赢要跟大家好好聊聊的就是其中之一：具有分化和抗增殖活性的苯甲酰胺类组蛋白去乙酰化酶抑制剂及其药用制剂（ZL03139760.3），专利权人是深圳微芯生物科技有限责任公司（以下简称"微芯生物"）。这项金奖专利保护的就是微芯生物自主研发的靶向抗癌药，通用名：西达本胺，商品名：爱谱沙™（见图1）。

图1　西达本胺包装[①]

西达本胺是苯甲酰胺类组蛋白去乙酰化酶（Histone Deacetylase，HDAC）亚型选择性抑制剂，主要针对第Ⅰ类HDAC中的1、2、3亚型和第Ⅱb类的10亚型，达到抑制肿瘤细胞周期、诱导肿瘤细胞凋亡、调节机体细胞免疫的作用。此外，还通过表观遗传调控机制，诱导肿瘤干细胞分化、逆转肿瘤细胞的上皮间充质表型转化，在恢复耐药肿瘤细胞对药物的敏感性和抑制肿瘤转移、复发等方面发挥潜在作用（见图2）。

西达本胺于2014年12月在我国获得批准上市，获批的首个适应症为复发及难治性外周T细胞淋巴瘤（以下简称PTCL）。PTCL是非霍奇金淋巴瘤的一种，其发病率具有明显的地域差异。在中国，PTCL属于罕见病，年发病人数约为6万人，发病例数占非霍奇金淋巴瘤的25%~30%，显著高于欧美国家的10%~15%。[②]而且，常规化疗药对PTCL的治疗效果差，复发率高，5年总生存率仅在25%左右。

---

① 图片来源：http://www.xinyaohui.com/news/201501/28/4990.html。
② 马军，等. 西达本胺治疗外周T细胞淋巴瘤中国专家共识[J]. 中国肿瘤临床，2016，43（8）：317–323.

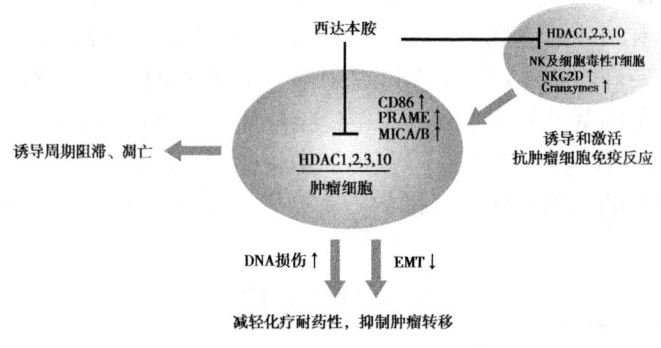

图2　西达本胺的作用机制[1]

除西达本胺外，美国也已经批准了两个HDAC抑制剂用于PTCL的治疗，其通用名分别为罗米地辛和贝利司他。但这两种药每月的治疗费用高昂，分别高达28万人民币和14万人民币！相比之下，西达本胺初上市时定价仅为每月2万人民币，在2017年7月，西达本胺成功纳入国家医保乙类，其中医保支付标准仅仅是385元（5mg/片）！而且，在药物使用方式上，与美国批准的这两种药均为静脉注射方式相比，西达本胺是口服制剂。也就是说，跟国外同领域进口药相比，西达本胺不仅价格低，使用也更加方便！对此，2015年5月22日的《新闻联播》中用了4分钟时间专门报道西达本胺的研发和上市历程。

微芯生物的CEO鲁先平博士是西达本胺金奖专利的第一发明人。鲁先平博士毕业于中国协和医科大学，获得分子生物学与肿瘤生物学博士学位，随后在美国加州大学药理系从事博士后研究。2001年，他和另外5位海归人员一起创立了微芯生物，获得国家"863"计划、"重大新药创制"国家科技重大专项等基金资助，并引入风投资本，最终将西达本胺成功研发上市。

制药行业的专家对西达本胺的成功上市给予了高度评价[2]。

"重大新药创制"国家科技重大专项技术总师、中国工程院院士桑国卫评价其填补了我国外周T细胞瘤治疗药物的空白，为患者提供优效安全、价格可承受的新机制药物，也为我国生物医药产业的转型升级起到积极的示范作用。

中科院院士陈凯先认为，微芯生物西达本胺的成功研发，是在国家创新政策支持下，由风险资本投入海归科学团队联合全国临床专家协同创新的有益探索。这样一种发展模式打破了中国经济转型的困局，使得中国医药企业从"仿制"到"创制"的梦想得以实现。

---

[1] 图片来源：http://www.epidaza.com。

[2] http://www.sz.gov.cn/cn/xxgk/xwfyr/wqhg/20150127/。

下面，小赢再带大家看看专利是如何助力西达本胺的研究和运营的。经检索，微芯生物针对西达本胺共提交了5件中国专利申请（见表1），除了获得专利金奖的核心专利ZL03139760.3外，还涉及西达本胺的晶型、特定构型单体化合物物质和特定制剂等外围专利。其中，授权专利ZL201410136761.X保护了优势构型即E型的西达本胺化合物，说明书中记载了E型的西达本胺比Z型和E型混合物具有更好的药理活性，通过优势构型专利延长了西达本胺活性物质的专利保护期。

表1 微芯生物提交的西达本胺相关专利

专利号（公开号）	发明名称
ZL03139760.3	具有分化和抗增殖活性的苯甲酰胺类组蛋白去乙酰化酶抑制剂及其药用制剂
ZL201210489178.8	西达本胺的晶型及其制备方法与应用
ZL201410136761.X	一种E构型苯甲酰胺类化合物及其药用制剂与应用
CN104771363A	一种西达本胺固体分散体及其制备方法与应用
CN107865826A	一种E构型苯甲酰胺类化合物及其药用制剂

微芯生物对西达本胺的核心专利也进行了全球布局（PCT申请公开号为WO2004/071400A2），同族专利在美国、日本、俄罗斯、加拿大、澳大利亚、中国台湾等国家和地区均获得授权。

微芯生物在西达本胺的研发过程中较好地运用了专利的市场价值。2007年1月，微芯生物与美国沪亚生物技术公司（以下简称"沪亚公司"）签订了专利技术授权许可和国际临床联合开发的协议，成为我国探索原创新药的海外专利授权许可他人使用的先行者。2014年12月，西达本胺在中国获批上市。2016年2月，日本卫材公司承诺2.8亿美元里程碑付款向沪亚公司购买了西达本胺在日韩和东南亚的开发和商业化权利。在西达本胺研发的过程中，通过海外授权许可的方式，为西达本胺的海外研究拓宽了道路，获得的许可费也为国内研究提供了资金支持。而沪亚公司则因为"慧眼识珠"获得了丰厚的投资回报。

西达本胺是我国医药产业转型升级过程中，实现从"跟随仿制"向"引领创新"跨越的实践案例。西达本胺通过申报PTCL这一罕见病的适应症，一方面是与国外对于HDAC抑制剂适应症的选择保持一致，另一方面也是通过罕见病药的快速审批通道加速上市进程。振奋人心的是，西达本胺对于乳腺癌和非小细胞肺癌的两项联合用药的研究也已经进入后期临床试验阶段，有望惠及更广泛的癌症患者群体。

这正是我国制药行业的自主创新给老百姓带来的高性价比抗癌药！从2003年申请专利，到2015年获批上市，微芯生物的团队奋斗了12年。良心的定价，普惠大众，这样的专利获得金奖可谓实至名归！

对于微芯生物，小赢也有更多的期许：要金杯，更得要百姓的口碑。坚持做好创新药、良心药、赢得老百姓的口碑，就是赢得所有的金杯！

本文作者：
国家知识产权局专利局
专利审查协作北京中心医药部
杨倩　刘艳芳

41　室内空气污染的克星——Molekule

> **小赢说**：
> 　　近年来，由于空气质量的问题，人们在室外纷纷带起了口罩。当室外的污染让人窒息的时候，室内也受到了很大影响。如何能够还自己一个清新的家居环境呢？本文将给出一个完美的答案。

　　每当雾霾来临的时候，空气质量问题总会受到关注和重视，雾霾天来临时我们蜗居在家中就一定安全吗？白血病、哮喘、婴儿畸形近年来急剧增加，室内空气污染已成为潜藏在每个家庭的可怕杀手。

　　室内污染主要是由于空气中存在的多种挥发性有机物对室内环境造成污染的现象。室内污染来源主要包括甲醛、苯系物、二氧化碳、病毒、霉菌、灰尘等。美国国家环境保护局声称室内空气污染物是室外空气污染物的2～5倍（最高甚至可以达到100倍）！

　　目前，在家中添置空气净化器已经成为人们应对室内空气污染的主要方式之一。市场上空气净化器的品类众多，主要净化技术包括滤网过滤、静电除尘、负离子、光触媒等。其中，利用滤网过滤、静电除尘、负离子等技术的净化器都存在二次污染的缺点。

分子净化仪 Molekule

　　分子净化仪Molekule是一款入选《时代周刊》的最佳发明，由南佛罗里达州大学教授Yogi Goswami花费20年研发而成，可直接杀死空气中细菌。它是如何做到的呢？

Molekule 采用的净化技术

　　检索发现，发明人Yogi Goswami早在1995年就开始对相关技术进行专利布局，其中1996年的国际申请WO9709073A1进入了多达10个国家，可以算是该产品最早的核心专利，见图1和图2。

图1　Molekule外观结构[①]

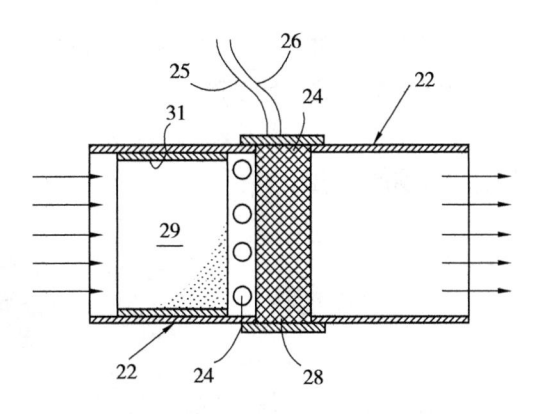

图2　WO9709073A1说明书附图

其中国同族专利CN1198679A中公开，使气流与介质28上的光催化剂在光子源24的照射下接触，能够将气流中的至少一部分微生物杀灭。这件专利申请并未在中国授权，提交申请后就撤回了，还未经过审查。不过就算拿到授权现在也过了20年的保护期限，已经For Free。

有没有疑问？已经20多年的技术了，为何还能获得2017年的最佳发明？往下看，其独具匠心的设计更是功不可没！

Molekule的设计亮点

整个Molekule采用银色的圆柱形设计，高约60cm，适用于55m^{2}的房间。Molekule机身采用合金材质，配皮革材质提手，重8kg，可以轻松移动到房间的各个位置。

Molekule自带两种过滤网，包括底部的pre-filter（初级滤网）和上方的nano-filters（纳米滤网），专利技术PECO（光电催化氧化技术）被应用在nano-filters（见图3）。nano-filters表面有一层特殊的纳米镀层，利用紫外线照射时的化学氧化作用，破坏过敏源、细菌、病毒的化学链，把它们变成水、二氧化碳排放出去。据测试，PECO在清理挥发性有机化合物（如丙酮、甲醛）、大肠杆菌、金黄色葡萄球菌和黑曲霉时特别有效。

图3　Molekule的滤网布置[②]

[①]　http://mini.eastday.com/a/160712104030404.html?btype=listpage&idx=21&ishot=0&subtype=news.

[②]　https://molekule.com/product.

点击顶部的触摸屏（见图4）开启净化器，空气开始从底部吸入，首先进入初步净化环节，通过底部的pre-filter将空气中的花粉、灰尘、皮屑等大颗粒污染物过滤（见图5）。接下来空气进入上方的nano-filters进行催化反应，最终让纯净空气从顶部吹出。

图4　Molekule顶部的触摸屏[①]

图5　底部360°进气[②]

Molekule的PECO技术可以有效地捕捉0.1nm级别的细菌并进行分解，能够处理的微粒大小比传统的HEPA滤网小1000倍以上。

对于体质敏感的小伙伴，细菌则更为恐怖，Molekule能够净化空气中比PM2.5更小的细菌，是家有呼吸疾病患者的家庭的福音。

Molekule使用也很方便，用户能够通过配套的APP进行远程控制和滤芯管理（见图6）。

图6　APP远程控制[③]

Molekule不依靠物理过滤，静音效果很好。工作效率也很高，能将55m^{2}的房间在一小时内净化两次。

要说耗材同样是滤芯喽，nano-filters售价为99美元，官方推荐一年更换一次。

---

① http://www.sohu.com/a/77367342_260332.

② http://my.tv.sohu.com/pl/8331561/84048125.shtml.

③ http://www.gq.com.cn/fun/radar/news_13526048e0f0c80a.html.

截至2017年6月,该产品四次预售已经售完,整机的预售价格为499美元(约合人民币3271元)。2017年秋该产品已经正式发售,正式发售价格为799美元(约合人民币5238元)。

结语

采用光触媒技术的空气净化器才进入消费市场,占有率还不高,较高的整机和滤芯价格也会让不少人皱眉,这给国内相关企业的发展带来了挑战和机遇。

国内企业在低头研发的同时,不仅要关注国外对手发展,也要关注哪些国外专利技术未在国内布局,或已经可以免费使用,把好钢用在刀刃上,尽快给用户带来物美价优的高性能空气净化产品。

本文作者:
国家知识产权局专利局
专利审查协作北京中心机械部
徐治华

42 一文了解"新风系统"发展史

> **小赢说:**
> 正如上一篇关于空气净化器的文章中所说,室内空气的污染物通常是室外的2～5倍,所以除了对室内空气净化外,还有一个思路就是将室外新风引入室内,于是就有了这种不开窗也能换气的新风系统。

新风系统,广义来说就是能够引入新鲜外部空气的系统的总称。所以,最简单、最古老的新风系统就是换气扇。现在狭义的新风系统则增加了过滤和调节温度的功能而已。

换气不是只要打开窗户就可以了吗?没错!但是,冬天太冷,夏天太热,春秋风大,一年算下来适合开窗通风的时间还真没有多少!但通风却是一项刚需,在《民用建筑供暖通风与空气调节设计规范》(GB 50736—2012)中规定了新风量和换气次数,也就是说,现在从设计阶段就需要对室内新风量进行考虑。

房子盖好了,装修后如果空气不流通,也会给人带来身体不适。目前大家对装修后的室内空气质量也越来越重视,几乎到了谈"醛"色变的境地。此时,新风系统的作用就凸显了:想拥有新鲜的空气吗?想在冬天拥有温暖的新风而在夏天拥有凉爽的新风吗?想要在不能长时间开窗的情况下,迅速排出、稀释甲醛吗?你要的,我都有!

要想深入了解新风系统的原理,对自己家多年不会轻易更换的系统有全面深入的了解,就跟着小赢一起来学习新风系统的进化过程吧。

1935年,在排风扇的基础上,英国地理环境科学工程师、环境系统分析专家、大气污染处理专家奥斯顿·淳以(Alston Ceeyee)在经过多番尝试后,发明了世界上第一台可以过滤空气污染的热交换设备,称之为"热交换新风系统净化机",这就是被人们经常说到的、可追溯的最早的现代"新风系统"。图1为一种新风机的结构图。

新风系统诞生后,发展得并不是很快。这也很好理解,毕竟空气污染那个时候没有那么严重嘛。在中国,新风系统的发展从专利申请的变化方面就能体现。1995年前,仅有3件申请;1996～2005年为21件;2006～2015年为972件;2016年至今公开了1683件(不包括已申请但尚未公开的)。数量井喷式增长的原因不仅在于国民对知识产权保护意识的加强，更在于近年来对该系统的创新重视的提高（见图2）。

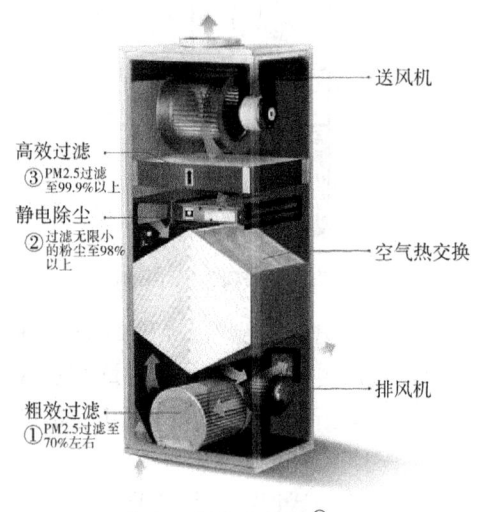

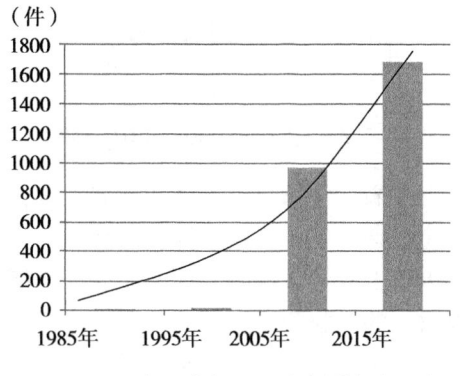

图1 新风机结构[①]

图2 1985年至今新风系统专利申请分布

在上述专利中，有代表性的专利包括以下几种。

1992年申请的ZL92222147.2首次发明了壁挂式新风机并采用了内设过滤网的形式（见图3）。

1996年的专利申请ZL96245108.8提出了设置热交换器，将引入室内的新风与排出室外的污浊空气进行热交换，在通风换气的同时，自然调节引入室内空气的温度，过滤的同时又达到了节约能耗的目的（见图4）。

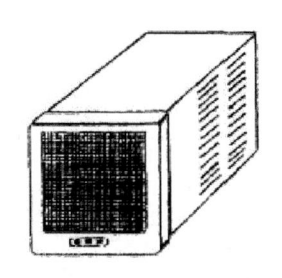

图3 ZL92222147.2说明书附图

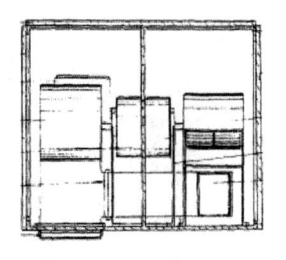

图4 ZL96245108.8说明书附图

2003年申请的专利ZL03117625.9首次提出了一种中央处理系统，将室外新风集中处理后通过管道送至各个房间，节省了壁挂机，而且新风量更大（见图5）。

2010年申请的专利ZL201020530330.9解决了新风机的噪声问题，通过新设置的降噪箱，减少了空气噪声，提高了使用新风机的用户的舒适性（见图6）。

---

① 图片来源：http://jd.zol.com.cn/637/6374630.html。

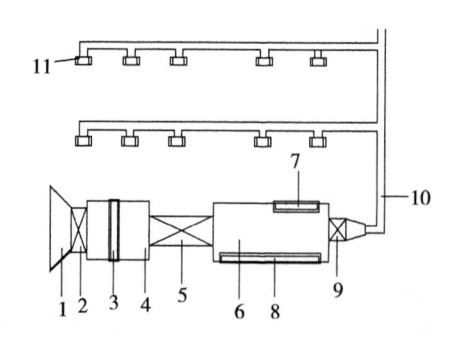

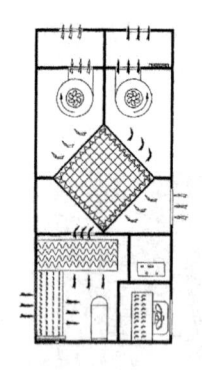

图5　ZL03117625.9说明书附图　　图6　ZL201020530330.9说明书附图

  随着近年来科技的飞速发展，人们对居住环境提出更高要求，智能家居在我国也快速兴起，呈蓬勃发展之势。为了给使用者提供更好的用户体验并取得更大的市场占有量，发明人更关注智能控制，近年来的创新也侧重于将新风机做成智能家居的一部分上。

  说了这么多，大家是否对新风系统有了一个简单的认识呢？是不是也有了选购一款的冲动？据小赢的了解，现在市场上较为主流的新风系统有两种：壁挂式新风机和管道式新风系统。

  如果您仅仅知道"壁挂式适合于已经装修好的房间，管道式更适合于新房"，那是远远不够的。市场上出现的壁挂式和管道式新风产品种类如此繁多，让人眼花缭乱，区别在哪里？应该如何选择？请看下面两篇——《一文了解吊顶式新风系统》《一文了解壁挂式新风系统》。

本文作者：
国家知识产权局专利局
专利审查协作北京中心材料部
霍廖然　耿苗　万闪闪

43　一文了解吊顶式新风系统

> **小赢说：**
> 上回咱们说了新风系统的发展史，很多人觉得言简意赅、不接地气。今天实用的"吊顶式"来了。咱们闲言少叙，书归正传！

所谓吊顶式（管道式）新风系统就是在房间的吊顶中布置管道，让清新的空气在每个房间都"雨露均沾"（见图1）。

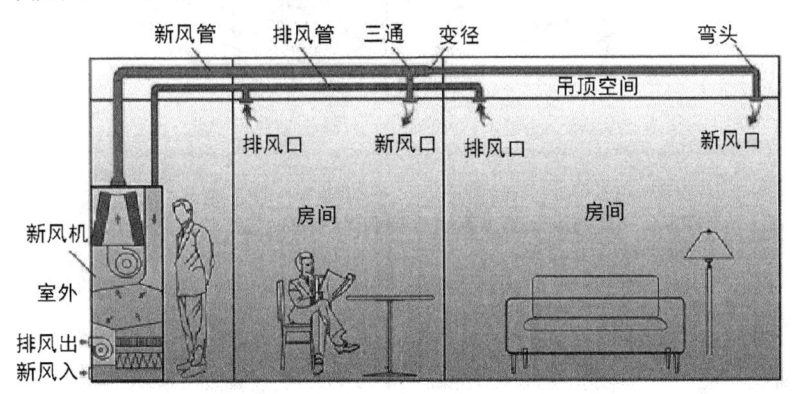

图1　吊顶式新风系统管道安装位置示意

吊顶式的优点不用我说大家一定也能想到：主机、管道都在隐蔽工程内，气流可以组织合理，但缺点是：有一定的层高要求、工程量大，需要开墙打洞。因此综合以上优缺点，吊顶式适合大规模装修阶段实施。

进一步，吊顶式新风又可分为以下几类。小赢将逐一为您解读。

负压式（单向流）新风系统

这种新风系统说白了就是一个大功率的"排风扇"，只是在进风口处增加了过滤、除湿、除味、降噪等功能，目前已经基本被淘汰了。工作时，室内空气通过排风口强制排至室外，使室内产生负压，新鲜空气通过进风口源源不断补充进来（见图2），其优点是造价低廉，其缺点是仅靠室内外自然产生的空气压差换气，效果不理想。

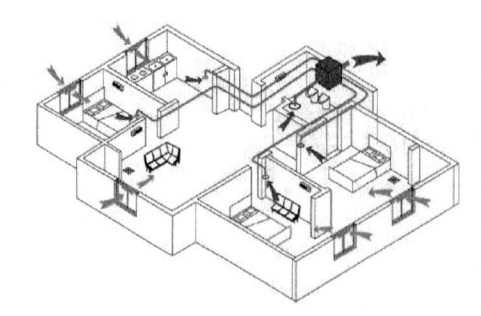

图2 负压式（单向流）新风系统运行示意图

正压送风（双向流）新风系统

相对于"单向流"而言，"双向流"新风系统是将排风及送风系统分别独立，这样送风和排风的效率更高，更加灵活，适用的空间更大（见图3）。这种"双向流"新风系统的优点是造价低、适用空间更大，缺点是没有热回收，无法保证冬季、夏季进风的舒适性。

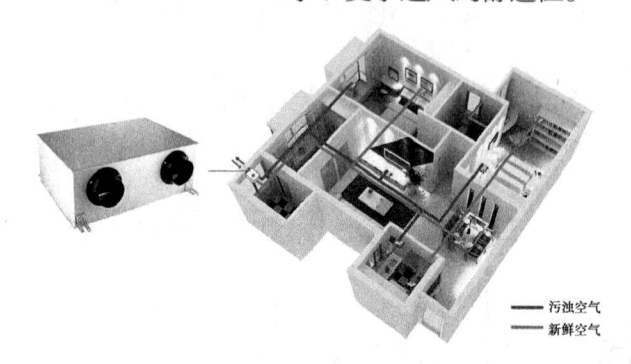

图3 "双向流"新风系统在建筑物内安装位置与运行示意

热回收新风系统

热回收新风系统是在双向流新风系统的基础上加入带热回收功能的热交换器。排风机和送风机同置于一个箱体内，风机工作时，送入的新风和排出的空气会同时经过风机箱体内的热交换器，借助热交换器，排出的空气和送入的新风会进行热量交换，回收能量（见图4）。热回收新风系统的优点是舒适、节能，缺点是造价较高，无法控制湿度。

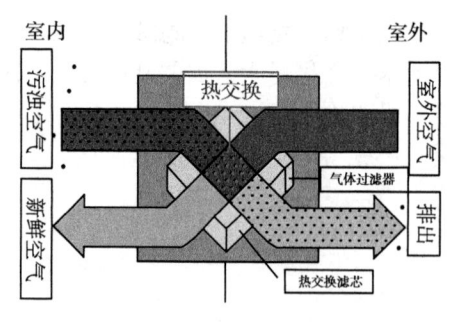

图4 热回收新风系统原理图

全热交换的新风系统

"全热"就是"显热+潜热"。"显热"就是温度，"潜热"就是水分子含的热量。

那么全热交换是如何实现的呢？在全热交换器（见图5）中有一个热交换素子，它相当于导热板，室内往外排风，温度高于新风，温度可以通过它传导到新风侧，这样就实现了温度的交换和回收；而排风中的水分子也可以透过这个热交素子到新风侧，这又是什么原理呢？

图5　ZL201430082286.3立体图

这个热交素子是一种特殊的纸，它的密度比普通纸大很多，气体移动率很低，但是这纸上是有开孔的，可以通过水分子，从而实现潜热的回收。但是这里就有一个问题了：排风中的脏物质会不会从开孔中回到室内呢？

答案当然是不会，因为热交素子的开孔尺寸是有要求的，那就是0.3nm，因为水分子直径小于0.3nm，而氮气、二氧化碳、甲烷等物质的分子直径都大于0.3nm，因此，不会随新风传导回来。目前舒适节能的全热交换器的新风系统已经是市场上的主流产品。

全热交换的新风系统优点是控温控湿、功能全面、其缺点是造价最高。

看了上面的分类，小赢不禁畅想，要是在四季如春的昆明，那选个双向流基本款就可以了。但是，在冰天雪地的东北，那必须用全热交换才有意义。

在了解了应该选择哪一种吊顶式新风系统之后，就到了关注新风系统风量、滤网以及品牌的环节。

风量选择

风量是一个新风系统的基本标称，指每小时能置换多少立方米空气。正规的新风产品上都会有风量的标示，一般为150、250、350。

那么小赢带大家推算个实际问题：套内面积90m^2的房子适用主机的风量是多少？以层高2.7m计算，那么房间内的空气体积是90×2.7=243m^3，以每小时能全部更换一次为需求，那么就应该选择风量标称为250的新风系统。

如果说风量的选择算一次搞定，那么对于另一关键零件滤网的选择就更会关系到您未来长期的资本支出和劳动强度了。

滤网选择

除了安装外，保养也是很大一部分后续成本。常用新风系统的搭配滤网物理拦截式和静电集尘式。

物理拦截式过滤网的优点是：一次性投入低，性能稳定，安全性较高，后期维护比较简单，可插拔、清扫、更换过滤芯；其缺点是需要定期支付更换滤网的费用。

静电集尘式过滤网的优点是：过滤效果好，后期维护费用低；其缺点是一次性投入高。

如果你是个不怕脏、不怕累、能干活的勤快人，那就选择静电集尘式滤网，清洗的过程还是需要一定劳动量的；如果懒得弄，那就物理拦截式好了。

重视风量、重视滤网选择，那么接下来就来聊聊选择品牌时关注的要点。

品牌选择

据小赢的不完全统计，目前在我国市场上有144种新风系统品牌。这里小赢需要重点提示的是：滤网不是标准件！每一个厂家的尺寸都是不一样的。因此，选购新风系统，要重点考虑品牌的延续性和售后服务保障。毕竟，新风系统安装后出问题一般都在相对较长的时间后。

另外，吊顶式新风系统的布管设计最考验品牌服务人员的经验了，设计合理才能保证噪声可控，换风顺畅。所以相对来说，大品牌在这方面会更有优势。

本文作者：
国家知识产权局专利局
专利审查协作北京中心材料部
耿苗　万闪闪　霍廖然

44　一文了解壁挂式新风系统

> **小赢说：**
> 上一篇讲过"吊顶式"后，咱们再来聊聊壁挂式新风系统的优缺点。

壁挂式新风机也称为无管道新风系统，像空调一样无需布置复杂的管道，适合在装修后使用。

与吊顶式新风机一样，根据气流运动的方式壁挂式新风机可划分为单向流型和双向流型。单向流型设置一个送风或排风管道，双向流型设置送风管和排风管两个管道。这种单流向和双流向的原理和优缺点，大家可参考上一篇"吊顶式"，这里就不再展开了。

小赢今天想解决另一个大众关心的问题：壁挂式新风机仅是在空气净化器的基础上增加新风/排风管吗？

电辅助加热

相比于大部分空气净化器，壁挂式新风机普遍具有电辅助加热的功能，基本相当于空调的辅热功能。不同的是空调是内循环，新风机是外循环。

当然，电辅助加热不是高科技，却是最直接的调温方式。而且使新风机具有加热功能的同时具有结构简单、可小型化的优点。

陶瓷蓄热

上一篇里咱们讲到热交换，对壁挂式依然需要（空气净化器里可是没有的）！所以壁挂式风机从节能的角度考虑也会设置热交换组件。从图1可知，风机交替运转，排风时将室内排风的湿热储存在陶瓷蓄热体内，引入新风时，陶瓷蓄热体释放储存的湿热加热或冷却新风，实现能量回收。

上面提到的陶瓷蓄热体要求具有比热容大、比表面积大、导热性好等特性，能够储存大量热量。所以一般选择蜂窝状的莫来石、堇青石等做为主材。

这种技术由德国朗适（LUNOS）首创，其关键技术在其专利申请中得以体现（ZL201120515081.0）（见图2）。

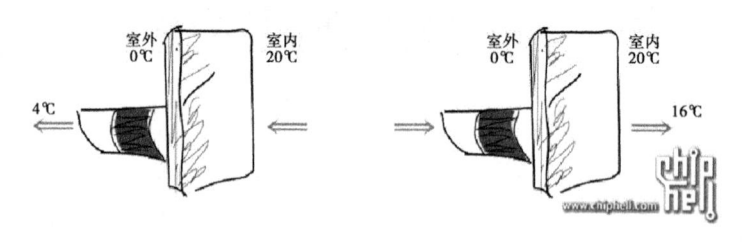

图1　陶瓷蓄热原理[①]

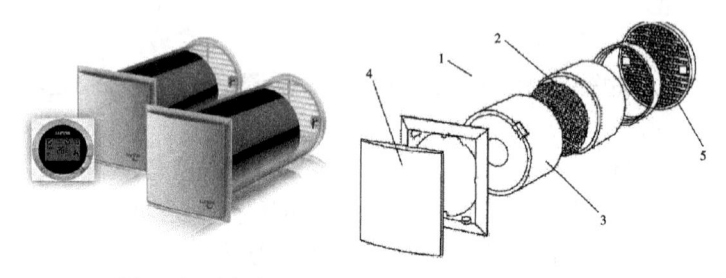

图2　朗适产品及ZL201120515081.0说明书附图

显热交换和全热交换（适于双向流型）

陶瓷蓄热体虽然有自己的特点，但储存的能量毕竟有限，设置热交换器的壁挂式新风机应运而生。其中显热交换器以金属为主要材质，可实现室内外空气的热量交换。显热交换器只交换热量不交换湿气，因此存在热交换器表面产生冷凝水的缺点。其优点是热交换器便于清洗。

在显热交换与陶瓷蓄热的基础上，一种名叫"全热交换芯"（也就是上一篇中的"热交换素子"）的技术被开发出来，结合了两者的优点：传热又传质，既交换热量又交换水蒸气，能够使室内维持一定湿度。这种全热交换芯技术被用在日本松下（ZL201310388718.8，见图3）以及中国海信（ZL201611257766.3，见图4）的产品上。

更紧凑的结构

相对于空气净化器，壁挂式新风机将更多功能集成在一起，其小巧设计

---

① 图片来源于 www.chiphell.com。

本身就是一种难度。例如，美国布朗推出的一款小巧紧凑又功能强大的专利产品（ZL201510063746.1，见图5）。将产品四周巧妙地设计为三面出风一面回风，并在内部有限的空间内将回风和新风直接混合回收热量，体现了设计之美。

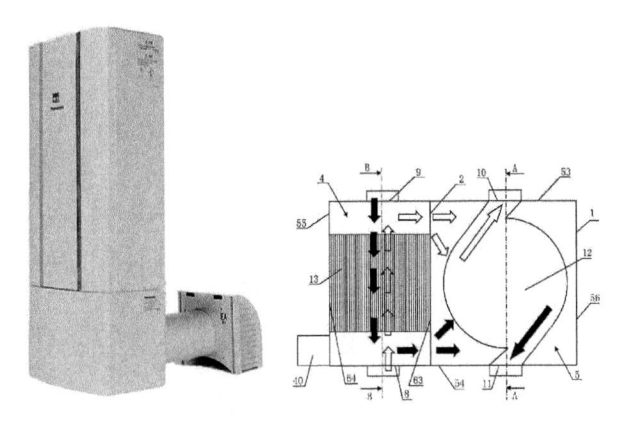

图3　松下产品及ZL201310388718.8说明书附图

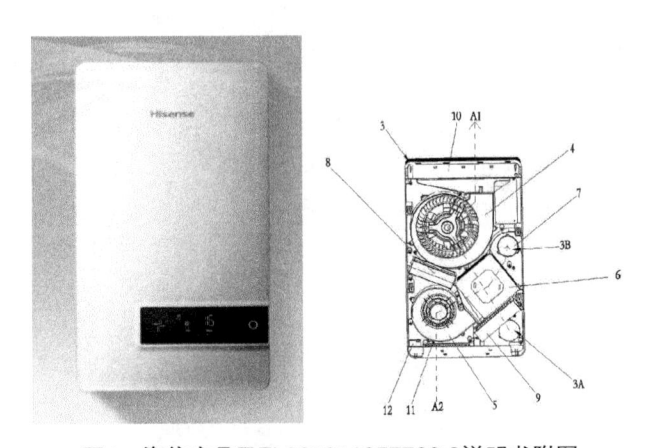

图4　海信产品及ZL201611257766.3说明书附图

图5　布朗产品及ZL201510063746.1说明书附图

所以，这也解释了"壁挂式新风机怎么比空气净化器贵那么多"这种问题。

虽然壁挂式新风机相对于吊顶式在维修、维护、保养等方面具有天然的优势，但由于各大厂商之间包括换热、过滤系统在内的耗材并非是标准件，每个厂家的型号都不一样。所以小赢仍然建议大家关注大品牌。

本文作者：
国家知识产权局专利局
专利审查协作北京中心
万闪闪　霍廖然　耿苗

45 专利技术助力健康睡眠

> 小赢说：
> 2018年3月21日是第18个"世界睡眠日"，主题是"规律作息，健康睡眠"。小赢希望能用专利技术助力您解决睡眠问题。

2018年3月17日，中国睡眠研究会发布了《2018中国互联网网民睡眠白皮书》，其中的数据让人无法轻松。数据表明，入睡困难者的比例高达76%，睡眠整体状态不错的仅为24%，仅11%的人一觉到天亮，89%的人会半夜醒来，91%的人睡醒后依然疲惫。

中国睡眠研究会理事长韩芳指出，中国睡眠障碍患者约五六千万人，其中诊治率不足2%。中国网民每天平均睡眠仅7.1小时。56%的网友表示自己有多梦、持续浅睡眠、起床后头脑昏沉等睡眠问题。

睡眠监测

改善睡眠的前提是要了解睡眠现状，为具体的改善方法提供参考依据。所以我们首先要做的就是监测睡眠质量！

1. 多导睡眠监测仪

多导睡眠监测仪是医用级的监测设备，其监测方法被誉为睡眠监测领域的金标准。通过监测脑电、眼电、肌电、心电、呼吸、血氧、体位等多个参数，分析睡眠结构，正确评估失眠真相，并发现某些失眠的病因。

2. 智能手环

智能手环（见图1）是近年来最常见的可穿戴智能设备，也可以称为最常用的睡眠监测仪器了。手环的监测原理也比较简单：通过监测人在睡眠时的动作来判断睡眠状态，动作多说明睡眠浅，动作少则说明处在深度睡眠中。

3. Sense 感应器

要说市场上的睡眠监测设备，小赢最喜欢的当属这款Sense感应器（见图2）了。该感应器由一家名为Hello的初创公司设计。该产品包括两部分：一个能放在卧室当装饰品的主机球，主机球为只有网球大小的鸟巢型结构；还有一个纽扣大小的睡眠丸。使用时主机球可以放在床头桌上，睡眠丸夹在枕头上。这样就可以全面深度地记录睡眠状态，比普通的手环要细致全面得多。

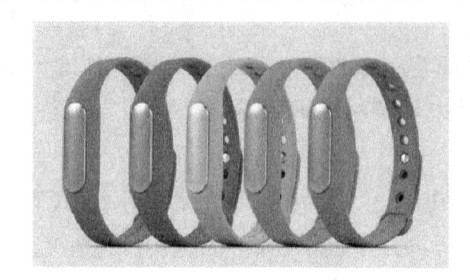

图1　小米公司的手环[①]　　　　图2　Hello公司的Sense感应器[②]

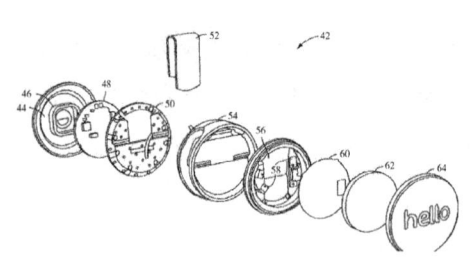

图3　US2016183870A1 说明书附图

根据Hello公司的专利申请（见图3）记载，Sense球内集成了温度、湿度、环境光、悬浮颗粒、距离、噪声等多种传感器，睡眠丸里则有多轴加速度计、磁力计、重力计、霍尔效应传感器……，通过球和丸的综合数据分析，就能找到究竟是什么影响了你的睡眠。举个例子，噪声传感器捕捉到每天凌晨打扰你深度睡眠的罪魁祸首是你窗外路过的大货车声；环境光传感器能告诉你，让你睡不足的原因是窗外亮得太早了。这样，你就知道要想睡好，是安装隔音玻璃还是加厚窗帘了。

目前，这款产品在kickstarter上已经完成了众筹，一个主机球+两个睡眠丸（可同时监测两个人的睡眠是否相互影响）的价格是159美元。

传统睡眠仪

当然了，有些问题并不是像改装玻璃和增厚窗帘那么简单。面对更复杂的睡眠问题该怎么办呢？有人说：吃药啊！吃药短期来看可能快速见效。放眼长期，不但会形成药物依赖，甚至会导致记忆力下降或不眠症。相对药物治疗，选择没

---

① 图片来源：http：//m.baike.so.com/doc/7485546-7755216.html。

② 图片来源：http：//m.smarthome.ofweek.com/2016-07/ART-91002-8110-30016819.html。

有副作用的睡眠仪进行物理治疗会更加安全。小赢来盘点一下。

1. 声音睡眠仪

声音睡眠仪（见图4）通过模拟波涛声、风声、动物叫声等自然的声音，帮助大脑分散注意力，使人体放松来助眠。

2. 光睡眠仪

光睡眠仪的主要形式是助眠灯（见图5），其通过发出特定颜色的光模拟黄昏日落的过程，使人感觉昏昏欲睡。

图4 美国Homedics公司的白噪声睡眠仪[①]　　图5 Sleepace公司的助眠灯[②]

新型睡眠仪

上述两种传统睡眠仪有点简单粗暴，对于长期失眠的患者，外部环境的简单调整很可能并没有效果，人体自身的状态对睡眠质量的影响更大。研究表明：人体处于睡眠或是清醒状态与人体的脑电波的状态有着直接的关系。

人体的脑电波分为以下几个不同的波段。

δ波：频率1～3Hz，人在极度疲劳和昏睡或麻醉状态下可以记录到。

θ波：频率4～7Hz，意愿受挫、抑郁以及精神病患者可以记录到。

α波：频率8～13Hz，正常人脑电波的基本节律。清醒、安静并闭眼时该节律最为明显，睁开眼和接收其他刺激时即刻消失。

β波：频率14～30Hz，当精神紧张和情绪激动和亢奋时出现此波。

失眠，其实是因为你的脑电波紊乱了。所以，有研究指出，将脑电波调节到正常和规律的状态是解决失眠问题的关键。于是出现了下面这两项技术。

---

① 图片来源：https://item.taobao.com/item.htm?spm=a230r.1.14.46.4be7354bViFQLn&id=558162314747&ns=1&abbucket=8#detail。

② 图片来源：https://detail.tmall.com/item.htm?spm=a230r.1.14.41.4eb26067rPLJAg&id=559978686613&ns=1&abbucket=8&skuId=3495401941408。

1. CES微电流技术

CES微电流技术（见图6）通过低强度微量电流刺激大脑，改变患者大脑异常的脑电波，促使大脑分泌一系列抑制焦虑、抑郁、失眠等疾病的神经递质和激素。

目前的相关设备具体通过夹在耳朵上的电极将微电流直接作用于大脑。例如，CN102139140A中的经颅微电流刺激器，通过双运放压控恒流源电路产生恒定双极性电流，通过耳夹电极进行刺激。

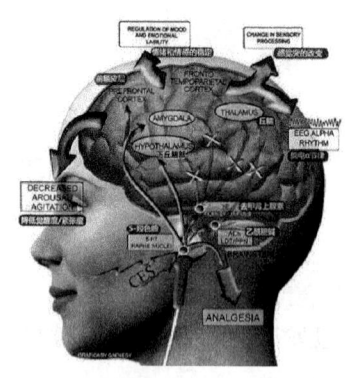

图6 CES微电流技术原理[①]

2. 脑电波同步技术

除了外部电刺激能调节脑电波外，脑电波还会对闪烁光和声作出相应的反应。例如，当两只耳朵听到的声音有一些微小的差异时，大脑实际同步于两者间的差异。当两种声音的频率相差10Hz时，大脑会相应产生10Hz的脑波。

研究表明：用频率同步于脑波的声、光、电波对失眠患者进行干预、调节，产生共振，有助于失眠症的恢复。

北京大学团队组建的格兰莫尔公司利用脑电波同步原理设计了一种睡眠改善装置（CN106343954A），通过睡眠改善模块向人体发射α脑波，使人体放松、进入安静状态。目前，该公司的睡佳阿尔法波睡眠仪也已经上市了。

小结

睡眠仪仅能起到辅助的作用，对于严重的失眠患者还是要接收专业医生的诊断，进行系统的治疗。同时，最省钱，最健康的方法还是自身的健康调节。正如今年世界睡眠日的主题所说："规律作息，健康睡眠"。

本文作者：
国家知识产权局专利局
专利审查协作北京中心光电部
石艳丽 李慧 李燕

---

① 图片来源：https://baike.baidu.com/pic/%E7%BB%8F%E9%A2%85%E5%BE%AE%E7%94%B5%E6%B5%81%E5%88%BA%E6%BF%80%E7%96%97%E6%B3%95/8612404/0/91ae68c6b0c0ae339d163dfc?fr=lemma&ct=single。

趣谈专利

——56个身边的奇妙专利故事

第五章　科技前沿

46 能让高速公路车祸死亡率下降90%的护栏

> 小赢说：
> 很多人不禁惊叹于《速度与激情》系列电影中超级炫目与震撼人心的效果。但在观影的同时，除了影片中晃瞎眼的飙车镜头，你有没有想过，除了车子，还有谁在高速路上守护你的安全？

每个男人心里都住着一个赛车手——能让速度与操控在自己身上完美结合！然而回到现实生活中，高速公路上频发的事故和血的教训却深刻地教育着我们：珍爱生命，谨慎驾驶！

即使谨慎驾驶，遇到突发情况也可能出现意外。这时，道路护栏就成了生命的安全线。然而，很多时候护栏却会带来灾难性的后果（见图1）。

可见，护栏不是自家的沙发，不能说撞就撞。目前，金属护栏一般都是波形梁钢护栏、方管横梁护栏以及混凝土护栏。这种金属护栏吸收冲撞力的能力有限。在巨大反向力的作用下，汽车易侧翻，或偏离车道与相邻车道的汽车碰撞，造成二次伤害。而且，现有防护栏的钢架构造断裂后也易对事故中的司乘人员造成致命伤害。所以，如何更好降低护栏和车辆发生碰撞时的反作用力，降低车辆的翻车风险，降低乘坐者的二次伤害是非常关键的！

图1 高速路事故现场图

小赢带着上面的问题，在专利中寻找答案。有人申请了这样的专利（ZL200720147995.X）：将护栏换成柔软又有弹性的材料——橡胶！这样虽然能解决问题，但是如果在我国几十万公里的公路上应用成本肯定不菲。就算是仅用于转弯或者桥梁处，其更换成本也一定很贵！即便不考虑成本，想象一下这样的场景：假如驾驶员在高速公路上以100km的时速飞奔，突然方向失灵撞向橡胶护栏（见图2）。橡胶护栏很有弹性，确实可以起到缓冲作用，将撞击力度减小并转移。但是汽车在亲密接触后可能被弹性圈弹向内侧车道，显然二次事故风险并没有得到解决。

此时，小赢又检索到了另外一个专利（ZL201110092794.5）。这个专利选用的材料成本更低——废轮胎！一个废轮胎不够，可以用很多个啊！在多个隔板之间布置有排成一行的废轮胎，还可以将锚定件弹性地锁定到布置在轨道之间的梯形件上，这样一来，如果不小心又把刹车整崩了，这个神器可以让车在激情碰撞的同时释放力度，收缩的废轮胎会不断膨胀，从而降低对驾驶员的伤害（见图3）。

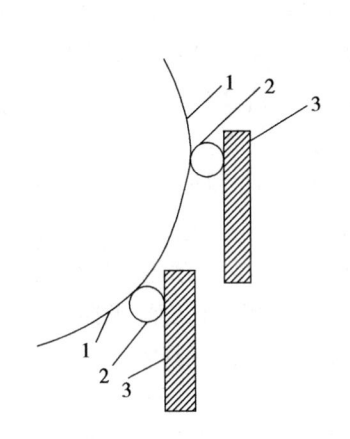

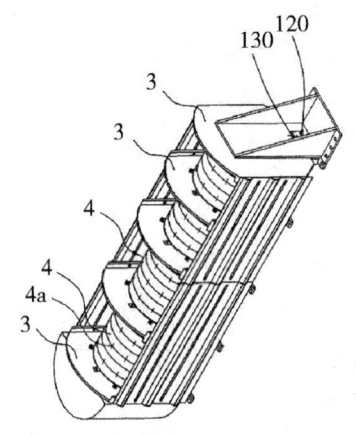

图2　橡胶材料式护栏的结构　　　　图3　收缩式废轮胎护栏的结构图

但是，这种护栏也有缺点！比如说，汽车和护栏撞击后，隔板和结构件等零部件很可能全都被撞得稀碎，这既会给其他车辆带来安全隐患，还提高了设备维护的成本。

功夫不负有心人，小赢终于从专利中发现了一款顶级的创新产品，就是这种橘黄色、胖胖的、还会旋转的"桶式护栏"（WO2009064073A1），被誉为是继降落伞之后可以拯救千万人生命的伟大发明（见图4）。

这款护栏把富有弹性且防撞耐磨的旋转桶支撑在立柱上，通过旋转桶的自由旋转分解汽车撞击力。简单点儿说，

图4　桶式旋转护栏的外观

就是汽车撞向护栏的时候，强大的撞击力会被旋转桶有效地吸收和减小，从而挽救驾驶员的生命。而且由于旋转桶的旋转效应，它还会将汽车碰撞旋转桶时受到的回弹力大部分转化为向车头方向的力，这样就能大大减少二次事故发生的概率。

目前这种旋转桶护栏刚刚进入我国的市场，进行了小范围的生产和应用。有报道称，该产品在交通部公路试验场通过小型车和大货车的碰撞试验并获得了成功，试验结果达到了SB级护栏防撞等级技术标准（根据交通部行业标准《高速公路波形梁钢护栏》，防撞等级可分为B、A、SB、SA、SS共五个等级）。

旋转桶护栏柱体（桶体）材料由乙烯-乙酸乙酯（EVA）或柔性聚氨酯材料构成，富有弹性且防撞耐磨，拉伸强度高达30MPa，断裂伸长率达990%，并可完全避免旋转桶受冲击时被撞碎，有效地对防护栏和司乘人员进行保护。此外它还具有抗化学物质腐蚀、抗紫外老化、抗候性等优点，外观精美不易褪色，在户外自然条件下，使用寿命至少十年以上。另外桶式护栏的安装方法也很简单，顺序为：立柱—U型架—下护栏—回旋圈—旋转桶—上护栏—立柱顶盖（见图5）。

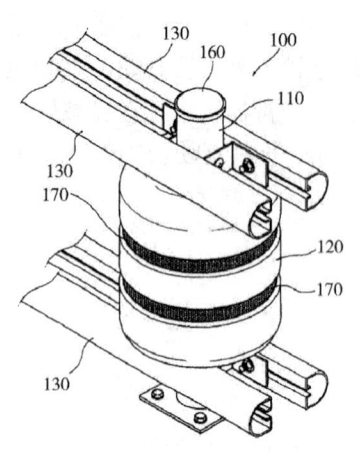

图5 桶式旋转护栏的构造

而且旋转桶外观颜色鲜艳，有黄色、橘红色、绿色等。高度的光亮反射效果有眼球捕捉功能，可引起驾驶员的注意，减低事故发生率，尤其能保证他们的夜间和雨天行驶安全。

抗冲击旋转式防护栏被多家媒体认为是高速护栏发展史上的里程碑。目前，该产品已获得22件发明专利，在韩国、日本、美国等国家的公路上已被广泛使用，尤其应用于事故多发地段。经过权威机构测算，使用地段的交通事故死亡率降低了90%以上。

不过这种"桶式护栏"算上施工成本，造价为4000元/m（是传统双波钢护栏的10~20倍），还是有点贵。目前主要在隧道口、中央隔离带、急速转弯地带、复杂交叉路口等事故多发地段才有安装。

在这款桶式护栏碍于成本压力而推广难度大时，一款对传统护栏的改进专利（ZL200910180462.5）也引起了小赢的兴趣。根据该专利记载，由于端部预卷绕结构的设置（见图6），单波防撞护栏相对于传统的双波护栏能够提高25%的防撞效果，同时能够节省20%左右的钢材！

看到这里小赢在想，如果全国的公路双波护栏都换成上面的单波护栏的话，那要节省多少个钢厂的产钢量啊！而且，经过追踪，该专利的专利权人中交路安公司

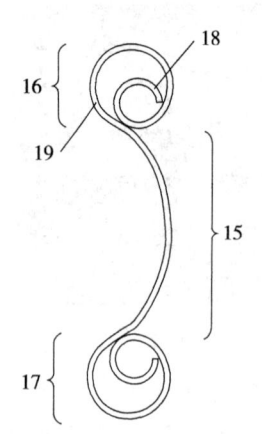

图6 端部预卷绕结构护栏的结构图

虽然仅是一家小微企业，但该专利却同时在世界各地提交了同族专利申请，目前在美国、日本、韩国、加拿大等国已经获得授权。

一家小企业见证了中国从制造到创造的转变，相信随着我国科技水平的不断发展，道路护栏的防护性能会进一步提高，让护栏真正成为挽救高速车祸中人们生命财产的安全线。

本文作者：
国家知识产权局专利局
专利审查协作北京中心化学部
孙捷

47 成功预警九寨沟地震，这个专利技术火了！

> **小赢说**：
> 2017年8月8日，四川省阿坝州九寨沟县发生7.0级地震。美丽的九寨沟牵动了全国人民的心。与汶川地震毫无预警不同，这次地震有预警！相关专利技术未来可能会挽救无数的生命。

据《北京晨报》官方微博2017年8月10日报道，几乎在九寨沟地震发生的同时，地震预警APP在不到20s内连发5条推送，提前71s为成都市用户提供预警信息。"头条新闻"于2017年8月9日发布微博称，在地震刚刚发生时，同属阿坝州的汶川电视台提前40多秒弹出预警画面。视频显示，正在播放的电视节目变成一段蓝底白字的地震预警画面，从40多秒开始倒计时。

四川北川、茂县，甘肃陇南市等地的民众，也通过电视收到了地震预警。四川广元市、成都市、绵阳市、阿坝市，甘肃省陇南市，陕西省汉中市等地的11所学校也提前发出预警。还有众多身处震区的网友表示，在感到地震之前，手机中的地震预警APP提前响起了警报，发出了倒计时方式的地震预警。

在众多网友为预警技术点赞的同时，也有一些网友提出了以下疑问：常听说地震预测做不到，这次是怎样实现的？提前几秒预警有什么作用？为什么汶川地震时没有预警？这项关乎生命的技术，是谁发明的，有知识产权保护吗？

小赢来一一回答。

什么是地震预警？

地震预警和地震预测的概念不同。地震预测是当地震还没有发生时提前预测出何时何地发生地震。而地震预警是在地震发生后利用电波跑得比地震横波快的原理，提前通知大家，赢得救命时间。

具体来说，地震预警是通过布设密集的烈度仪，测得地震发生后，迅速发出电信号。电信号通过服务器处理后能够迅速传递到手机、微博、应急广播、电视等终端设备（见图1），根据距离震中的距离，在破坏力强大的横波到达之前，提前几秒到几十秒发出警报，从而赢得宝贵的逃生时间。

图1　地震预警示意[①]

预警有什么作用？

不要小看这短短的几秒到几十秒。地震预警系统可以帮你节省当地震来临时的感知、判断、确认等思维反应时间，甚至在你有所感觉之前就告知你地震的发生。而这些节省的时间往往正是你能否逃生的关键。

如果倒计时有十几秒到几十秒，让你有更大可能冲出房门，来到相对开阔的地方。即使预警只有短短的三秒，也能够给你增加采取各种避险措施的时间。例如，从客厅冲到相对安全的卫生间，或者找到护具保护头。理论数据表明，若地震预警时间为3s，可减少14%的人员伤亡；地震预警时间为10s，可减少39%的人员伤亡；地震预警时间为20s，则可减少63%的人员伤亡[②]。正如中央电视台《新闻周刊》节目中所述："如果提前预警十几秒，昔日的北川也许就不会瞬间成为'死亡之城'"。

上文提到的ICL地震预警已经与以下渠道对接：手机短信、手机客户端（APP）、计算机客户端、微博、电视。

- 手机短信：受众面广，但是可能存在不可控的延迟情况。
- 手机APP：接收比较迅速可靠。目前成都高新减灾研究所发布的APP，安卓系统会在振动的同时发出声音，而苹果系统则只能振动或者发出声音。

---

① http://www.365icl.com/View.asp?Pid=134。
② 地震预警（报）系统及减灾效益研究[J].西北地震学报，2000，22（4）：452-457。

- 计算机客户端：能够迅速可靠地接收到信息，但需保持联网并已安装相关软件。
- 微博：与手机APP的区别主要在于并不能发出振动或警报声。
- 电视：传输转换相对复杂，受众面很广。

目前，随着智能手机的普及，小嬴推荐安装手机APP来接收地震预警。

为什么汶川地震时没有预警？

2008年"5·12"汶川大地震时，我国还没有地震预警体系。汶川大地震发生后，看到了祖国震区的惨重伤亡，一位在奥地利科学院从事超冷原子和量子信息研究工作的四川小伙毅然回国。他名叫王暾，创立成都高新减灾研究所，立志要做出中国人自己的"地震预警"系统。

自该所成立以来，在国家和地方防震减灾相关部门的支持下，该所成功研制出我国首套具有自主知识产权的地震预警系统"ICL"，建成了覆盖我国220万平方公里的世界最大地震预警网络，也使得我国成为继墨西哥、日本后，第三个具有地震预警技术能力的国家。

为什么叫做ICL？根据官方回答，这是Institute of Care-life（关爱生命组织）的缩写。这个名字的含义让人感到温暖。

这套预警系统经过了上万次实际地震的公开检验，成功预警了40次造成了破坏的地震。同时，该地震预警技术已开始服务"一带一路"沿线国家。

知识产权

在研发我国首个自主研制的地震预警系统的过程中，成都高新减灾研究所不忘对科研成果进行保护，目前已经获得了五项国家专利。
- ZL201210105589.2，一种基于iOS操作系统的预警倒计时方法；
- ZL201210120245.9，一种地震预警震级获取方法；
- ZL201210202868.0，一种分布式地震预警信息处理方法及系统；
- ZL201210219862.4，一种基于电视机顶盒的地震预警信息播报方法；
- ZL201120347085.2，救援抢险现场用余震预警装置。

最后，引用该所所长王暾的话："'ICL地震预警技术'的成功研制和应用，是利用汶川大地震余震资源，吸收国内外地震预警技术并进行重大技术创新而形成的创新技术。其中，融合现地法和异地法的预警技术、基于台站现场处理的预警技术、地震烈度的声音提示方法、基于iOS操作系统的预警倒计时方法、电视地震个体预警信息发布这5大技术创新点均属于世界首创。当前，该系统已实现地震预警信息的秒级响应发布"[1]

结语

  充分发挥地震预警系统的功效，还依赖于公众防震减灾素质的提高。希望大家除了增加对地震预警系统的了解，还要学习逃生避险知识，积极参与防灾演练。也希望ICL预警系统更加强大、快速、准确，为生命赢得更多时间。

本文作者：
国家知识产权局专利局
专利审查协作北京中心医药部
李安

---

[1] http://www.sohu.com/a/76406860_115496。

48 将战斗机上的HUD技术移植到爱车上要几步？

> **小赢说：**
> 现在越来越多的新车型开始搭载HUD技术，为了这个技术换辆车看起来并不划算。有什么办法在不换车的情况下，让这项很炫的技术应用在爱车上呢？小赢今天来给你支几招。

图1 战斗机上的HUD[①]

HUD技术，通常被译成抬头显示技术（Head Up Display），其最早的应用是将重要的飞行数据投射在战斗机驾驶员眼前的一片玻璃上。这样，在瞬息万变的空中战场就减少了飞行员低头看仪表的频率，注意力更集中，提高空中胜率。影视剧中，飞行员主视角画面里显示的就是这种技术（见图1）。每每看到这样的镜头，小赢都有一种眼前一亮的感觉。

HUD技术后来被转用到民航领域，再后来又被转用到汽车领域。在过去的十几年间，HUD技术一直是豪车的标志。很多人认为其价格和功能不成正比，也就是咱们常说的性价比低，因此亲民的车型中以往都不会配置。但这种情况正在悄然发生改变：奔驰以前只有S级才搭配，目前C级有配置。宝马几乎已经全系搭配HUD系统，而且宝马的HUD系统是全彩的。新一代的A4、A6都可配置HUD系统。近年来随着HUD系统的成本下降，很多20万元的车也开始搭载这一系统。近期发布的某款国产SUV，售价10.98万元起，也搭载了该系统（见图2）。

当然，这个功能虽然炫酷，但专门为这个功能让小赢去换车，可能还是不现实。于是小赢从专利技术中挖掘了几种其他的解决方案。

---

① 图片来源：http://news.bitauto.com/hao/wenzhang/61204.

图2 某款国产SUV上的HUD效果图

Navdy公司的车载HUD产品,可以通过OBD与汽车相连,把行驶信息或手机信息投射在透明显示板上,显示内容看上去就像是悬浮在挡风玻璃前方。并且Navdy可以和iPhone或者Android手机通过蓝牙相连,获取谷歌地图等应用信息,帮助司机进行导航,显示手机应用的信息。更炫的是,还支持隔空手势操控以及语音操控(快速调用siri)。例如,用户只需竖起大拇指就可以接听电话,手指在空中向右滑动一下就可以挂掉电话。

这款产品的工作原理可以根据Navdy公司的专利(WO2016014712A1)来分析。Navdy的产品类似于幻灯片投影(见图3)。由投影仪10发出光信息,经过反射镜12反射到透明板14上,驾驶员透过透明板14能够看到在板后所形成的虚像,所以成像位置像是在挡风玻璃附近。

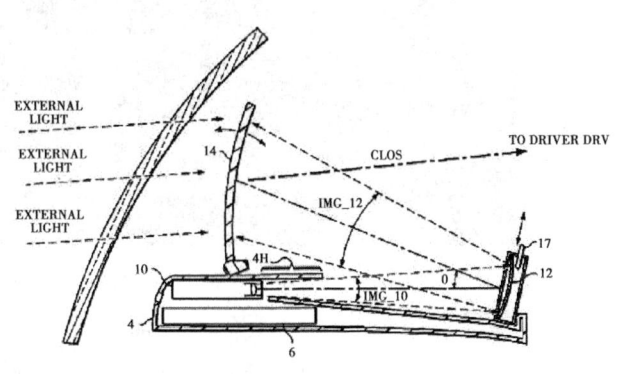

图3 WO2016014712A1说明书附图

Navdy的投射效果清晰稳定,是因为成像的光线是投射在透明显示板上,而不是挡风玻璃上(见图4),这样可以免受强光干扰。

不过,该产品在美国的售价为799美元,小赢认为还是蛮贵的。近年来,随着国产品牌如雨后春笋般涌现,出现了很多价格更加亲民的产品。例如一款由深圳某公司研发的CarPro HUD,通过HUD 成像屏与高亮度液晶显示模块配合,使观

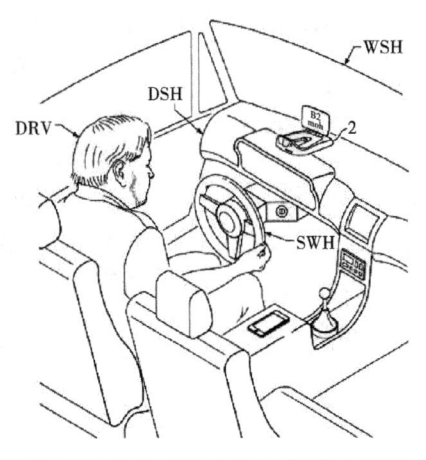

图4 WO2016014712A1说明书附图

· 205 ·

察者可以看到放大的、带有空间景深的、与凹面镜背后实景叠加在一起的图像（CN106324835A），可以更轻松应对复杂路况。

北京乐驾科技推出的车萝卜HUD，特点在于可以通过电机结构控制反射镜模组的位置（CN106950696A），主动适应驾驶员，提升人们开车的安全性。

当然，涉足下一代HUD技术的AR-HUD我国公司也开始研发。所谓AR-HUD就是利用增强现实（AR）技术与HUD技术相结合，提前在前档显示屏上预警一些注意事项，比如前方车急刹等。CarPlus HUD就是将虚拟图像和现实场景准确叠加，实现车载平视显示的增强现实显示（CN106094215A）的一款产品。

高德地图还推出了不需要额外花钱就能使用的HUD技术。在智能手机上安装高德地图，进入导航页面，开始导航后可以由普通导航模式切换为HUD导航模式。然后将手机放在靠近挡风玻璃的下方，就可以在挡风玻璃上看到导航信息（见图5）。高德地图的HUD导航模式在夜晚使用效果更佳。

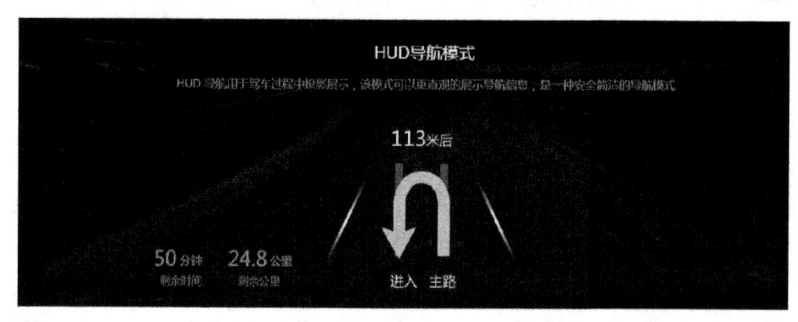

图5 高德地图HUD导航效果

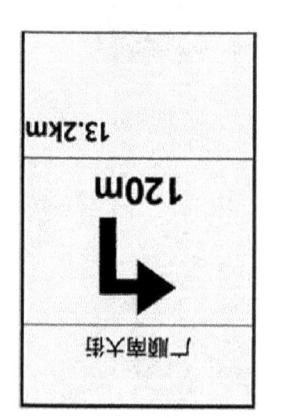

图6 CN104880194A 说明书附图

对于高德地图的HUD技术，小赢在检索过程中浏览到了高德地图申请的专利CN104880194A，其原理是在手机屏幕上镜像显示导航地图（见图6），然后投射到车辆的前挡风玻璃上，供驾驶员查看。为这一个小技术点申请专利，不得不说高德地图的专利保护意识还是很强的。

看过了这么关于多抬头显示技术的介绍，想必车友们也已经跃跃欲试了。不过，在享受抬头显示带来的便利和兴奋的同时，千万别忘了我们是在驾车而不是开飞机哦！

本文作者：
国家知识产权局专利局
专利审查协作北京中心光电部
姜澜

49　一款能钓鱼的水下机器人

> **小赢说：**
> 钓鱼竿是可以钓鱼的，可是机器人也能钓鱼吗？小赢来带大家熟悉一下这款能钓鱼的水下机器人。

小赢今天介绍的能钓鱼的水下机器人，英文名为PowerRay，中文名为小海瑶、无人船、水下机器人，有着华丽丽的外观，并申请了外观设计专利（ZL201730002884.9），图1为未加垂钓杆时的小海瑶产品实物图，图2的序号52为鱼竿。

图1　小海瑶产品

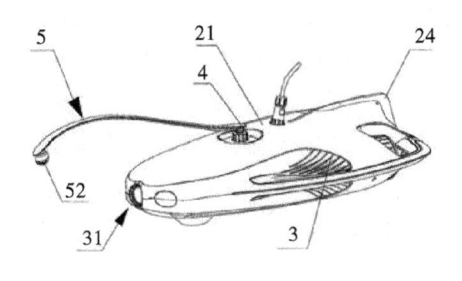

图2　ZL201710004597.0说明书附图

这款水下机器人集合了钓鱼、潜水、水上航行、拍摄、信号实时传递等多种功能。大家不禁要问，PowerRay的外观是怎么设计出来的？下面小赢就来讲一下它的设计历程。

设计团队称，该产品最初的设计灵感来自于海底的微笑天使——瑶鱼（见图3）。整体形状为前窄后宽的圆弧流线形，厚度较薄，结合了贯穿船体的垂直涵道和侧翼部位水平涵道设计，使机器人能够有效地分散水的阻力，在水下高速前进的同时更加轻松地上浮下潜，不带突出的棱角加上柔性防撞条设计，能够有效避免石头碰撞损坏和对其他

图3　瑶鱼

·207·

生物的伤害。前方侧部为对称的圆形LED大灯，简洁大方，像瑶鱼的眼睛，能够增加水中的光线，为水下或夜间拍摄照片提供足够的亮度。PowerRay在细节上的处理，如各个功能模块主要设计在产品的下部，使得产品重心偏下，行驶自由度高、行驶更加平稳。尾部中央的L板筋凸起的安定面设计，是天然的推进器和平衡控制器。

PowerRay强大的功能有哪些？

功能1：寻鱼和钓鱼。下部有球形的寻鱼器。还装有摄像头，通过声纳准确探测鱼群分布、大小、水温、水深、地形。寻鱼器上方可挂鱼钩，通过前方镜头可以实时传输水下场景，实现可视化的钓鱼。寻鱼器申请了外观设计专利ZL201730002711.7，见图4。

图4　ZL201730002711.7寻鱼器

功能2：自带重力感应系统的VR眼镜，眼镜中包含感应单元、去噪单元、三维成像单元等，感应单元包含带重力感应的传感器、加速度传感器和陀螺仪一种或多种，用来采集用户头部的上下、左右等动作信息，通过基站，进而控制无人船运行和图像采集的角度。控制系统的控制原理请参看发明专利ZL201710005300.2。外观设计申请ZL201730002883.4公告了VR眼镜的外形。

功能3：多种控制模式，如支持遥控手柄、手机APP虚拟摇杆、手机体感控制或VR体感控制。体感遥控器的主要相关专利有ZL201621383884.4、ZL201521140484.6、ZL201511032422.8、ZL201630264658.3，其中外观设计专利ZL201630264658.3公告了体感遥控器的外形，属于既优雅又简洁的流线型外观设计。

功能4：续航时间高达4h，并配有超高清晰的广角的相机，可以实现1080P传输预览水下的图像与视频，支持1200万像素的连拍。其电池申请了专利ZL201710005105.X，而船体的密封舱有着军用级别的密封性，耐压耐腐蚀，可以淡水、海水航行，参见专利ZL201710005272.4。

小赢仔细研究了该产品。该产品尽管汇集众多专利于一身，但还是有改进空间的。一是下潜深度。如果能潜入更深的海底，那完全可以和《海底两万里》的鹦鹉螺号媲美了吧！二是变为无线遥控。目前，由于无线电波在水中传输衰减，水底传输效果不好，Wifi和蓝牙受液体介质影响较大，无法实现实时传输，加上无缆的水下机器人价格昂贵，因此，为了信号传播稳定，消费级的水下机器人普遍采用了传统的有线通信技术。PowerRay是将一根30m长的电缆系在无人机机身中部的插口。若能从技术上和经济上有效地克服信号的稳定性，就不用拖着长长的绳子了。但这里小赢需要说明的是，相关报道表明公司正在考虑研发这样的产品，目前还未见相应产品上市。

下面，小赢再次简单介绍一下研发PowerRay的公司。研发PowerRay的是北京臻迪机器人有限公司（以下简称臻迪公司），成立于2010年，始终致力于消费级机器人及相关产品的研发和生产，公司在澳大利亚、美国、加拿大等均设立有专门的技术及产品研发机构，并在欧美设有销售及服务公司。公司的目标是成为世界一流的智能机器人及相关领域产品研发及创新的企业。目前公司申请新型和发明专利已经有数百件，从授权公告的各项专利数据来看，2016年、2017年是专利申请量较多的年份，见图5。其中无人船相关申请占有一定的比重，见图6。

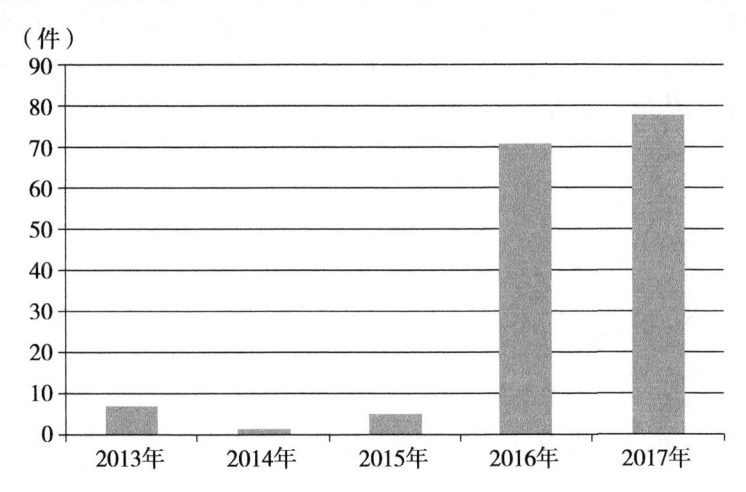

图5　2013～2017年臻迪公司在中国的发明专利申请量

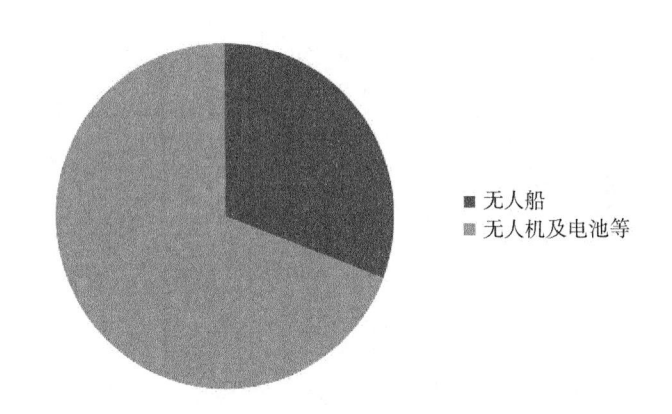

图6　臻迪公司在中国的发明专利申请分布

2016年，臻迪公司发布PowerEgg（会飞的蛋），之后京东众筹高达上亿元的结果让人瞠目结舌，足见其在无人机领域的地位！

2017年4月，公司在德国慕黑尼发布会中首次公开了PowerRay的详细功能参数和欧洲定价。产品有三个版本：探索版、寻鱼版、大师版，欧洲定价分别为

1599欧元、1988欧元、2099欧元。

相关报道显示，到2020年中国无人水下机器人的市场规模将达到800亿元的级别，军用无人水下机器人的市场也将达到300亿元规模。仅在民用无人水下机器人方面，面向企业的市场将有430亿元，其中搜索救援类达60亿元，安全监测类达137亿元，调查研究类达3.7亿元。面向个人的"潜水伴侣"类无人水下机器人，也有60亿元的市场空间。从专利申请上，一些公司已经开始崭露头角，除了臻迪公司之外，还有天津深之蓝海洋设备科技有限公司、深圳鳍源科技有限公司、微孚智能公司等。

小赢相信，在各个公司的竞争之下，未来产品的成本和价格会下降到小赢可以接受的程度，到时候，小赢可以换个角度去看世界，去热带岛屿旅游，带着这个去拍美丽的热带鱼。为了这个朴素的愿望，上面的公司可要加油。

本文作者：
国家知识产权局专利局
专利审查协作北京中心外观部
苏建亚

50　为啥"双十一"的快递送达那么快？

> 小赢说：
> 　　往年过了"双十一"，小赢天天盼短信、盼电话，茶不思饭不想，只挂念我的快递，但2017年的"双十一"好像刚下完单货物就从天而降。这是为什么？小赢来解密！

　　要问快递速度到底有多快？2017年结束的"双十一"各大电商平台给出了答案，最快送达时间分别为：网易考拉32分钟，苏宁易购13分47秒，天猫12分钟，天猫跨境全球购33分钟，天猫农村第一单69分钟（贵州黔南苗族布依族自治州）。别以为上面只是作秀的个例，在大数据方面也是有支撑的。从2013～2017"双十一"九成包裹送达用时对比图（见图1）能够看出，2013年用了9天，2014年用了6天，2015年用了4天，2016年用了3.5天。2017年的"双十一"快递速度再度提升，仅用2.8天。而且，这是在2017年"双十一"包裹数量达到8.5亿件、比去年提升29%的基础上完成的。

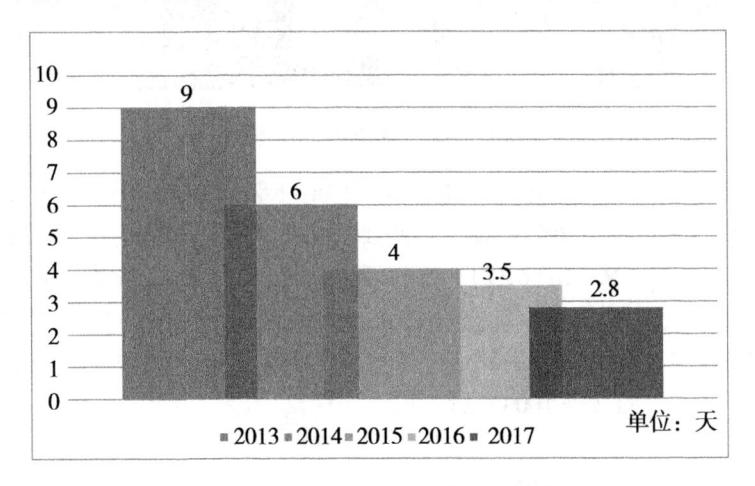

图1　2013～2017"双十一"九成包裹送达用时对比

　　小赢认为，虽然"双十一"快递水平的提高与全社会的帮助和关心，以及快递员的努力密不可分，然而起决定作用的还是技术。在此，小赢将通过专利的视角进行解答。

建立完善自动分拣系统

目前，各快递公司均对自动分拣系统进行了布局和完善，如顺丰斥巨资在多地建设大型仓储中转站，引入自动分拣系统；中通运转中心上线了一台全球最长的16.4m自动伸缩机后，20min就能完成原来装货至少要四个人耗时60min以上的工作；圆通速递上海中心引进了四套自动分拣设备，日均处理量150万件；在百世分拨中心，风暴自动分拣系统使分拣效能提升了3倍，分拣正确率可达99.9%。以某分拣中心为例：快件从被电子标签到经过矩阵分拣，再到通过传送带装车用时仅1min（见图2）。

图2 自动分拣系统工作流程

顺丰公司在分拣领域进行了较为全面的专利布局，从传送设备（ZL201620504531.9），到分拣系统（ZL201620695496.3、ZL201621093506.2），再到分拣机器人（ZL201621166307.X）。当然，一直致力于打造自身物流系统的京东也不甘落后，在分拣系统领域的专利布局也囊括了分拣机（ZL201510054628.0）、自动识别包裹系统（ZL201510305577.8）、订单包裹位置快速分类装置（ZL201610037221.5）。

使用智能化仓储机器人

智能化仓储机器人的上岗，将传统仓库的"人找货"变成了"货找人"模式。2017年的"双十一"，菜鸟网络在全球首次上线使用机器人仓群作业。在人工智能算法的驱动下，自动化传送带线、AGV机器人、机械臂等设备都有条不紊地协同运作。苏宁易购上海AGV机器人仓，穿梭着近200组仓库机器人，驮运着近万个可移动的货架（见图3）。

让人意想不到的是，作为一家电商，苏宁公司还申请了AGV机器人的专利——AGV运输车的调度方法及系统（ZL201610069265.6）。京东建成全流程无人仓，实现从入库、存储到包装、分拣的智能化和无人化。

图3 AGV机器人搬运示意

物流大数据预测

有人说，在未来物流的核心是数据，而阿里握住了基础数据就相当于握住了"四通一达"的命脉。虽然菜鸟网络没怎么把钱花在物流的实体上，但是以后却可能成为最赚钱的物流公司。

菜鸟网络根据快递公司开放的物流数据，结合天猫和淘宝的买家行为，以及商家的备货数据，给物流合作伙伴提供数据预测。基于预测的数据，商家能够提前把货物就近放在消费者身边（根据区域消费行为、消费者购物者添加的物品等），这才是实现12min送达的关键！正如菜鸟首席科学家丁宏伟所说，智慧物流绝不仅仅是做了个无人机之类的产品就能喊的，其核心是基于大数据和算法的全局优化。将分散的运力信息串联起来，找到全局优化模式，使得行业之间、企业之间多主体协作的成本大幅降低，不同公司之间能完美进行社会协作。阿里公司的专利布局也印证了这一点，阿里关于物流领域的申请，主要集中在大数据方面，如处理用户信息的系统（ZL201010165236.2）、物流公司贷款资金实时清算系统（ZL200810212055.3）、订单信息提醒方法（ZL201210107707.3）、地址数据处理方法（ZL201610046783.6）。此外，2017年的"双十一"，阿里的工程师们还改进了一款名叫"鲁班"的AI设计师，能自动生成4亿张商品广告，相当于每秒制作8000张海报。

物流大数据作为一种新兴的技术，它给企业带来了更多的机遇，合理地运用大数据技术以及人工智能技术，将在物流企业的管理与决策、客户关系维护、资源配置等方面起到积极的作用。顺丰快递也适时推出了快递行业首款大数据产品——数据灯塔，该产品融合顺丰内外部海量数据，提供全面、精准、专业的行业、用户、品牌、产品、快递和仓储等分析（见图4）。

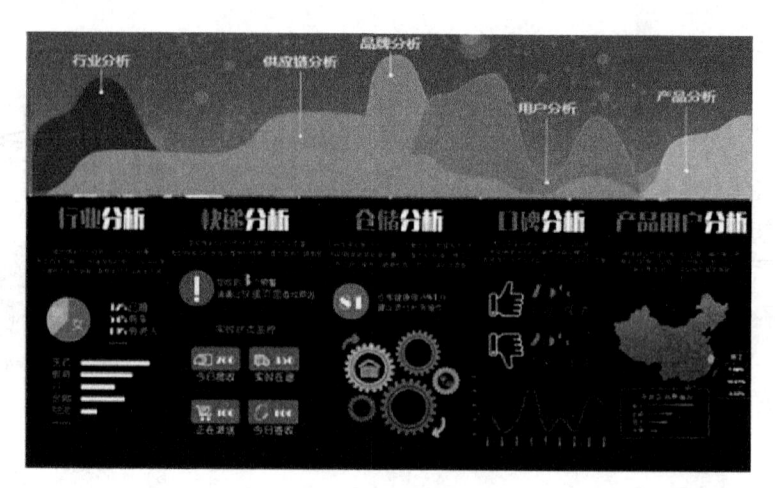

图4 数据灯塔分析图

可见，2017年"双十一"快递速度的加快并非无迹可寻，其深层次的原因在于各快递公司在技术上的革新和投入。在此，本文以当今物流界流行的一句话作为结尾：当用户还在抢尿不湿的时候，电商巨头们已经开始抢科学家。

本文作者：
国家知识产权局专利局
专利审查协作北京中心化学部
楼兴隆　杨芳

51　只为一片清洁的多晶硅

> **小赢说：**
> 大家都知道太阳能是清洁能源，而太阳能的利用者"多晶硅"的制造过程也应该没有污染。

目前，能源危机日益严重，太阳能作为一种清洁、长久的能源早已进入人们的视线。早在1939年，法国科学家贝克雷尔就发现了"光伏效应"，1954年在美国的贝尔实验室首次制成了实用的单晶硅太阳能电池。

目前，太阳能光伏发电的应用非常广泛。日常生活中最常见的是道路旁的太阳能路灯。还能用在房屋屋顶，既可以发电，还能吸收热量、保持室内温度。在世界各地，各式各样的太阳能建筑也都让人眼前一亮，如印度巨蛋办公楼、迪拜的垂直村落、巴西的太阳城大厦等。日本甚至还启动了太空太阳能电站，预计发电量可达十亿瓦，足够大约30万个家庭用电的需要。在太空的空间站、卫星等航天器上，也都是采用的太阳能板。

硅是地球上储藏最丰富的元素之一。自从19世纪科学家发现晶体硅的半导体特性后，它几乎改变了一切，也是制备太阳能光伏板产业化最成熟的材料。

2017年获得专利金奖的就有一件涉及多晶硅制备工艺的发明专利（ZL200710121059.6），专利权人是中国恩菲工程技术有限公司（以下简称为恩菲）。恩菲前身是中国有色工程设计研究总院，是中华人民共和国成立后首批设立的研究设计院之一，在各种金属采矿、选矿、提纯和冶炼等方面具有雄厚的技术，是我国镍都、铜都、铅都的主要设计者，拥有工程设计顶级资质（综合甲级），年营业收入达60亿元，已成为全球最有影响力的工程公司之一。

恩菲不仅重视技术的研发，也非常重视专利的申请，从总体来看，恩菲的申请量基本呈年度递增的趋势（见图1）。截至目前，恩菲共申请专利近1600件，其中授权的发明专利有400余件、实用新型600余件。2015年开始申请了一定量的PCT国际专利申请，为其"走出去"奠定了基础。

从申请的领域来看，涉及硅的专利约占全部专利的13%，多晶硅-光伏发电也是该企业一个重要的业务方面（见图2）。

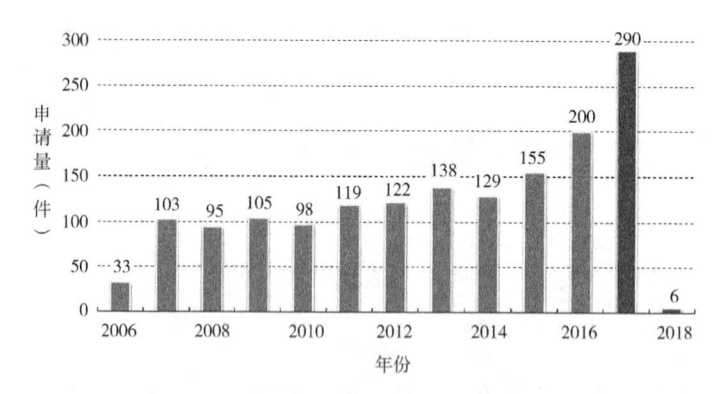

图1　恩菲公司的专利申请量年度变化趋势

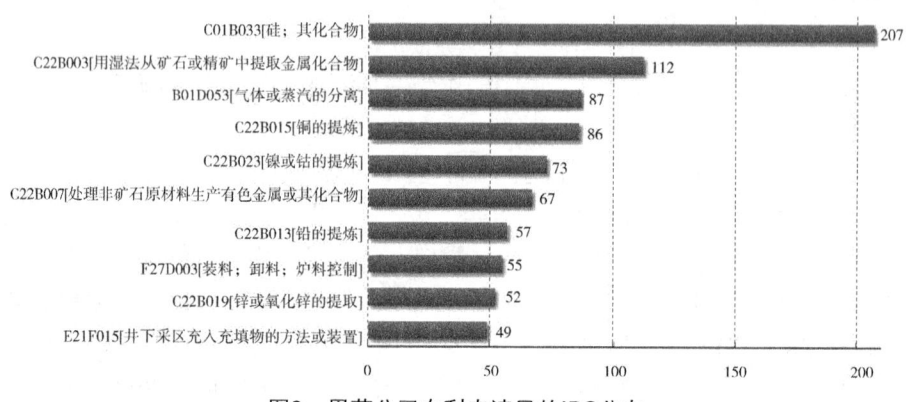

图2　恩菲公司专利申请量的IPC分布

我们再来看看2017年获得专利金奖的这件专利，到底含金量如何？

多晶硅的制造是通过一系列化学与物理反应，反复提纯，除去工业硅中微量杂质的过程，将工业硅与氯化氢（HCl）合成三氯氢硅（$SiHCl_3$），三氯氢硅提纯后与氢气在还原炉内发生反应生成硅，并在硅芯（纯硅种子）上气相沉积为多晶硅。

生产过程中主要的反应为：

$$Si+HCl \rightarrow SiHCl_3+SiCl_4+H_2 \uparrow$$

$$SiHCl_3 \rightarrow Si+SiCl_4+H_2 \uparrow$$

$$SiHCl_3+H_2 \rightarrow Si+HCl$$

传统多晶硅生产过程中，高纯原料在还原炉内反应，仅有10%~20%转化为多晶硅，80%~90%都转化为尾气，数量巨大且成份复杂。每万吨多晶硅产生2.4亿立方米含有氢气、氯化氢、四氯化硅、三氯氢硅、二氯二氢硅、硅粉及各种高氯硅烷的尾气。传统多晶硅生产工艺突出的特点是采用"尾气湿法回收"技术，即多晶硅生产过程中产生的尾气经初步加压分离氯硅烷后用水淋洗，回收氢气。然而，在水淋洗过程中，水中的氧气、二氧化碳等杂质气体会污染氢气，故大量回收的氢气需再次净化。此外，淋洗过程中氯硅烷水解，产生污水，需进一步处理，导致环境污染和物料消耗大。同时，产生的氢气也未能得到充分的利用，既浪费了能源，增加了成本，又导致了环境污染。21世纪初，多晶硅生产技术由美日德掌控，对我国实施技术封锁和市场垄断，价格最高达320万元/t。2005年全国多晶硅产量仅80t，几乎全部依赖进口。我国超级计算机、卫星通信、航空航天、先进武器和新能源等产业受到致命威胁。

恩菲在大量研究工作基础上，提出"梯级分离提纯、动态循环净化"设计思想，使多晶硅生产技术产生重大突破。揭示了氯化氢在四氯化硅（$SiCl_4$）中的溶解机理，发明了反应过程气体梯级分离提纯技术（即本发明中的"尾气干法回收"技术）（见图3），即将反应过程中和反应后尾气中的H_2、$SiHCl_3$、$SiCl_4$、SiH_2Cl_2、HCl气体采用"加压分离–吸收–解析–吸附–再生"工艺（见图4）分别分离提纯回收，并返回至多晶硅生产的不同阶段，实现了尾气的回收与闭环重复利用，颠覆了传统多晶硅生产技术把反应过程气体作为尾气处理的技术路线，使多晶硅生产的过程气体循环利用率达到99.99%，实现了清洁生产，大幅降低物料消耗和生产成本。

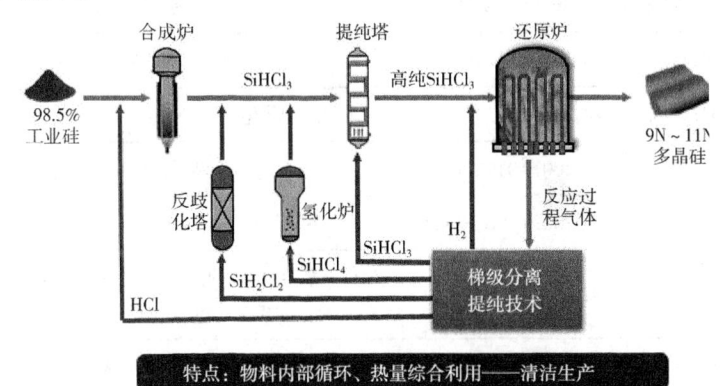

图3 生产多晶硅的方法-梯级分离提纯技术

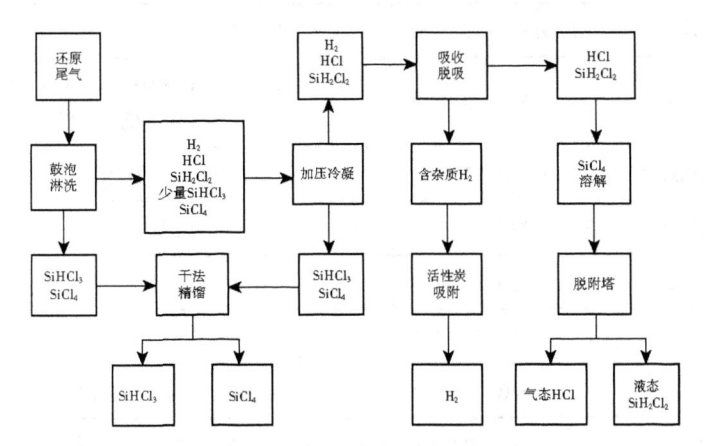

图4 梯级分离提纯流程图

恩菲经过实验室、工业化试验和产业化试验，使本发明成为完整的、成熟的工艺包，并投资控股洛阳中硅高科技有限公司，实现了大规模量产。设计建成了年产1000t（1套）、2000t（2套）、5000t（1套）多晶硅生产系统，通过技改消除瓶颈，目前总产能已达18000t/年，累计生产多晶硅3.1万吨，实现销售收入87亿元。恩菲利用本发明技术许可和设计、服务签订合同累计1.9亿元、工程总承包累计25亿元，实用性和市场价值显著。

恩菲在研发过程中还不断布局以本发明为核心的专利群，目前已申请超过200件多晶硅相关专利，其中21件和本发明紧密相关（见表1），涉及工艺技术、工艺装备、控制系统、节能环保和特种工具等内容，均获得了授权。恩菲对专利形成专利群的布局方式值得推荐，这也是本专利能入围中国专利金奖预获奖项目的重要原因之一。希望国内能出现更多像恩菲公司一样手握自主知识产权和核心技术的企业。

表1 恩菲公司的核心专利列表

序号	专利类型	申请号/专利号	专利名称
1	发明专利	ZL200710121059.6	生产多晶硅的方法
2	发明专利	ZL200710121058.1	回收处理生产多晶硅所产生的尾气的方法
3	发明专利	ZL200710121060.9	回收生产多晶硅所产生的尾气的方法
4	发明专利	ZL200910065894.1	一种三氯氢硅合成尾气的干法回收方法
5	发明专利	ZL201110081212.3	从生产多晶硅所产生的尾气中回收氯化氢的方法
6	发明专利	ZL201210114103.1	三氯氢硅精馏系统
7	发明专利	ZL201210276462.7	一种从干法回收料中提纯二氯二氢硅的方法
8	发明专利	ZL201210285784.8	一种三氯氢硅合成尾气的处理方法
9	发明专利	ZL201210285785.2	一种多晶硅生产工艺中产生的还原尾气的干法回收系统和方法
10	实用新型	ZL201220397668.0	一种三氯氢硅合成系统
11	实用新型	ZL201220614289.2	多晶硅还原炉
12	发明专利	ZL201310373754.7	纯化三氯氢硅的方法
13	发明专利	ZL201310373760.2	纯化三氯氢硅的设备
14	实用新型	ZL201320407879.2	制备多晶硅还原生产用混合气供料的装置
15	发明专利	ZL201410217058.1	处理多晶硅尾气干法回收料的方法

续表

序号	专利类型	申请号/专利号	专利名称
16	发明专利	ZL201410331701.3	三氯氢硅的提纯方法
17	发明专利	ZL201410364843.X	处理多晶硅还原尾气的方法
18	实用新型	ZL201420263451.X	处理多晶硅尾气干法回收料的系统
19	实用新型	ZL201420385050.1	三氯氢硅的提纯装置
20	实用新型	ZL201420400497.1	制备三氯氢硅的装置
21	实用新型	ZL201420420207.X	处理多晶硅还原尾气的系统

本文作者：
国家知识产权局专利局
专利审查协作北京中心材料部
杨坤　姚希

52 荣获"专利金奖"和"国家标准"的移动支付技术

> **小赢说：**
> 有没有一种速度又快又安全的移动支付方案？请看荣获全国专利金奖并入选国家标准的限域通信（RCC）技术。

现有支付手段的问题

目前的二维码支付技术和NFC支付技术存在问题：二维码技术的安全性不高，完成支付时间长。不是每个用户的手机都支持NFC。NFC的信号很难穿透手机的金属外壳，因此要在金属手机壳上用塑料开窗，影响手机的形象和手感。另外，NFC的标准不统一，用户的支付体验不一致。上面两种技术核心专利在这些美日企业手中，存在技术壁垒。

RCC 及其优势

限域通信RCC（Range Controlled Communication）由中国企业国民技术股份有限公司主导研发。用户只需要更换SIM卡或者SD卡，无需更换手机就可以使用。RCC卡能够适配市面上绝大部分手机，涵盖所有SIM卡类型，如标准SIM卡、MicroSIM、NanoSIM。RCC技术的基本原理如下（见图1）。

读卡器利用低频单向通道将自身唯一标识和其他通信参数以及密钥传给手机的RCC模块（通常为RCC SIM卡），RCC SIM卡通过射频（通常是2.4GHz）双向通道将自身唯一标识回传给读卡器，读卡器实现与RCC SIM卡的唯一绑定，并与RCC SIM卡采用射频双向通道实现高速大数据量的通信。RCC结合了低频通信便于控制距离和射频通信传输易于穿透、速度快的优点。由于低频磁场的通信可以限制距离，射频通信又是可加密的，RCC技术天然具备双保险，安全性高。

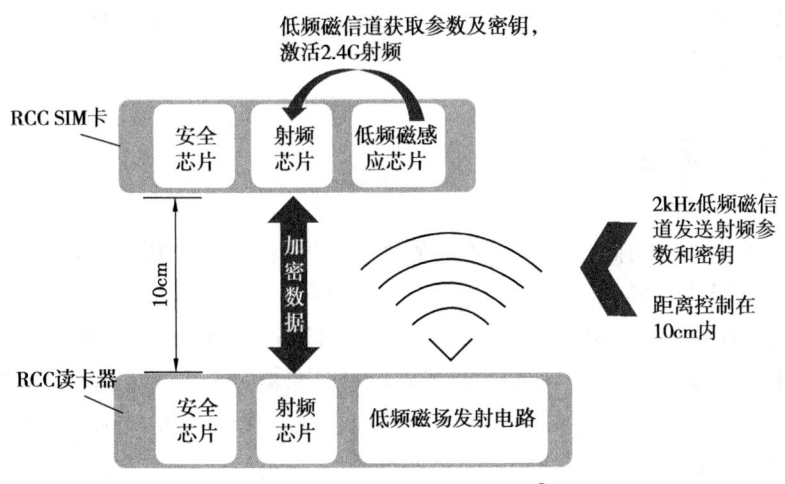

图1　RCC技术系统架构示意[①]

根据国家标准化管理委员会《中华人民共和国国家标准公告》（2017年第11号），RCC相关技术成为国家标准，2017年12月1日开始执行。具体如表1所示。

表1　RCC相关国家标准列表[②]

标准号	主题名称	生效日期
GB/T 33736—2017	手机支付基于2.45GHz RCC（限域通信）技术的非接触射频接口技术要求	2017-12-01
GB/T 33737—2017	手机支付基于2.45GHz RCC（限域通信）技术的智能卡测试方法	2017-12-01
GB/T 33738—2017	手机支付基于2.45GHz RCC（限域通信）技术的智能卡技术要求	2017-12-01
GB/T 33739—2017	基于13.56 GHz和2.45GHz双频技术的非接触式读写器射频接口测试方法	2017-12-01
GB/T 33740—2017	手机支付基于2.45GHz RCC（限域通信）技术的非接触式射频接口测试方法	2017-12-01
GB/T 33741—2017	手机支付基于2.45GHz RCC（限域通信）技术的非接触式读写器终端技术要求	2017-12-01
GB/T 33742—2017	手机支付基于2.45GHz RCC（限域通信）技术的非接触式读写器射频接口技术要求	2017-12-01

---

① http://www.nationz.com.cn/。

② http://www.orac.hainan.gov.cn/bzhfw/bzfbdt/2017/05/190853.shtml。

在2017年，RCC技术的专利之一（ZL201010166226.0）一举获得第十九届中国专利金奖，下面进行概述。

金奖专利概述

金奖专利主要贡献在于针对不同的手机提供自动完成的刷卡距离控制。刷卡距离指的是读卡器能够感应到卡片进行读写操作的有效距离。由于NFC和RCC SIM卡设置在手机内，不同的手机形状结构材质五花八门，对无线信号的屏蔽能力也不相同，刷卡距离可能相差很多。因此需要对不同终端的刷卡距离进行校准。传统方法是在使用前必须将每款手机的衰减参数记录到卡中，会增加手机的研发成本，降低效率。

经研究发现，在特定频率（例如15kHz）以下，不同手机对低频信号的衰减基本上是线性的，但衰减程度越大，则该曲线的斜率越小。根据这个原理，选取15kHz以下的两个频率，计算他们的接收信号大小，则可以估算出这个手机的衰减曲线的斜率，进而估计出手机的衰减程度，并依据该衰减量来调整接收信号的增益或距离判断门限，进而达到不同手机刷卡距离控制一致的效果。

金奖专利的专利权人及其相关专利

金奖专利权人国民技术股份有限公司在RCC技术上有多件专利（见表2）：

表2　RCC技术相关重点专利列表

专利号	技术主题	获奖
ZL201010166226.0	免校准的自动距离控制	第19届中国专利金奖，2015年深圳市科学技术奖
ZL200910250430.8	系统架构、磁场、调制方式	第17届中国专利优秀奖，2015年广东省专利金奖，2013年深圳市科学技术奖
ZL201010124327.1	系统架构	第17届中国专利优秀奖
ZL201010138492.2	不同SIM卡的冲突检测方法	第18届中国专利优秀奖
ZL200710124354.7	系统架构	2010年深圳市科学技术奖
ZL200810217967.X	磁感应控制节能	
ZL201010300975.8	读卡器频率选择方式	

本身就有一定的技术优势,又成为了国家标准和专利金奖的宠儿。RCC技术会不会借机打一个漂亮的翻身仗呢?让我们翘首以待!

本文作者:
国家知识产权局专利局
专利审查协作北京中心通信部
张嘉凯

53　未来已现：无钢索横向电梯系统 MULTI

> 小赢说：
> 在《时代周刊》评选的2017年世界25大最佳发明中，有一款不仅能上下行驶，还能像螃蟹一样"横着走"的电梯。一起来看看这项科技感爆棚的发明是如何实现的。

电梯的历史

人类利用升降工具运输货物、人员的历史非常悠久。早在公元前2600年，埃及人在建造金字塔时就使用了最原始的升降系统，这套系统的基本原理至今仍无变化：即一个平衡物下降的同时，负载平台上升。早期的升降工具基本以人力为动力。

1203年，在法国海岸边的一个修道院里安装了一台以驴为动力的起重机，这才结束了用人力运送重物的历史。英国科学家瓦特发明蒸汽机后，起重机装置开始采用蒸汽为动力。19世纪中期开始出现液压电梯，其至今仍在低层建筑物上应用。

1854年，美国的E.G.奥蒂斯研制出利用钢索提升的安全升降机并对公众进行展示（见图1）。这种电梯沿用至今，也是目前最常见的电梯。

图1　钢索提升的安全升降机[①]

现代电梯

现代钢索电梯的典型结构（见图2），钢索4缠绕在曳引轮9和导向轮2上，两

---

① 图片来源：http://www.thyssenkrupp-elevator.com.cn/cn/。

端分别连着轿厢8和重量平衡系统5，曳引机9通过减速器变速后带动曳引轮9转动，靠钢索4与曳引轮9摩擦产生的牵引力，实现轿厢8和重量平衡系统5的升降运动，达到运输目的。

钢索电梯沿用了160余年，其给我们带来方便的同时也存在着以下弊端。

1）钢索重。目前，电梯上下移动所依靠的巨大的钢索相当重，在世界贸易中心一号大楼中，每根钢丝绳重达20公吨，需要许多大型设备、消耗大量的能量才能让它们投入工作。

2）井道大。通常，曳引机设置在井道顶部的机房中，在井道中，除了轿厢，还需要至少一个起到平衡作用的重量平衡系统，以及起到导向作用的导轨、支持电梯运行的电气设备、随行电缆等，各个部件之间还需要预留安全间隙，因此，钢索电梯通常需要一个很大的井道。

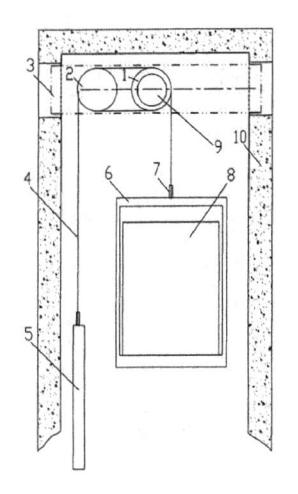

图2　现代电梯示意

3）效率低。钢索电梯通常在一个井道中只能运行一个轿厢，仅可以实现上述竖直运输，无法实现楼宇间的横向通行。

无钢索横向电梯系统 MULTI

现在，这种持续了160多年来都没有变化的电梯，被德国人彻底颠覆了！蒂森克虏伯股份公司（以下简称：ThyssenKrupp）提出的无钢缆横向电梯MULTI（见图3），获得了2017年25个最佳发明的奖项提名、2017年爱迪生发明奖"运输与物流"领域的金奖，轿厢获得德国设计大奖"建筑物与构件"类奖项。

随着城市人口越来越多，为了利用有限的土地，城市的大楼也越盖越高，曾经的钢索电梯是限制大楼高度的一大因素。而MULTI通过运用磁悬浮线性电动机技术，摆脱了传统钢缆的束缚，没有高度的限制，为建筑物的建造和高度实现前所未有的可能性。并且

图3　MULTI的效果图

使得电梯的运力增加了50%，而在建筑物中所占用的面积减少了一半。MULTI打破了每个井道只能有一个电梯上下移动的模式，可循环行驶多个电梯，如同建筑物中的地铁系统，此外，MULTI还可以水平移动。

直线电动机是什么？

直线电动机是一种将电能直接转换成直线运动机械能、而不需要任何中间转换机构的传动装置。它可以看成是一台旋转电机按径向剖开，并展成平面而成（见图4）。

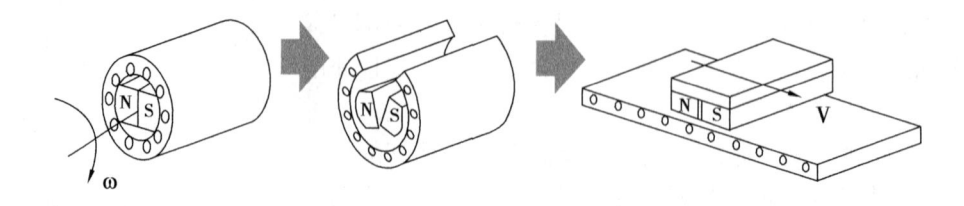

图4 直线电动机的原理

由定子演变而来的一侧称为初级，由转子演变而来的一侧称为次级。在实际应用时，将初级和次级制造成不同的长度，以保证在所需行程范围内初级与次级之间的耦合保持不变。直线电动机可以是短初级长次级，也可以是长初级短次级。当初级绕组通入交流电源时，便在气隙中产生行波磁场，次级在行波磁场切割下，将感应出电动势并产生电流，该电流与气隙中的磁场相作用就产生电磁推力。如果初级固定，则次级在推力作用下做直线运动；反之，则初级做直线运动。

直线电动机与旋转电动机相比，主要有如下几个特点：

1）结构简单。由于直线电动机不需要把旋转运动变成直线运动的附加装置，因而使得系统本身的结构大为简化，重量和体积大大地下降。

2）定位精度高。在需要直线运动的地方，直线电动机可以实现直接传动，因而可以消除中间环节所带来的各种定位误差，故定位精度高。

3）反应速度快、灵敏度高，随动性好。直线电动机容易做到其动子用磁悬浮支撑，因而使得动子和定子之间始终保持一定的气隙而不接触，这就消除了定子、动子间的接触摩擦阻力，因而大大地提高了系统的灵敏度、快速性和随动性。

4）工作安全可靠、寿命长。直线电机可以实现无接触传递力，机械摩擦损耗几乎为零，所以故障少，免维修，因而工作安全可靠、寿命长。

如何实现横向运输

轿厢靠轨道交叉点的旋转而灵活改变行使方向，MULTI电梯系统中，不仅仅可以在一个井道中存在多个轿厢，每个轿厢还可以行驶入多个井道（见图5）。

实验与应用

MULTI电梯不仅仅是纸上谈兵，其1∶3比例模型在ThyssenKrupp西班牙分公司通过测试后，1∶1实物也在ThyssenKrupp的位于德国罗特魏尔的新电梯试验塔进行试运行（见图6），这里不仅仅是ThyssenKrupp在德国的研发中心，还是德国最高的公共观景平台，高达232m。

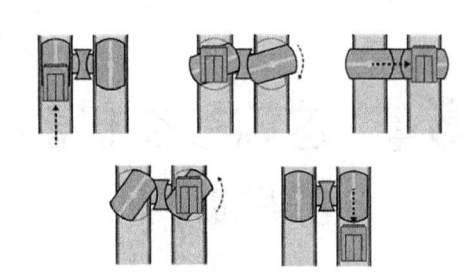

图5　MULTI轨道的示意

图6　罗特魏尔新电梯试验塔

这座测试塔专门为未来创新技术而设计，在这里，ThyssenKrupp对电梯技术的各种创新进行测试和认证。该试验塔拥有12个测试井道，可以测试速度高达18m/s的设备，具备应对未来建筑和城市挑战前所未有的可能性，其中有三个井道专用于测试MULTI电梯系统。

第一部MULTI系统将安装在OVG房地产公司在柏林的新大楼The East Side Tower中。这座大楼将于2019年竣工，毗邻梅赛德斯-奔驰文化中心，邻近华沙大街，将成为柏林城市天际线上的新地标。

科幻电影中的随意快速移动的悬浮电梯已经不再是未来，它已经呈现在我们面前。

本文作者：
国家知识产权局专利局
专利审查协作北京中心机械部
柳丽丽

54　这款社交机器人会成为你家新成员吗？

> **小赢说：**
> 　　它，被誉为 AI 消费品的里程碑！它，力压 iPhoneX 和特斯拉 Model3 登上《时代周刊》年度最佳发明封面。今天，小赢就来告诉你这款社交机器人 Jibo 是何方神圣？

　　2017年7月，国务院发布了《新一代人工智能发展规划》。有人说，这标志着互联网革命的下半场开始了。的确，过去的2017年中，人工智能（AI）是曝光率最高的词之一，AI工程师成为炙手可热的职位。

　　说到人工智能机器人，很多影视作品中都会涉及威胁论，如大名鼎鼎的《终结者》系列、《超验骇客》等，当然还有获得2016年奥斯卡最佳视效奖的《机械姬》。影片《机械姬》中某搜索引擎公司老板 Nathan 研制出了的具有独立思考能力的智能机器人 Ava，最后却被 Ava 杀死，其情节令人细思极恐。

　　除了机械姬，也有人会想起《机器人总动员》中的瓦力——虽然最后它还找了个"女朋友"，但是改变不了它是地球上最后一个机器人的凄惨事实。

　　当然，电影中的人工智能机器人不全都是威胁或悲凉的存在，《超能陆战队》里充气机器人"大白"的设定就非常讨喜（见图1），大白作为主角小宏的"私人健康顾问"，总会温柔地说"乖，一切都会好的"！

图1　电影《超能陆战队》中的主角小宏和大白[①]

　　现实中，无所不能的"大白"距离我们还有些远，但是一款被誉为 Mini 版"大白"的机器人已经出现。它的名字不是小白，而是今天的主角：Jibo！

---

① 图片来源：http://ent.ifeng.com/a/20150309/42271823_0.shtml。

Jibo 的"基本资料"（见表1）

表1 Jibo的"基本资料"

尺寸 SIZE	约11英寸高，6英寸宽
重量 WEIGHT	约6磅
材料 MATERIAL	铝、ABS塑料和玻璃
传感器 SENSORS	双彩色立体摄像头
	360° 声音定位（sound localization）
	上身触摸传感器（upper body touch sensors）
动作 MOVEMENT	3个完全后旋轴（3 full-revolute axes）
	高清编码器（high resolution encoder）
	反馈控制（feedback control）
显示 DISPLAY	高清液晶触摸屏
声音 SOUND	2个高品质扬声器
灯光 LIGHTING	全光谱环境光 LED（full-spectrum ambient LED）
语言 LANGUAGE	美式英语（US English）
电源 POWER	交流电适配器 & 电池
连接 CONNECT	WiFi & 蓝牙
开发平台 PLATFORM	嵌入式 Linux
处理器 PROCESSOR	高端 ARM 微处理器移动芯片

Jibo 的技能

看完Jibo的基本资料，再来看看它会干什么。

1. 人脸识别（SEE）

Jibo能分辨家庭成员，根据你的动作、语气和微笑来为家人拍下珍贵的一瞬间（见图2）。Jibo还可以让千里之外的亲戚与你见面。当然，他也同时是家庭的警卫，一举一动监视着家里发生的情况。

图2　Jibo捕捉人们的笑脸[①]

2. 听觉能力（HEAR）

Jibo可以360°声音采集，确保听到房间任何地方的声音，从而随时待命。

3. 学习能力（LEARN）

强大的人工智能算法使得Jibo在和你生活过程中能够了解你的习惯，比如你喜欢什么口味的菜。

4. 给予帮助（HELP）

Jibo可以参与陪伴和护理等工作，总是挂在脸上的微笑和永远耐心的沟通，让你时刻保持好心情。

5. 语言沟通（SPEAK）

观察与捕捉能力让Jibo可以随时与我们对话。强大的声音效果、影像播放能力和身体的动作变化，让Jibo天生就是一个故事大王。

6. 提醒（REMINDER）

Jibo会协助你做一道美食，或者礼貌地提醒你生活事宜，还能鼓励人们改进言行。他甚至可以充当你的健身教练，指导和鼓励你行之有效的锻炼。

---

① 图片来源：https://technabob.com/blog/2014/07/19/jibo-family-robot。

而通过有技巧的沟通手段，实验表明比用电脑进行指导更能达到人们预期的结果。

Jibo不仅外表和"大白"一样可爱，而且不用像"大白"一样需要充气，还拥有一身的技能，可以说是内外兼修。正如《时代周刊》的评价那样：A robot you can relate to！

Jibo的"身世"

Jibo的"家庭背景"是十分显赫的。它的"母亲"是美国麻省理工学院媒体实验室的Cynthia Breazeal教授，她的团队包含了来自对话技术、人机交互、云端运算等各个领域的专家们。

Cynthia说："Jibo是一个革命性的社交机器人，代表了一个机器人的新品类。在未来，我能预想到社交机器人能够在不同领域为所有人带来更好的生活，但在我们达到那个时候之前，我们先要以自然的方式来介绍社交机器人，就从Jibo开始吧！"

好产品总能获得资本的青睐。2014年Jibo在著名众筹网站Indiegogo上预售产品的目标是10万美元，但最终获得230万张订单。2015年初，Jibo公司宣布获得了2530万美元A轮融资。同年8月，再获1100万美元新融资。投资机构中不乏世界著名厂商的身影Acer、Dentsu Ventures，中国的东方网力、日本的operators KDDI和韩国的LG Uplus。2017年9月，Jibo的美国众筹版发货，一时间成为热销产品。

相关专利与技术

Jibo团队以其成立的趣普科技公司（JIBO，Inc.）的名义申请了若干专利，寻求对Jibo全方位的知识产权保护，可参见表2。

表2 相关专利车技术

公开号	申请日	发明名称
US20150314454A1	2015.7.15	APPARATUS AND METHODS FOR PROVIDING A PERSISTENT COMPANION DEVICE
US20160151917A1	2016.2.3	MULTI-SEGMENT SOCIAL ROBOT
US20160171979A1	2016.2.12	TILED GRAMMAR FOR PHRASE SPOTTING WITH A PERSISENT COMPANION DEVICE

续表

公开号	申请日	发明名称
US20160193732A1	2016.3.15	ENGAGING IN HUMAN-BASED SOCIAL INTERACTION WITH MEMBERS OF A GROUP USING A PERSISENT COMPANION DEVICE
WO2017173141A1	2017.3.30	PERSISENT COMPANION DEVICE CONFIGURATION AND DEPLOYMENT PLATFORM
USD746886S	2014.5.23	ROBOT

其中外观设计USD746886S中请求保护了Jibo的外观（见图3），其他专利则披露了Jibo的机械、硬件和软件结构。

1. 机械结构

Jibo的身体分为三段，三段之间可以相对扭转，使它可以在你面前摇头晃脑。它的"头部"具有多个孔以允许空气流动来提高电子电路的冷却效果（见图4）。

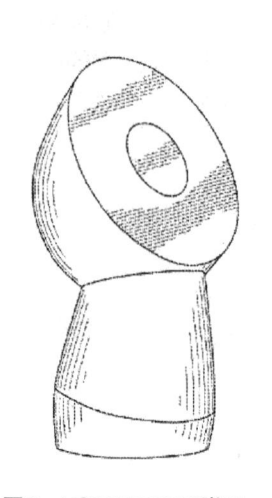

图3　USD746886S附图 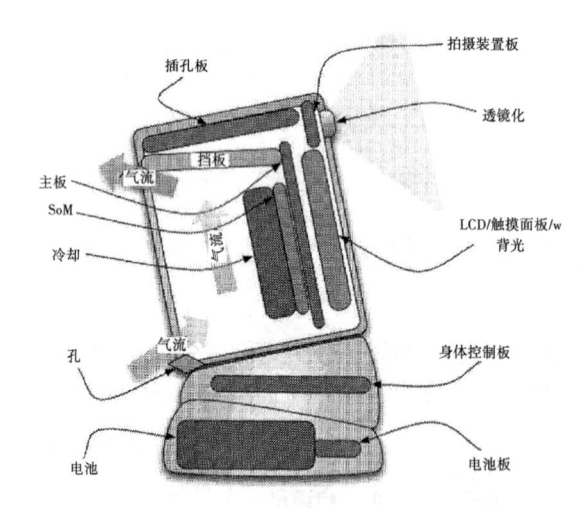　　　　图4　CN107000210A说明书附图

2. 硬件架构

Jibo具备多个立体视觉拍摄装置、麦克风阵列、触摸感测能力和LCD显示器。立体视觉拍摄装置支持3D位置和用户跟踪，用于提供视频输入、拍摄装置抓拍。麦克风阵列可支持波束形成音频输入来使ASR性能最大化。触摸感测能力

可实现用户与Jibo交互，使得Jibo更像你的朋友。LCD显示器可支持情感表达以及动态信息的显示（见图5）。

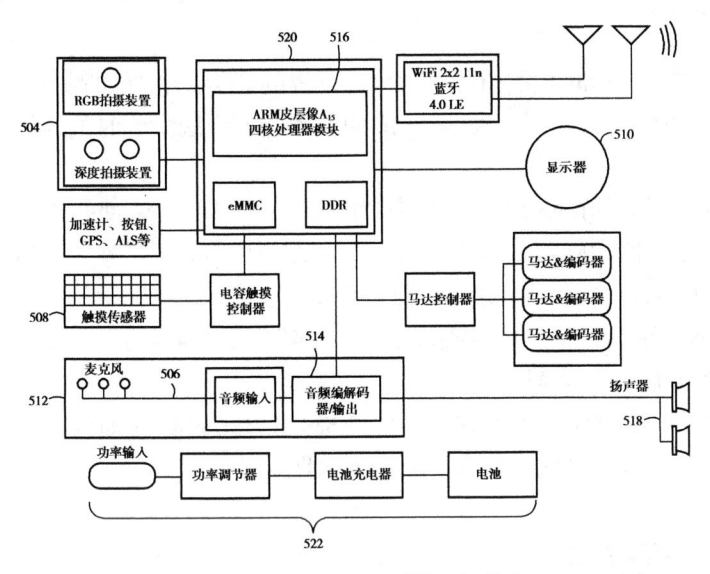

图5　CN107000210A说明书附图5

3. 软件架构

和现在很多人工智能系统一样，Jibo是可以进行机器学习的，它身上配备的众多传感器可收集用于训练机器学习算法的信息。训练信息包括用户给出的任务和作出的反馈（如言语、触摸提示、笑脸、姿态等），使得Jibo越来越懂得如何与你相处（见图6）。

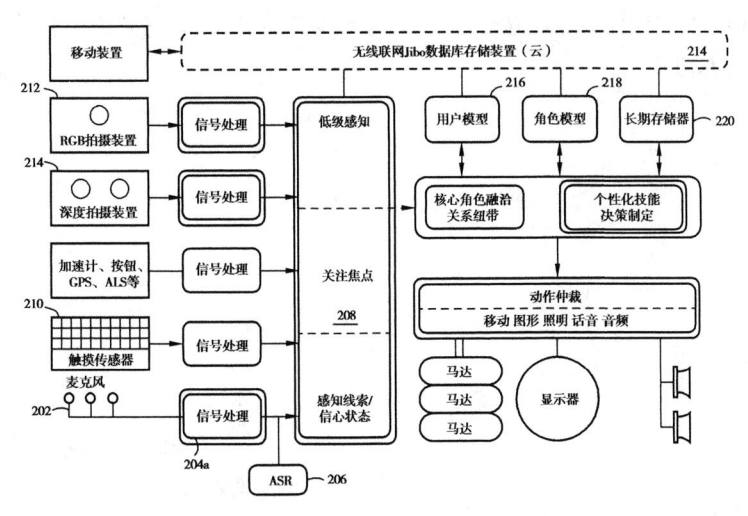

图6　CN107000210A说明书附图2

媒体的评价

对于这样一款跨时代的机器人伙伴，外界的评价是怎样的呢？

雅虎新闻的Katie Couric表示，Jibo的潜力远不止应付临时的对话和完成日常的交谈。

《纽约时报》的John Markoff认为，Jibo是一个"具有人性的机器人"。

互联网新闻博客Mashable的Lance Ulanoff认为，Jibo不是家用电器，而是一个伙伴，它可以和它的主人互动，带来快乐而不是打扰。

来自CNN的Maggie Lake直接表示"走开吧Siri，Jibo来了"，不知道同为人工智能的Siri听到后会怎么想。

美国《连线》杂志（WIRED）的Christina Bonnington则预测说，这个友好的机器人有一天可能会成为你家里的个人助理。

你的家庭新成员

不可否认，Jibo仍有很多不足，比如它无法四处走动，也无法为你准备早餐……当然，小赢也不知道Cynthia Breazeal教授没给Jibo设计四肢是不是担心它会做出出格的事情，毕竟它太聪明了。

尽管Jibo无法成为或取代你的男（女）朋友，但是它可以和你说晚安，可以提醒你给女友回电话，可以讲童话故事给孩子听，可以和老人聊天解闷。更重要的是，它会不断学习，越来越懂你！小赢相信，随着人工智能技术的不断发展，未来像Jibo一样的机器人会越来越多、越来越通晓人性，它们也一定会成为你离不开的家庭成员！

本文作者：
国家知识产权局专利局
专利审查协作北京中心新型部
李昀清

55　直流融冰——解决冻雨烦恼

小赢说：
　　冻雨一直是困扰我国南方电力工作者的电网安全杀手。不过随着这项专利技术的推广应用，再冷的冬天也不用为电线结冰而发愁了。

　　还记得十年前的那次雪灾吗？当时，很多人不理解的问题是：为啥东北每年那么冷，却从没见过电线结冰？经历了那年的大规模停电后，北方人终于明白了一个概念：冻雨（见图1）！

　　据报道，2008年初那场湖南电网冰灾，交直流线路倒塔678基，220kV线路倒塔1432基，500kV变电站停运15座，220kV变电站停运86座，湖南电网直接经济损失高达数十亿元（见图2）。

图1　冻雨引起的电线结冰现象　　　　　图2　湖南电网冰灾事故

　　从那以后，为电线除冰成了电力人的一项课题。曾用过原始的方法：3～5名工作人员手持十多米长的竹竿徒步前行，对电线进行拍打（见图3）或者冒着危险爬上高架，直接铲冰（见图4）。这样的方法，怎能对绵延千里，甚至在崇山峻岭之间穿梭的线缆适用？

　　科技进步时代，我们的解决方案就是四个字：直流融冰！所谓直流融冰，简单的说就是利用电流热效应$P=I^2R$，通过对输电线路施加直流电压，使导线发热对输电线路进行融冰。

图3 拍打除冰现场作业　　　　　　图4 人工铲冰现场作业

为什么是直流融冰,不是交流?因为在同样的电压或电源容量下,直流电阻小于交流阻抗,可以获得更大的电流,进而能获得更强的热效应。原理虽然简单,但是实践起来却有一大难题:无功补偿!简单来说,在线缆通电融冰的时候发热,这没有问题。但是一旦冰都被融化掉了,线缆不通电了,线缆中的大直流电流突然减少,对电网的冲击特别大,严重的话可能导致电网事故。

为了解决上述世界性难题,来自国家电网公司的陆佳政早在近十年前便开始对直流融冰技术展开研究,例如2008年的发明专利申请"移动式输电线路直流融冰装置"(ZL200810031940.1)。所谓十年磨一剑,在2017年,陆佳政团队的发明专利"一种集约型直流融冰装置拓扑结构"(ZL201510138254.4)荣获第十九届中国发明专利金奖。

获奖专利所涉及的直流融冰装置拓扑结构包括定阻抗低损耗连接变压器、融冰支路、直流融冰装置总控制器、运行模式转换装置、无功补偿及有源滤波支路和变电站母线电流及电压信号采集装置,变电站母线电流及电压信号采集装置与直流融冰装置总控制器相连,静止无功补偿及有源滤波部件的控制端与直流融冰装置总控制器相连,运行模式转换装置的输入端通过定阻抗低损耗连接变压器与变电站的交流母线相连,运行模式转换装置的输出端分别与融冰支路及无功补偿及有源滤波支路相连;从图5中可知2、3是用来融冰的,5是用来无功补偿、有源滤波的,通过运行模式转换装置4的转换。

也许上面的技术术语您不太懂,那么通俗的说就是:用了这种结构的直流融冰装置,需要融冰时就融冰,不需要融冰的时候就提高电网质量,花钱少、占地小、多功能、可靠性还高。一句话:实现了我国直流融冰设备从跟随到输出的跨越式发展。说了这么多,也是时候展示这一神奇的装置了(见图6)。

据报道,根据本专利技术研制出的直流融冰装置已批量生产,广泛应用于江西、浙江、湖南等省份电网融冰和动态无功补偿,累计销售装置200多套,并出口至加拿大。现场融冰500余次，全部获得成功；无功补偿长期稳定运行，有效防止了覆冰倒塔断线事故发生，提升了电网电压稳定性，保障了大电网安全稳定运行。有了这套专利技术产品，一小时融冰几百公里成为了现实。

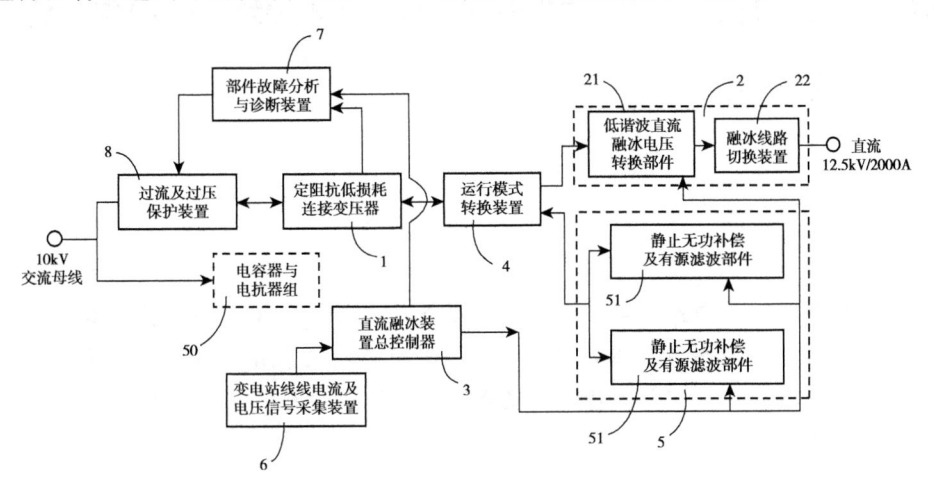

图5　ZL201510138254.4说明书附图

图6　直流融冰装置

本文作者：
国家知识产权局专利局
专利审查协作北京中心电学部
闫朝　葛加伍

56　洞察号——NASA 的火星内部探测计划

> **小赢说：**
>
> 广袤宇宙，浩淼星空。超过 240 万个名字已经于 2018 年 5 月 5 日搭载着 NASA 的"洞察号"飞抵火星，洞察号也将自此展开为期 728 天的科学探索。探索宇宙，理解地球，人类的脚步从未停歇过，未曾想象过的情形正逐渐变成现实。

根据美国航空航天局（NASA）官网公布的消息，作为"INSIGHT"火星探测计划中最重要的一个环节，"洞察"号火星探测器于2018年5月5日上午4时5分（太平洋时间）从美国西海岸的加利福尼亚范登堡空军基地成功发射升空。"洞察"号将历时六个月飞往距离地球3亿英里的火星，并将于2018年11月26日在火星着陆。

我们都知道，恐龙曾经是统治地球的生物，而恐龙的灭绝是由于小行星撞击地球导致的。从概率上来讲，能够导致人类毁灭级别的小行星撞击地球的事件一定会发生，而为了避免人类的灭绝，有效的方法之一就是能找到适宜人类居住的地外星球。作为人类最有可能移民的星球，科学家们对火星的探索和研究从来就没有停止过。21世纪以来，主要的火星探测活动有：2001年10月24日，美国"奥德赛"号卫星（见图1）进入环绕火星轨道；2003年12月25日，欧洲航天局"火星快车"号卫星（见图2）进入环火星轨道；2004年1月3日，美国"勇气"号探测器着陆火星；2004年1月25日，美国"机遇"号火星漫游车安全着陆；2008年5月25日，美国"凤凰"号探测器（见图3）在火星北极着陆；2012年8月6日，美国"好奇"号火星车（见图4）成功登陆；2014年9月24日，印度的"曼加里安"号卫星成功进入火星轨道……

图1　"奥德赛"号卫星[①]

---

① 图片来源：NASA 官方网站 www.nasa.gov。

图2 "火星快车"号卫星[①]　　　　图3 "凤凰"号探测器

美国NASA登陆火星表面的探测器分为两种：一种是能移动的火星车（如"勇气"号、"机遇"号、"好奇"号），另一种是着陆后就不能移动的着陆器（如"凤凰"号）。本次发射的"洞察"号是以"凤凰"号为蓝本开发的着陆器，一旦着陆就不能移动，大部分科学任务通过诸如钻探实验来完成，并仅限于着陆位置下方。

与"凤凰"号着陆在火星北极附近不同，这次"洞察"号计划降落在温度较高的火星赤道附近。这样"洞察"号能获得更充足的太阳能电力，开展科学实验的速度和寿命都会更长。

"洞察"号的探测任务有两个：

（1）调查火星内部结构：确定火星地壳、地幔、地核的厚度、结构、组成和物理状态（液体/固体）或热状态。有了这些数据就能探索火星的形成和演化过程。

（2）确定火星的构造活动和陨石撞击情况：需要测量内部地震活动的幅度、速度和地理分布；测量陨石撞击地表的速度。

为了实现上述目标，"洞察"号搭载了两件利器（见图5）：内部地震试验仪（SEIS）以及热流和物理性能组件（HP3）。

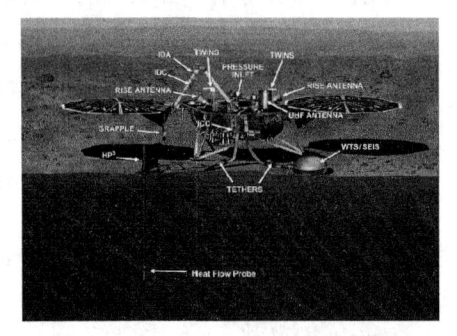

图4 "好奇"号火星车　　　　图5 "洞察"号各部件及名称

---

① 图片来源：http://www.esa.int/Our_Activities/Space_Science/Mars_Express。

（1）地震试验仪（SEIS），能通过对地震波穿过地壳、地幔和地核的研究，可以推演出各层的深度及组成，绘制出火星内部岩层的分界线，弄清楚火星内核究竟是液体还是固体，并进而试图找到火星表面没有像地球一样被分割成不同板块的原因。举个例子，"洞察"号就像是为火星来一次超声波检查！

（2）热流和物理性能组件（HP3），其配置有自钻进装置，将在火星表面向下钻出5m深洞，从而监测火星内部的热量传输情形。钻孔能否成功是热流试验能否成功的关键之一，保证钻孔成功不仅对钻机本身有要求，在哪里钻孔容易成功也是选择着陆器着陆位置的一个重要因素。"洞察"号的着陆位置就是经过了精挑细选的结果。

除"洞察"号探测器本身外，本次随"洞察"号发射的还有两个立方星"火星立方一号"（MarCO），每个均为手提箱大小，将在"洞察"号着陆前提前分离，进入预定的绕火星的轨道。这是首次将立方星应用于行星间的通信。

所谓"立方星"是新型微卫星的统称，因其外观通常像一个立方块，所以被称为立方星。目前，国际上对立方星通用的体积单位是1U（10cm×10cm×10cm），立方星的设计都采用1U的整数倍。这次随洞察号发射的是两枚6U的立方星。

这次洞察号的数据将采用NASA的MRO进行传送，所以，本次发射的立方星MarCO的意义在于：当人类未来对没有中转站的星体进行探索时，可以在发射着陆器的同时发射这种体积小、重量轻但功能强大的立方星，让它成为数据传输的中继，从而避免让着陆器自带繁琐的通信设备而占据太多的发射重量和空间。

由于洞察号的许多技术都涉密，所以很少能找到与洞察号相关的专利。但是，小赢却发现了与这两颗6U立方星相关的专利申请。

NASA在其专利申请US20170073087A1（见图6）中公开了：6U的立方星中可以集成有多种模块组件，如磁力计、离子/中性粒子质谱仪、陀螺仪、无线电信标、机载计算机等。太阳能板202可以直接覆盖在立方星的全部外表面，为整个卫星供电。

但是，在本次发射的立方星MarCO中设置了两块需要展开的太阳能板，同时设置了两个需要展开的平板状的天线。NASA利用这次机会，在深空中试验几项新技术，包括无线电、折叠高增益天线、姿态控制和推进系统等。

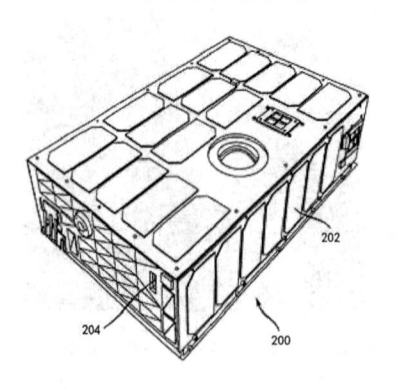

图6　US20170073087A1说明书附图

当两个立方星MarCO到达火星并且能保持完好时，它们都将说"Polo！"道个平安。

"洞察"号作为最新一位前往火星的访客已经起航，每一次人类与火星的亲密接触都承载了人类的梦想和希望。

根据我国的火星探测计划，2020年左右我国也将发射火星探测器。在预祝"洞察"号能够顺利着陆、顺利完成任务的同时，也衷心希望我国在成功实现航天工程和探月工程两大空间探测活动之后，在火星探测工程上也能早日突破，圆满完成。

本文作者：
国家知识产权局专利局
专利审查协作北京中心机械部
赵洁